v. Padberg · Christianisierung

Die Christianisierung Europas im Mittelalter

Von Lutz E. v. Padberg

Mit 19 Abbildungen
und 8 Karten

Philipp Reclam jun. Stuttgart

Umschlagabbildung:
Märtyrertod des Bonifatius 754
Buchmalerei im Fuldaer Sakramentar, um 975
(Niedersächsische Staats- und Universitätsbibliothek,
Cod. theol. 231, fol. 87r)
Foto: Hans-Walter Stork, Paderborn

Die Deutsche Bibliothek – CIP-Einheitsaufnahme

Padberg, Lutz von:
Die Christianisierung Europas im Mittelalter /
von Lutz E. von Padberg. – Stuttgart : Reclam, 1998
(Universal-Bibliothek ; 17015)
ISBN 3-15-017015-X

Universal-Bibliothek Nr. 17015

Satz: Wilhelm Röck, Weinsberg
Druck und buchbinderische Verarbeitung: Reclam, Ditzingen
Printed in Germany 1998
RECLAM und UNIVERSAL-BIBLIOTHEK sind eingetragene Marken
der Philipp Reclam jun. GmbH & Co., Stuttgart
ISBN 3-15-017015-X

Inhalt

II
Aspekte

III
Quellen

Zum Thema

Der moderne Mensch steht der Institution Kirche wie auch dem christlichen Glauben oft gleichgültig bis kritisch gegenüber. Dieser zunehmende Abstand kann die Perspektive bei der Wahrnehmung geschichtlicher Entwicklungen verändern und etwa dazu führen, daß die Bedeutung des Christentums für die Entwicklung Europas in Vergessenheit gerät. Gegenüber diesem drohenden Verlust ist die wissenschaftliche Forschung übereinstimmend der Ansicht, daß die Ausbreitung des Christentums für Europa konstitutiv war. Die dadurch verursachten Wandlungen hat Arnold Angenendt in seiner 1997 erschienenen *Geschichte der Religiosität im Mittelalter* deutlich herausgestellt: »Zunächst war Europa ein ethnischer, kultureller und religiöser Flickenteppich, der sich additiv aneinanderreihte, aber keinen den Gesamtraum übergreifenden Zusammenhalt besaß und somit auch keine gemeinsame Geschichte hatte. Erst die Missionierung, die von der Taufe Chlodwigs bis zur Christianisierung der baltischen Völker im 14. Jahrhundert tausend Jahre in Anspruch nahm, hat jenen inneren Verbund herbeigeführt, der Europa ausmacht. Dabei sind in großem Ausmaß Verluste und Zerstörungen, doch auch bedeutsame Gewinne zu verzeichnen, eben das neu geschaffene Europa.«

Die Mission also war es, die im Mittelalter die Fundamente Europas gelegt hat. Sie ist zugleich Wirkungsgeschichte des christlichen Glaubens in seiner Auseinandersetzung mit dem polytheistischen Kult der Germanenvölker wie auch Geschichte des vielfältigen Handelns und Lebens der Kirche als Institution und Kulturträgerin. Dem damaligen Sozialgefüge entsprechend, verbanden sich dabei mit den kirchlichen stets auch politische und wirtschaftliche Interessen. Oft genug waren die Annahme des Christentums und die Konsolidierung weltlicher Macht untrennbar miteinander verflochten. Alles dies hat keine andere Epoche so sehr geprägt wie das Mittelalter.

Wer demzufolge den Gang europäischer Geschichte und Kultur verstehen will, kommt nicht umhin, sich intensiv mit Mission und Christianisierung zu befassen. Es ist dies eine Geschichte, die chronologisch wie geographisch und vor allem in ihrer Ausformung weitgespannter nicht sein könnte. Ihr Ausgangspunkt war höchst bescheiden. Auf den Missionsbefehl Jesu Christi hin schickte sich eine zunächst kleine Gruppe an, das Evangelium ihres auferstandenen Herrn durch die Lande zu tragen. Mit bemerkenswerter Beharrlichkeit und Überzeugungskraft gelang dies den Christen innerhalb und außerhalb der Grenzen des römischen Reiches. Im 4. Jahrhundert zur Staatsreligion erhoben, wurden die Bedingungen für die Mission zwar günstiger, ihre Inhalte allerdings entfernten sich von den Idealen der Urgemeinde. Denn die Übergänge zwischen Glaubensverkündigung und politischem Willen wurden fließend bis hin zur Identifizierung von Kirche und Reich. Trotz dieser Veränderungen kann man bis ins Hochmittelalter hinein den Missionaren das Ziel, einzelnen Menschen das Heil in Christus bringen zu wollen, nicht absprechen.

Die umfassende Geschichte der Christianisierung kann hier nur in ihren Grundzügen skizziert werden. Die Erzählung beginnt mit der Hinwendung der germanischen Völker zum Christentum am Ende des römischen Reiches und mit der Etablierung der Franken als neuer Vormacht Europas. Sie folgt dann den mitunter verschlungenen Pfaden der weiteren Ausbreitung. Der Weg führt von den Anfängen im Frankenreich zunächst zu den am Rande Europas liegenden Iren und Angelsachsen, die dann zu den wichtigsten Trägern der Mission im Zentrum Europas wurden. Dessen Ausbau zu einem christlichen Reich durch die Karolinger folgten erneute missionarische Wanderungsbewegungen in die nördlichen und östlichen Gebiete Europas. Durch das frühe Auseinandertreten der Kirche des Ostens und des Westens sowie die Verquickung mit politischen Interessen kam es dabei zu wenig förderlichen Konkurrenzen. Gleichwohl schlossen sich immer mehr Völker dem christlichen Glauben an, wobei der Grad der Freiwilligkeit höchst unterschiedlich sein konnte. Im frühen 8. Jahrhundert hat ein angelsächsischer Bischof einmal als Argument für das Christentum vorgebracht, daß die Christen in den sonnenverwöhnten Ländern lebten, während den Heiden nur die frostigen Gebiete des Nordens blieben. In gewisser Weise hatte dieser Kirchenmann eine prophetische Gabe, denn um 1400 hielten in Europa nur noch die Samen im äußersten Norden am Heidentum fest.

Die damit in ihrer Entfaltung angedeutete Christianisierung Europas war ein strömungsreicher und von vielen, durchaus nicht immer christlichen Faktoren beeinflußter Prozeß. Das hängt vor allem damit zusammen, daß den Menschen nicht nur ein neuer Glaube, sondern auch eine neue Kultur gebracht wurde, die des römischen Reiches und seiner germanischen Nachfolger nämlich. Während die Einheit der Mittelmeerwelt durch die eigenständige Entwicklung des byzantinischen Reiches und die Expansion der islamischen Mächte endgültig zerbrach, trug das Christentum zur Einheit Europas bei und formte seine Kultur. Christianisierung war daher immer eine Auseinandersetzung an mehreren Fronten zugleich, geistlichen, kulturellen und politischen. Kämpferisch ging es dabei allemal zu. Die weitgehend von kirchlichen Autoren stammenden Quellenberichte verdecken voreingenommen, wie lebendig und durchaus attraktiv der heidnische Glaube bis ins Hochmittelalter hinein sein konnte. Durch diese Einseitigkeit der Quellen ist zwar bekannt, wozu die Menschen bekehrt wurden, viel weniger aber, wovon sie sich abwenden sollten.

Die bewuße Informationsbeschränkung der Überlieferung macht es schwer, alle Facetten des Christianisierungsprozesses zu beleuchten. Und davon gibt es genug: die Motivation der Missionare, Programmatik und Strategie ihres

Vorgehens, die Art der Reaktion auf polytheistische Kulte, die Form der Weitergabe des Evangeliums, die Übersetzung zentraler biblischer Begriffe in die Volkssprachen, das Problem der Übernahme alten Brauchtums, die Einübung christlicher Glaubensinhalte, der Aufbau einer kirchlichen Organisation, die kulturellen Folgen und nicht zuletzt die entscheidende Frage, was eigentlich einen Christen ausmacht und wann man ihn als einen solchen bezeichnen kann. Es versteht sich von selbst, daß ›Bekehrung‹ dabei höchst unterschiedliche Bedeutungsinhalte haben konnte, zumal wenn ein Zeitraum von tausend Jahren überblickt wird. Zu all diesem würde man gerne die Zeitgenossen befragen. Sie aber bleiben stumm, denn die überwältigende Zahl der neuen Christen konnte weder lesen noch schreiben, und viele von ihnen werden ihren Glauben gewechselt haben, weil es ihnen so befohlen wurde. Die Berichte über die Christianisierung, das darf bei der folgenden Erzählung nie vergessen werden, stammen von der kleinen Elite der Lateinkundigen, die überdies meist Kleriker waren. Zu den sich damit verbindenden Zugangsschwierigkeiten gehört ferner das Problem der richtigen Verwendung von Begriffen. ›Bekehrung‹, *conversio*, beispielsweise taucht in den Quellen kaum auf, und wenn, dann ist damit meist der Übertritt eines Christen in ein Leben als Mönch oder Nonne gemeint. ›Heide‹ ist natürlich keine Selbstbezeichnung, sondern ein von Christen benutzter Entsprechungsbegriff. Ähnliche Hindernisse ergeben sich bei den Begriffen ›Religion‹, ›Glaube‹ und ›Kirche‹, und selbst ›Christianisierung‹ kann unterschiedlich verstanden werden. All diese Bezeichnungen werden hier zur Verständigung gebraucht, ohne daß es möglich wäre, die Definitionsproblematik zu erörtern.

Die Christianisierung Europas im Mittelalter ist ein differenziert zu betrachtender Prozeß, bei dem ganz unterschiedliche Motive eine Rolle spielten. War für die Glaubensboten in der Regel der Missionsbefehl Christi Anlaß

I
Darstellung

1
Die Ausgangslage

Chronologische Übersicht

um 150	Christengemeinden in Gallien
um 185	Christen in den Provinzen Germanien und Britannien
284–305	Kaiser Diokletian (geb. um 244; gest. 311/316)
306–337	Kaiser Konstantin der Große (geb. um 280)
311	Toleranzedikt des Kaisers Galerius (293–311; geb. um 250)
312	Konstantins Sieg über Maxentius (306–312) an der Milvischen Brücke
313	Konvention von Mailand
325	Konzil von Nizäa
336/341	Wulfila (um 311–383) zum Bischof der Goten geweiht; planvolle Missionsarbeit; Bibelübersetzung
379–395	Kaiser Theodosius I. (geb. 347)
380	Nizänischer Glaube wird Staatsreligion
392	Verbot des heidnischen Kultes
395	Aufteilung des römischen Reiches
397	Bischof Martin von Tours gest. (geb. ca. 336)
Ende 4. Jh.	Einbürgerung des Mönchtums im Westen
406/407–534	Reich der Burgunder (zunächst homöisch)
seit 410	allmähliche Auflösung des römischen Westreiches
418–507	Aquitanisches Westgotenreich (homöisch)
455	Eroberung Roms durch Geiserich (König der Vandalen 428–477)
476	Ende des weströmischen Reiches
493–553	Ostgotenreich in Italien (homöisch)

nach 500	Übertritt des Burgunders Sigismund (gest. 524) zum Katholizismus
506	westgotische Reichssynode in Agde
527–565	Justinian I. Kaiser des oströmischen Reiches (geb. 482)
530	Benedikt von Nursia gründet Monte Cassino
Mitte 6. Jh.	Vordringen der Avaren und Slaven
um 560	Benedikt von Nursia gest. (oder 547; geb. um 480)
568–711	Westgotenreich in Spanien (Anfänge 507)
568–774	Langobardenreich in Italien (zunächst homöisch)
587	Übertritt des Westgotenkönigs Reccared I. (586–601) vom homöischen Glauben zum Katholizismus
seit 680	Hinwendung der Langobarden zum Katholizismus
711	arabisch-islamische Eroberung Spaniens

Der Weg des Christentums bis zum Ende des römischen Reiches im Westen

Zu Beginn des 4. Jahrhunderts war die Frage der Religionszugehörigkeit durchaus noch nicht entschieden. Der Wettstreit zwischen den heidnischen Religionen – allen voran die Verehrung des unbesiegbaren Sonnengottes –, den Mysterienkulten und den Philosophenschulen einerseits und dem christlichen Glauben andererseits um den ersten Platz in dem riesigen römischen Reich war offen. Eine Entscheidung mußte jedoch gefällt werden, war doch religiöser Pluralismus damals weder vorstellbar noch erwünscht. Überdies ersehnte nach den unerfreulichen Krisen des 3. Jahrhunderts und der anschließenden mühevollen Reform die Führungsschicht des Reiches nichts so sehr wie die Wiedergewinnung von Ruhe und Ordnung. Und dabei erwiesen sich die Christen als Störenfriede. Zwar war ihre Religion nicht mehr neu, und der Zahl nach stellten sie eine verschwindende Minderheit dar, deren meist winzig kleine Gemeinden sich im Raum des Imperiums verloren. Aber diese Leute waren von eindrucksvoller Beharrlichkeit und erstaunlicher Glaubensfestigkeit. Vor allem verunsicherten sie die Bevölkerung hinsichtlich des einzig Beständigen in all den Veränderungen der letzten Zeit, der altvertrauten religiösen Umwelt. Deshalb setzte Diokletian (284–305), ein von Roms Größe überzeugter und den Göttern treu ergebener Mann, ab 303 die blutigste Christenverfolgung der Spätantike in Gang. Sie war ebenso unsinnig wie unzeitgemäß, denn das Christentum, längst von der konsolidierten Institution der Bischofskirche getragen, ließ sich nicht mehr einfach beseitigen. Geschichtsträchtiger war da schon die Überlegung, die offensichtlich erfolgreiche christliche Religion zur staatstragenden Kraft zu machen. Eingeleitet wurde dieser zukunftsweisende Schritt durch die Mailänder Konvention von 313. Wie aber, so fragte man sich nicht nur damals, hatte aus einer jüdischen Randgruppe eine so machtvolle Bewegung entstehen können?

Überraschend war die Ausbreitung des Christentums auch deshalb, weil die frühe Kirche weder planvolle Konzepte für die Mission noch ein spezielles Amt dafür entwikkelt hat. Der missionarische Elan der Evangelien übertrug sich auf die Gemeinden, deren Mitglieder sich ohne besondere Organisation dazu berufen fühlten, »Salz der Erde« und »Licht der Welt« (Mt. 5,13f.) zu sein. Die gelassene Art, in der das Bekenntnis bei den Christen ihr Alltagsleben prägte, machte ihr Leben zu einem Glaubenszeugnis. Dazu mußte man kein wortgewandter Prediger sein, das konnten auch einfache Leute, Handwerker, Frauen und Sklaven. Hinzu kamen die eindrucksvollen Beispiele tätiger Liebe und Fürsorge, die schon deshalb faszinierend wirken mußten, weil sie der heidnischen Umwelt in diesem Ausmaß unbekannt waren. Die christlichen Gemeinden müssen eine solche Zuversicht und Gewißheit ihres Glaubens ausgestrahlt haben, daß dies auf ihre Mitbürger ansteckend wirkte. Daneben gab es natürlich auch Wanderprediger und Berufsmissionare, die ohne besonderen Auftrag überall dort ihr Bekenntnis zu Jesus Christus ablegten, wo die Leute zusammenkamen. Grundsätzlich dürfte es jedenfalls so gewesen sein, daß die persönliche Begegnung mit Christen der eigenen Entscheidung für den Glauben vorausgegangen ist.

Glückliche äußere Umstände haben die Ausbreitung des Christentums gefördert. Die relative politische Stabilität des römischen Friedens (*pax romana*), die unproblematische Weise sprachlicher Verständigung und die durch ein gut ausgebautes Straßennetz gegebenen Reisemöglichkeiten waren solche hilfreichen Faktoren. Sie haben im ganzen Reich sowohl zur Verbreitung des Evangeliums als auch zur Verbindung der Gemeinden untereinander beigetragen. Träger der Mission waren so alle jene Christen, die mobil waren oder es sein mußten: Händler, Reisende, Soldaten, aber auch Sklaven und Gefangene. Nicht unterschätzt werden darf dabei der Werbeeffekt der einzelnen Verfolgungsphasen, deren meist lokaler Rahmen Christen in andere Reichsteile trieb. Gewiß, ihre Zahl war nicht groß, doch waren sie weder eine im Buchstabensinn ständig in den Untergrund getriebene Sekte noch ein Sammelbecken von Unterprivilegierten.

Das einnehmende Wesen der Christen und günstige äußere Umstände reichen als Erklärung für die reichsweite Ausbreitung freilich nicht aus, auch die Lehre mußte attraktiv sein. Und das war sie, obschon die Kirche als ziemlich bunt gemischte Gruppe schon handfeste theologische Lehrstreitigkeiten erlebt hatte und etwa hinsichtlich der Einebnung sozialer Unterschiede Ideal und Realität selbst bei ihr nicht immer übereinstimmten. Das irritierte die Zeitgenossen kaum, ließen sie sich doch immer mehr von der Botschaft des Evangeliums überzeugen. Und die paßte in ihrer radikalen Andersartigkeit nun gar nicht in die religiöse Landschaft und war wohl gerade deshalb attraktiv. Nicht der einzelne Mensch mußte sich durch ausgeklügelte Übungen zu einem Gott emporschwingen, sondern Gott selbst ließ sich in seinem Sohn Jesus Christus zu den Menschen herab, um so ihre Sünde zu überwinden und ihnen ewige Erlösung zu bringen! Christus stirbt für die Menschen, wird von den Toten auferweckt, in den Himmel erhoben und kündigt seine Wiederkunft an: Das war eine unerhörte Botschaft, die man tatsächlich nur als Skandalon bezeichnen konnte (1. Kor. 1,23). Sie wurde in der Missionspredigt als für alle Menschen gültig verkündigt. Damit erwies sich das Christentum als demokratische und zukunftsträchtige Bewegung. Denn durch dieses Gnadenangebot war ein Triumph nicht nur über die Sünde, sondern vor allem auch über den Tod möglich. Das konnten die Zeitgenossen beobachten, waren doch christliche Bestattungen trotz aller Trauer von der Vorfreude auf das ewige Leben geprägt. Eine Vertröstung auf das Jenseits war dies keineswegs, wie die sogar Außenstehende miteinbeziehenden karitativen Aktivitäten der Christengemeinden zeigten. Fleißig trugen sie etwa ihre Almosen zusammen. Das ließ die Kirche zu einer bemerkenswert wohlhabenden Körperschaft werden, wodurch prompt mancher Kirchenmann in Versuchung geführt wurde. Aber in erster Linie wurde dieser Reichtum doch in einer Breite umverteilt, die ganz auf die Fürsorge für die bedürftigen Gemeindeglieder abgestellt war. Auf Dauer hatten die heidnischen Kulte dem nichts entgegenzusetzen.

Aufs Ganze gesehen waren es also die Botschaft von Jesus Christus und ihre beispielhafte Umsetzung im alltäglichen Leben der Christen, die diesem Glauben Ausstrahlungskraft und Attraktivität verliehen. Daran hat sich auch trotz mancher Veränderungen in der ausgehenden Spätantike und im Mittelalter nicht viel geändert. Deshalb haben sich die Gemeinden, mögen sie noch so klein gewesen sein, im Laufe der ersten drei Jahrhunderte über das gesamte Gebiet des römischen Reiches ausgebreitet. Neben Palästina, Syrien, Kleinasien, Ägypten und Nordafrika fanden sie sich in dessen europäischem Teil vor allem in Griechenland und Italien, wo die römische Gemeinde schon früh eine Vorrangstellung hatte erlangen können. In den westlichen Provinzen

Germania superior (Mainz, Worms, Speyer, Straßburg) und inferior (Köln, Xanten, Bonn), Belgica prima (Trier), Raetia secunda (Augsburg, Passau, Regensburg, Kempten, Epfach), Gallia (Südküste, Rhônetal, Lyon, Vienne u. a.), Hispania (vor allem Provinz Baetica) und Britannia (York, London, Colchester) gab es wohl schon im 2./3. Jahrhundert meist von Zugereisten gebildete Gemeinden, die freilich in der dortigen römischen und erst recht einheimischen Gesellschaft von untergeordneter Bedeutung waren. Aber immerhin war das Christentum damit in vorkonstantinischer Zeit bis an die Grenzen des Imperiums vorgedrungen (Karte S. 21).

Das alles sollte sich mit dem Siegeszug des 306 im fernen York zum Augustus ausgerufenen Konstantin (306–337), illegitimer Sohn des Kaisers Constantius Chlorus I. (293–306) und der Schankwirtin Helena (um 249–329), radikal ändern. Eingeleitet wurde die langfristige Veränderungen zeitigende Wende durch das am 30. April 311 von dem todkranken Galerius (293–311) in Nikomedia verkündete Toleranzedikt, einem Eingeständnis des Scheiterns der bisherigen Christenpolitik des Staates. Nun wurde das Christentum als *religio licita* anerkannt und damit das Gebet der Christen zu ihrem Gott als politisch nützlich akzeptiert. Die Toleranz hatte also das Ziel, die Kirche für die Bestandssicherung des Reiches einzuspannen. Konstantin ging noch einen Schritt weiter. Bei seinem Marsch auf Rom ließ er vor der entscheidenden Schlacht an der Milvischen Brücke am 28. Oktober 312 in einer Art Kampfmagie das Christusmonogramm als Feldzeichen auf die Schilde seiner Soldaten malen. Und sofort besiegte Konstantins zahlenmäßig unterlegenes Heer die Truppen seines Gegners Maxentius (306–312), der durch sein taktisches Unvermögen allerdings erheblich zu diesem Ausgang beitrug. Nunmehr Alleinherrscher im Westen, hat Konstantin fortan das Christentum nach Kräften gefördert. Deshalb kann nicht nur von einem Umschwung der staatlichen Religionspolitik, sondern auch von einer Art Bekeh-

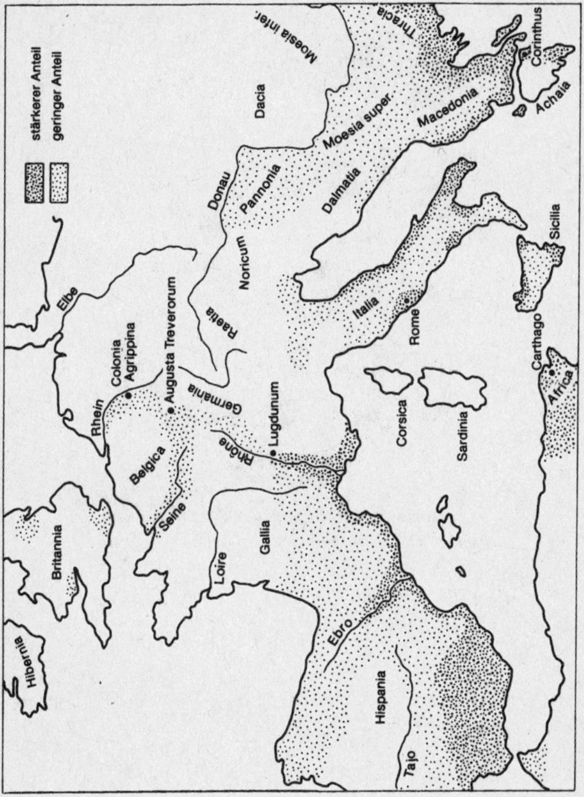

Verbreitung des Christentums im Westen
Anfang des 4. Jahrhunderts

Silbermedaillon zum zehnjährigen Regierungsjubiläum Kaiser Konstantins mit der Inschrift »Imp(erator) Constantius. P(ius) F(elix) Aug(ustus)« und dem Christusmonogramm am Helm. Ticinum 315. Ca. 2,5 cm Durchmesser

rung des Kaisers gesprochen werden, die in verschiedenen Zeugnissen wie etwa dem hier abgebildeten Silbermedaillon von 315 zum Ausdruck kam. Schon bald knüpften sich an diese Vorgänge fromme Legenden, und die Einschätzung von Konstantins ›Bekehrung‹ ist bis heute höchst ambivalent. Konstantin war stets von seiner göttlichen Erwählung und Beauftragung überzeugt und dachte bei seiner Synthese von Imperium und Christentum in den Kategorien der Nützlichkeit. Insofern hat er die Vorstellungswelt der spätantiken Religiosität nie abschütteln können und lediglich die Verehrung des *Sol invictus* mit der Christusreligion vertauscht, wobei man ihm persönliche Motive nicht wird absprechen dürfen. Wie dem auch sei, entscheidend für die Zukunft war, daß man Konstantin fortan als Christ ansehen konnte.

Das zeigte sich bald in der Politik. Die mit seinem östlichen Kontrahenten Licinius (308–324) im Jahre 313 geschlossene Mailänder Konvention brachte den Christen im Osten Toleranz. 324 zum Alleinherrscher aufgestiegen, begünstigte Konstantin immer offensichtlicher die Kirche. In einer Art Entsprechung sollte die Monarchie des Himmelsgottes die Kaiserherrschaft auf Erden spiegeln und legitimieren. Damit war nicht nur die Ideologie des Gottesgnadentums geboren, sondern auch die der Staatskirche. Die daraus erwachsende Synthese von Kirche und Staat ist von Konstantins Nachfolgern, namentlich von Theodosius (379–395), kontinuierlich weiterentwickelt worden. Am 28. Februar 380 erließ er ein Edikt, das allen Völkern des Reiches die Trinitätslehre, wie sie auf dem Konzil von Nizäa 325 beschlossen worden war, als allein gültig auferlegte. Diesem nach innen gerichteten dogmatischen Zwang entsprach der verschärfte Kampf gegen das Heidentum, der 392 in dem Verbot aller Formen des heidnischen Kultes auch in Privathäusern gipfelte. Nicht die Mission, sondern die Wende in der kaiserlichen Religionspolitik hat das 4. Jahrhundert für die Kirche zu einem Zeitalter des Triumphes werden lassen, verbunden mit einem ungeheueren Zuwachs an Reichtum und Macht. Ungeduldig drängten die Herrscher auf Durchsetzung der Einheit, auf Überwindung der Häretiker, Schismatiker und Heiden also. Die Dinge hatten sich gewandelt, und fortan war es allemal vorteilhafter, Christ zu sein. Das Imperium wurde nun von dem einen Gott der Christen behütet. Das bedeutete freilich noch nicht, daß es auch christlich war. Denn das Heidentum war durchaus lebendig, und der Schutz des Reiches hielt ebenfalls nicht lange vor.

Mit dem Tod von Theodosius am 17. Januar 395 hat das Imperium seinen letzten großen Kaiser verloren. Die Aufspaltung der Macht auf Honorius (395–423, geb. 384) und Arcadius (395–408, geb. um 373) war zwar keine Reichsteilung im eigentlichen Sinne, förderte auf lange Sicht dennoch das Auseinanderdriften von Westen und Osten. Die Zeichen standen bald auf Sturm. 378 wurden bei Adrianopel mehrere römische Legionen von den Westgoten vernichtet, die unter Alarich I. (gest. 410) nach Westen zogen und am 14. August 410 die Tore Roms stürmten. Das Unheil war zwar noch nicht endgültig, aber die Erschütterung, daß die unbesiegte *Roma aeterna* von Barbaren geplündert worden war, traf die Bevölkerung tief. In immer neuen Wellen brandeten verschiedene Germanenstämme aus dem Osten heran, sie waren schließlich durch die von den Grenzen Britanniens, Germaniens und Galliens abgezogenen Legionen nicht mehr zu halten. Weder Föderatenverträge noch die Ansiedlung auf Reichsgebiet konnten verhindern, daß die Germanenstämme im Reich zu Staatenbildungen kamen. Ihre Häuptlinge legten bald ihre Wildheit ab und wurden angesehene Glieder der Gesellschaft, im Lebensstil der römischen Zivilisation nacheifernd. Das westliche Kaisertum versank unterdessen im Chaos. Von Römern und Germanen wurden Kaiser in rascher Folge ausgerufen, abgesetzt oder ermordet. In Italien war es besonders schlimm. 455 plünderte der Vandalenkönig Geiserich (428–477) Rom. Als 476 Romulus, das ›Kaiserchen‹ (*Augustulus*, so nannten ihn die Römer), von dem germanischen Offizier Odoaker abgesetzt wurde, war das weströmische Reich am Ende, ein neuer Kaiser wurde nicht mehr ausgerufen. Er war übrigens nicht der letzte, denn in Dalmatien regierte mit Nepos bis 480 noch ein zweiter westlicher Augustus. Odoaker ließ sich zum König erheben; er wurde 493 von dem Ostgoten Theoderich dem Großen (488–526), dem Häuptling eines wandernden Balkanstammes, erschlagen. Dieser errichtete nun als Nachfolgestaat sein Ostgotenreich in Italien, beauftragt von dem einzig übriggebliebenen legitimen Kaiser, dem Oströmer Zenon (474–491). Nach der triumphalen Entwicklung im 4. Jahrhundert stand die Kirche, überrollt von Germanenstämmen, nun vor einer ganzen neuen Situation.

Eine Herausforderung für die Reichskirche stellten die Germanen auf Reichsboden in doppelter Hinsicht dar, waren sie doch teils heidnischen, teils arianischen Glaubens. Das eine forderte die missionarische Kompetenz der Christen, das andere zerstörte das vor allem von Rom hochgehaltene Ideal der Einheit. Leicht zu nehmen war die Sache nicht, und so beanspruchte die Überwindung des Heidentums einige Jahrhunderte, und der sogenannte Arianismus war vorerst der Glaube der Sieger. Worum ging es? Der ansonsten ziemlich unbekannte, später als Erzketzer verteufelte Presbyter Arius aus Alexandria (um 260–336) hatte Schwierigkeiten mit dem Verständnis der Trinität und vertrat die Meinung, Christus sei als Sohn dem Vater untergeordnet, gleichsam ein Gott zweiter Ordnung. Das damit verbundene theologische Problem hing tatsächlich an einem Jota, ob nämlich der Sohn dem Vater ›gleich‹ (*homo-usios*) und damit erlösungsfähig oder nur ›ähnlich‹ (*homoi-usios*) und damit erlösungsbedürftig sei. Dem lag der tiefer sitzende trinitätstheologische Streit um die Frage der Subordination des Sohnes unter den Vater zugrunde, der von 318 bis 381 nicht nur die Fachleute beschäftigte. Den die Einheit bedrohenden Zwist hatte Konstantin, der darauf sehr stolz war, auf dem Konzil zu Nizäa im Jahre 325 zugunsten der Wesenseinheit entschieden und Arius ins Exil geschickt. Bevor diese für das Christentum als Erlösungsglaube zweifelsohne wegweisende Festlegung von dem Konzil von Konstantinopel 381 endgültig bestätigt wurde, flammte der Streit im Zusammenhang mit ost-westlichen Rivalitäten jedoch wieder auf und führte zur Aufspaltung der Arianer in drei unterschiedliche Gruppierungen. Entscheidend für die Missionsgeschichte war nun, daß Wulfila 336 oder 341 von dem Arianer Eusebius von Nikomedia (gest. 341) zum Bischof der Goten geweiht wurde und gerade zu der Zeit die Goten zum Christentum bekehrte, als die ›homöische‹ Richtung (die so präziser bezeichnet ist als mit dem Begriff ›arianisch‹) von den Kaisern Konstantius II. (353–361) und Valens (364–378) nicht nur begünstigt, sondern auf dem Reichskonzil von Konstantinopel 360 als Bekenntnis angenommen wurde. Dadurch angestoßen, erlebte diese Theologie für die nächsten zweihundert Jahre bei den germanischen Stämmen auf römischem Boden eine erstaunliche Blüte. Dazu mag auch das Bedürfnis der dünnen germanischen Oberschicht beigetragen haben, sich so von dem Katholizismus der unterworfenen Römer zu unterscheiden.

Bis auf die Langobarden, die in der Mehrzahl lange an einem ziemlich aggressiven Heidentum festhielten, haben alle Germanenstämme im Verlauf ihrer Wanderungen und Reichsgründungen in vollkommen friedlicher Weise freiwillig das Christentum angenommen, meistens eben in der homöischen Form, deren wesentliche Differenz zum Katholizismus sich allein auf das Trinitätsproblem bezog. Zur ersten Begegnung mit dem Christentum war es bereits im 3. Jahrhundert gekommen, als die Goten die Balkanhalbinsel und Kleinasien verwüsteten und Christen als Gefangene in ihre Heimatländer verschleppten. Beispielhaft für diese Mission war Wulfilas (um 311–383) Wirken. Seine herausragende Leistung war die Übersetzung der Bibel, wofür er eigens ein gotisches Alphabet entwickelte. Die Germanen konnten so den christlichen Glauben in ihrer eigenen Sprachgestalt kennenlernen, ein für die folgende Missionsgeschichte wegweisendes Verfahren. Durch die Westgoten wurde der homöische Glaube schließlich nach Westen getragen, wo er in der Folgezeit mit Ausnahme der Franken von allen Germanenstämmen angenommen wurde. Die Entscheidung über den zukünftigen Kurs der Kirche in der Spannung von gentiler Orientierung oder universeller Ausrichtung stand also noch aus.

Weitgehend unbehelligt von den Wirren der sogenannten

Völkerwanderungszeit und der Dekomposition der Alten Welt blieb das Ostreich. Staat und Kirche verbanden sich hier zu einer Einheit, die es bruchlos bis in das 15. Jahrhundert hinein weiterexistieren ließ und ihm gewissermaßen das Mittelalter ersparte. Die beherrschende Gestalt war Kaiser Justinian (527–565), der sich als von Gott eingesetzt und damit auch als zuständig in allen weltlichen und geistlichen Belangen verstand. Symptomatisch für seine sakrale Universalherrschaft, für die häufig der nicht ganz zutreffende Begriff ›Cäsaropapismus‹ benutzt wird, war die Schließung der Athener Akademie im Jahre 529, der letzten Schule des heidnischen Neuplatonismus. Justinian sprang mit Dingen der Kirche um, wie es vor und nach ihm kein Kaiser gewagt hat, alles dies Ausdruck seiner Überzeugung, Christi Stellvertreter auf Erden zu sein. Dem entsprach auch seine freilich zum Scheitern verurteilte Vision, das Imperium in altem Glanz wiedererstehen zu lassen. Immerhin gelang es ihm, 533 das Vandalenreich in Nordafrika zu erobern und ab 535 Teile Italiens dem byzantinischen Reich einzugliedern. Der Schwerpunkt der weiteren Entwicklung des Christentums lag jedoch im Westen.

Die politischen Voraussetzungen

Die Germanen sind keineswegs eine so einheitliche Erscheinung, wie der Begriff nahezulegen scheint. Im Gegenteil, der modernen Forschung bereitet er so große Probleme, daß man ihn möglichst meidet und nur von der Ethnogenese der einzelnen Stämme oder Völker der Goten, Vandalen, Franken usw. spricht. Auch die Einteilung in nord- (Skandinavien), ost- (Vandalen, Goten, Burgunder, Langobarden u. a.) und westgermanische (Sueben, Franken, Sachsen, Bajuwaren, Alemannen u. a.) Völker ist problematisch, denn sie basiert auf sprachlichen Unterscheidungsmerkmalen. Es fällt demzufolge schwer, Gemeinsamkeiten ›der‹ Germanen zu beschreiben, die diesseits und jenseits des Limes ihre oft nur einige Generationen bestehenden Reiche formten. In der Regel wird es so gewesen sein, daß es sich immer um aus mehreren Stämmen zu einem Heer zusammengesetzte Völker handelte, deren erfolgreichste Führungsschicht einen Traditionskern bildete. Er legitimierte sich als erinnerte Abstammungsgemeinschaft und gab den Anstoß zur Formierung von Völkern. Daraus entwickelte sich eine gentile Herrschafts- und Sozialstruktur, die sich von der Stadtzivilisation der römischen Reichsteile erheblich unterschied. Ein unüberbrückbarer Gegensatz zwischen den ›Barbaren‹ und der römischen Gesellschaft bestand dennoch nicht, lassen sich doch vielfältige Formen des Austausches und der gegenseitigen Anpassung beobachten. Im Gefolge der Völkerwanderungszeit wurde tatsächlich eine neue Welt geschaffen, die man am besten als die Mischkultur der Übergangsepoche bezeichnet. Daraus ergaben sich bestimmte religions- und sozialgeschichtliche Bedingtheiten, die von den christlichen Missionaren beachtet werden mußten.

Die Germanenstämme stellten keine ethnisch geschlossenen Völker dar, sondern waren Großverbände, deren Einigung durch den Kampf gegen Rom entstand. Diese patriarchalisch-bäuerlichen Kriegergemeinschaften bildeten allmählich Formen eines zentralen Königtums heraus, das entweder als Heerkönigtum nur für die Kriegsführung berufen wurde oder sich auf die Dynastie eines Königsgeschlechtes berief. Das entscheidende Fundament der politischen wie religiösen Identität war die Abstammungsgemeinschaft, der Glaube also an einen gemeinsamen mythischen Stammvater oder ›Spitzenahnen‹. Er wurde als von göttlicher Herkunft abstammend geglaubt, gab dem Stamm oder Königsgeschlecht die Lebenskraft und begründete die kulturelle Tradition. Daraus entstand in mündlicher Überlieferung die Ursprungssage der jeweiligen Stammesverbände (*origo gentis*), die das Bewußtsein gemeinschaftlicher Abstammung lebendig erhielt und die Grundlage der materiellen Kultur, des religiösen Kultes und der politischen Zielsetzung schuf. Solche Traditionen wurden oft genug durch militärische Siege geschaffen, und sie rankten sich dann um den Kriegerkönig als Abkömmling des Gottes Odin. Wenn auch in unterschiedlichem Maße, so läßt sich vor allem im Norden beobachten, wie sich auf diese Weise dominierende Geschlechter herausbildeten, die die Kontrolle über externe Kontakte, religiösen Kult und Handwerkeraktivitäten ausübten und damit eine Konzentration schufen, die als Sozialform Jahrhunderte überdauern sollte. Die herausragende Stellung des Herrschers hat man mit der Kategorie des ›germanischen Sakralkönigtums‹ zu umschreiben versucht. Die besondere religiöse Dimension des Herrscheramtes – gelegentlich wird auch von ›Geblütsheiligkeit‹ gesprochen – ist zwar in der Forschung umstritten, kann aber gerade für den nordgermanischen Raum nachgewiesen werden. Sie umgreift die göttliche Abstammung des Königs, das besondere, Fruchtbarkeit und Sieg garantierende Königsglück und die Rolle des Herrschers als oberster Kultleiter. Damit verband sich des weiteren die Konzentration allein auf die Belange des eigenen Stammes, eine gentile Engführung also. Die Götter waren nur für das jeweilige Volk zuständig, das, wie jedes andere auch, gleichsam eine Sonne für sich zu haben schien. Man dachte weder in universalen Kategorien noch etwa daran, seinen Glauben anderen Völkern zu vermitteln. Innerhalb dieser geschlossenen Grenze war jeder Stammesangehörige zur Teilnahme am kultischen Leben verpflichtet, um so das gemeinschaftliche Heil zu erhalten. In diese Vorstellungswelt sollte die christliche Mission eindringen. Es ist leicht nachvollziehbar, daß dabei gänzlich verschiedene Welten aufeinanderprallten.

Zu den Veränderungen durch die Dekomposition der Alten Welt gehörte schließlich noch ein nicht unerheblicher Wandel der Lebensgrundlagen. Durch das weitgehende Zusammenbrechen der antiken Zivilisation gingen etliche der Lebenssicherung dienende Fertigkeiten verloren, so daß der

Lebensstandard sank. Die Bevölkerungszahl nahm ab, wovon in erster Linie die Städte betroffen waren, und die dörflich-agrarisch geprägte Welt des Frühmittelalters konnte mit der hochstehenden Bildung, die das Christentum als Buchreligion nun einmal vertrat, wenig anfangen. Darüber hinaus kam es nicht zuletzt durch das Zurücktreten einer geschulten Beamtenschaft zu einem Rückgang der Staatlichkeit. An die Stelle des antiken Staatswesens trat der ›Personenverbandsstaat‹ des Frühmittelalters, basierend auf der gefolgschaftlichen Einigung des Adels unter dem König. Es versteht sich von selbst, daß sich die Missionare auf diese Situation einstellen mußten.

Die kirchlichen Voraussetzungen

Der Reichskirche sind die Missionsgelegenheiten im späten 4. und 5. Jahrhundert gewissermaßen direkt vor die Füße gelegt worden, drangen die Heiden doch in das Reichsgebiet ein. Dennoch ist von besonderen Aktivitäten offizieller Natur in den Quellen wenig zu erkennen. Die Goten mußten sich im 3. Jahrhundert Missionare in Gestalt von christlichen Gefangenen sogar selbst ins Land holen. Auch für die nachkonstantinische Zeit gilt also, daß die kirchliche Mission auf ein planmäßiges Vorgehen verzichtete. Die durch die grundsätzlichen Veränderungen bedingte rasante Zunahme an Taufen ließ das Übergewicht der Städte gegenüber dem flachen Land noch ansteigen. Auf das Konto dieser fehlenden Missionsplanung ging schließlich auch der nicht unerhebliche Fortbestand des Heidentums. Daß Bischöfe wie etwa Martin von Tours (371–397) eine Missionsreise in die Normandie unternahmen, blieb die Ausnahme. Bezeichnenderweise verschob sich gerade um die Mitte des 4. Jahrhunderts die Bedeutung des Wortes *paganus* von der Bezeichnung des ungebildeten Landbewohners zum ungläubigen Heiden.

Das heißt jedoch nicht, daß es keine Missionsaktivitäten gegeben hätte. Sie konzentrierten sich wie bisher auf das Umfeld der Gemeinden und vor allem auf die Überzeugungskraft der Christen selbst. Da indes viele Menschen nun aus Opportunitätsgründen sowieso in die Kirchen drängten, wird man hier mit einer gewissen Abschwächung des missionarischen Eifers rechnen müssen. Lebhafte Impulse gingen von dem Mönchtum aus, das sich nach den Anfängen im Osten im 3. und 4. Jahrhundert bald auch im Westen als herausfordernde Form christlicher Existenz ausbreitete. Insbesondere in Gallien blühte das Klostermönchtum dieser religiösen Spezialisten während des 5. Jahrhunderts auf, in Aquitanien bestimmt durch Martin von Tours und von dem Inselkloster Lérins ausgehend das Rhônetal hinaufwandernd. In Italien war es dann etwas später Benedikt von Nursia, der um 530 ein Kloster auf dem Monte Cassino gründete und mit seiner Regel die wegweisende Ordnung für das monastische Leben fand. Die zahlreichen Klöster und Eremitenzellen wurden so zu Zentren der Glaubensausbreitung. Die von den Leuten hochgeschätzten Wundermänner trugen mit Eifer das Evangelium in die Dörfer, zerstörten heidnische Kultstätten und errichteten kleine Holzkirchen (vgl. Quelle 1). Jenseits der Grenzen des Reiches erlosch der Missionseifer allerdings recht schnell. Man setzte eben die Ausbreitung des Imperiums und das Wachsen des Friedensreiches Christi schlicht in eins, ein Konzept, das nach dem Eindringen der Barbaren ins Reich freilich überdacht werden mußte.

Zunächst einmal führte die Dekomposition der Alten Welt zu einer gewissen Lähmung des Missionseifers. Denn das durch die Umsetzung des Missionsbefehls Christi geschichtswirksam gewordene Konzept der christlichen Universalität sah sich plötzlich dem Gentilismus der germanischen Stämme gegenüber, die mit der Idee des Monogenismus nichts anzufangen wußten. Für die Christen war Adam der eine Stammvater aller Menschen, durch den die Sünde in die Welt gekommen war, und Christus derjenige, durch den alle erlöst werden konnten. Die Heiden kannten ein solches Zusammengehörigkeitsgefühl nicht, für sie begann jenseits der eigenen Welt die Fremde, die sie nicht interessierte. Wenn sich das Christentum weiterhin als die Religion der Ökumene verstehen wollte, war deshalb mit dem Zusammenbruch der bisherigen geordneten Verhältnisse für sie die Bewährungsprobe gekommen. Sie mußte den Gentilismus überwinden, ein Unterfangen, auf das sie sich erst allmählich einzustellen vermochte.

Die Mission von Mensch zu Mensch ist eine Sache, die ganzer Völker eine andere. Wichtig dafür war das Bild, das man sich von den Heiden machte. Es war durchweg negativ. Die ›Heidenhunde‹ verehrten selbstgefertigte Götterbilder, hingen den Dämonen an und betrieben Teufelsdienst (vgl. Quelle 2). Die entsprechenden Deutungsmuster haben nicht unbedingt etwas mit Verachtung des einzelnen Menschen zu tun, wohl aber mit Abscheu seinem Kult gegenüber. Er mußte überwunden werden, um die dauernde Friedensherrschaft Christi heraufzuführen. Die Mission wurde daher als ein ganz handfester Kampf zwischen den Mächten des Teufels und Gottes verstanden, bei dem es wie in einem Zweikampf um Leben oder Tod ging. Unnötig zu erwähnen, daß sich die Glaubensboten daher auch nicht mit dem heidnischen Glauben beschäftigten – der so anhand der kirchlichen Quellen kaum rekonstruiert werden kann – oder gar den interreligiösen Dialog suchten. Sie wollten allein Menschen zum Heil führen, und dazu mußten sie diese nun einmal durch die Taufe in die allein dafür zuständige Kirche inkorporieren.

Schließlich ist noch darauf hinzuweisen, daß die veränderte Welt natürlich auch die Kirche veränderte. Insbesondere die theologische Reflexion, die die ersten Jahrhunderte so sehr bestimmt hatte, ging im Frühmittelalter verloren und wurde von handfester Religiosität abgelöst. Man erklärte die Welt wie die Schicksale der Menschen relativ einfach als von guten und bösen Geistern, von Gott oder dem Teufel bestimmt. Ausgehend von der Allgegenwärtigkeit des Numinosen war man davon überzeugt, in diesem Kampf Partei ergreifen und das Heil durch entsprechende Taten verdienen zu müssen. Nach einem festen Schema wurde Gott durch gute Taten geradezu gezwungen, daraufhin als Lohn gute Verhältnisse zu schaffen, während böse Taten unweigerlich Gottes Strafaktionen hervorrufen mußten. Tun und Ergehen standen demnach in engstem Zusammenhang. Diese Denkmuster hatten natürlich zur Folge, daß nicht eigentlich an der ethischen Verbesserung und Selbstverantwortung des Menschen gearbeitet wurde, sondern für die jeweiligen Sünden in einer Art Tarifsystem entsprechende Bußleistungen erbracht werden mußten, die die gestörte Ordnung wiederherstellten. Anders als im frühen Christentum fragte man dabei übrigens nicht nach der Intention des Verhaltens, sondern urteilte allein nach dessen eingetretenen Folgen. Auf der Ebene dieser Religiosität entwickelten sich Mission und Christianisierung im frühen Mittelalter.

Der heidnische Polytheismus

Die christlichen Glaubensboten drangen keineswegs in religionsfreie, säkulare Räume ein, ganz im Gegenteil. Bei den nichthomöischen Germanenvölkern, namentlich in Nordwesteuropa, trafen sie auf einen lebendigen, allerdings keineswegs einheitlichen Polytheismus, der geschmeidig auf die christliche Konkurrenzreligion aus dem Süden reagierte und sich teilweise bis in das 11. Jahrhundert halten konnte. Diese religionsgeographische Zweiteilung Europas wird allerdings durch die kirchlichen Quellen verschleiert, die es natürlich peinlich vermieden, von der Lebendigkeit des heidnischen Glaubens zu berichten. Das ist nicht weiter verwunderlich, waren die Autoren doch stets von dem schon vorherbestimmten Sieg des Christentums überzeugt. Diese beschränkte Aussagebereitschaft verdeckt auch in gewisser Weise die immense Herausforderung, vor der die Missionare in diesem Zweikampf der Kulturen standen. Die heidnischen Völker kannten nämlich keine Trennung von Heiligem und Profanem, das gesamte Leben in all seinen Bezügen war von religiösen Vorstellungen durchdrungen. Die Hinwendung zum Christentum bedeutete daher nicht nur einen radikalen Bruch mit der Vergangenheit, sondern auch mit allen Lebensregeln der Gegenwart. So hätte es zumindest sein sollen, die Frage ist jedoch, ob die Kirche den Übertritt nicht durch die eine oder andere Anpassung erleichtert hat. Dafür spricht einiges, zumal die Missionare nicht immer als Landfremde kamen, sondern oft genug dem gleichen ethnischen Hintergrund entstammten wie die zu bekehrenden Heiden.

Der Glaube der Germanen selbst ist schwer zu erfassen, und auf jeden Fall kann man nicht von ›der‹ germanischen Religion sprechen, sondern muß nach Stämmen und Zeiten differenzieren. Die Quellenzeugnisse fließen aus verständlichen Gründen spärlich. Oft sind sie erst spät und dann aus christlicher Perspektive aufgezeichnet worden, lassen sich aber mit Hilfe des archäologischen Fundmaterials verwerten. Am ehesten gelingt die Rekonstruktion germanischer Religiosität noch für den nordeuropäischen Raum. Göttervorstellungen und Kultübungen waren jedenfalls keineswegs schlicht, sondern durchaus vielgestaltig. Die nordische Götterwelt wurde von den Geschlechtern der Asen und Vanen bestimmt. Zu ihnen gehören der mächtige Kriegs- und Siegesgott, aber auch Herr des Zaubers, der Magie und der Weisheit Odin-Wodan (Abb. S. 35 und 36), der für Fruchtbarkeit und Wachstum zuständige Thor, der sich mit dem Fenriswolf anlegende Kriegsgott Tyr-Tiwaz, der als Stammvater des schwedischen Königsgeschlechtes der Ynglingar geltende, in Altuppsala auch Menschenopfer annehmende Freyr, seine Schwester Freyja, der jugendlich-strahlende Baldr und der rätselhafte Ränkeschmied Loki. Sie alle waren mit den Menschen verbunden, deren durchaus vorhandene persönliche Frömmigkeit mit individuellem Spielraum stets einen konstitutiven Bezug zum Gemeinschaftsleben hatte. Die von Priestern vollzogenen religiösen Riten konzentrierten sich vielfach auf überregionale Kultstätten, in deren Tempeln wie etwa in Altuppsala Götterstatuen verehrt wurden (vgl. Quelle 3). Diese Zentralorte waren oftmals zu-

Odin als tanzender Krieger auf einer Schnalle aus vergoldeter Bronze. Finglesham Grab 95, Kent (England), frühes 7. Jahrhundert. Ca. 8 cm hoch

Odin als heilender Gott. Goldbrakteat Sjöändan-C, Bohuslän (Schweden), 6. Jahrhundert. 2,82 cm Durchmesser

gleich Herrschaftssitze. Überhaupt läßt sich im Sinne des germanischen Sakralkönigtums ein enger Zusammenhang von Kult- und Herrschaftszentren nachweisen. Herrschaftsanschauungen und -zeichen der irdischen Machthaber wurden etwa in den nordischen Bildzeugnissen einer ›politischen Theologie‹ in die Bilder der göttlichen Macht projiziert und so der Legitimation dienstbar gemacht.

Von unschätzbarem Wert für die Erkenntnis der nordgermanischen Religion sind die Goldbrakteaten der Völkerwanderungszeit, die sich als religiöse Urkunden einer Oberschicht mit Herrschafts- und Priesterfunktion interpretieren lassen. Sie zeigen zum einen den regen kulturellen Austausch zwischen dem Norden und dem Süden, denn diese Kleinkunstwerke nehmen die Bildkonventionen mediterraner Denkmäler der Kaiserzeit auf und passen sie eigenen Vorstellungen an. Zum anderen lassen diese religiösen Ereignisbilder erkennen, wie der heidnische Norden auf die Herausforderung durch das Christentum reagierte. In dem Wettstreit der religiösen Systeme konzentrierte sich der Norden nämlich immer mehr auf Odin als Hauptgott und stellte seine Heilkraft in der erfolgreichsten Version der Goldbrakteaten in zahlreichen Varianten dar (Abb. S. 36). Neben dieses Motiv treten weitere, dem Angebot des Christentums antwortende wie das Opfer des Gottes Baldr, die Sieghilfe im Kampf, Regenerationsmythen und die Abwandlung des Jonasmotivs. In solchen Zeugnissen kommt der Kampf des heidnischen Nordens um sein Daseinsrecht gegenüber dem Christentum zum Ausdruck. Während die Missionare den Polytheismus als Dämonendienst abqualifizierten, bemühte sich die nordgermanische Oberschicht darum, ihre Götter konkurrenzfähig als Siegbringer, Heiler und Helfer zu präsentieren. Dem Heidentum konnte dabei durchaus Attraktivität abgewonnen werden. Für die Missionsgeschichte gilt deshalb nicht nur die von den kirchlichen Quellen her bekannte Perspektive, daß Christen auf Heiden trafen, sondern auch die Umkehrung, daß nämlich Heiden auf Christen trafen.

Zu den geschmeidigen Reaktionsformen des nordischen Polytheismus gehörte schließlich seine Offenheit für assoziative Verbindung mit neuen Vorstellungskomplexen. In dieser politisch relevanten Religiosität war der Glaube nicht von einer fixierten Lehre in Gestalt einer Dogmatik eingeengt. Aufgrund flexibler Benutzungsregeln war es sogar möglich, Kontinuität durch die Zuwahl von Göttern zu bewahren. Aufgrund einer ganz anderen Vorstellung von Religion war daher im Norden eine Art Kombination von Odin und Christus denkbar. Diese teilweise bis zur offenen Wahl reichende Möglichkeit, in synkretistischen Prozessen der eigenen religiösen Formenwelt neue Motive einzugliedern, wird von den Deutungsmustern der kirchlichen Quellen weithin verdeckt. In ihrem Interesse lag es, zu zeigen, wie die Missionare gegen Odin die alleinige Alternative Christus verkündigten. Tatsächlich dürfte es aber vielerorts über längere Zeit ein angespanntes Nebeneinander der Religionen gegeben haben. Diese Situation führte nicht zu einseitigen Assimilationsprozessen, sondern im Gegenteil zu der typischen Erscheinungsweise einer Mischkultur. Augenfälliges Beispiel dafür sind jene bekannten Gußformen, mit denen je nach Bedarf heidnische Thorshämmer oder christliche Kreuze hergestellt werden konnten (Abb. S. 39). Der Begriff ›Übergangsepoche‹ ist also sehr wörtlich zu verstehen.

Das gilt um so mehr, als es bei der Konfrontation der auf mündlicher Überlieferung beruhenden germanischen Gedächtnisreligion mit der Buchkultur der christlichen Hochreligion vor allem auf einen Punkt ankam, nämlich wer den stärkeren Gott besaß. Das war die alles entscheidende Frage in der gesamten Missionsgeschichte des frühen Mittelalters. Durchgängiges Kennzeichen der barbarischen Germanengesellschaft war die allgemeine Friedlosigkeit. Der Krieg bildete den Normalzustand. Friede war nicht üblich und mußte daher, wenn überhaupt, vertraglich festgelegt werden. Alle Fremden, die außerhalb der Verwandtschaft eines Stammes standen, galten im Grunde nicht mehr als Menschen und konnten daher ohne weiteres getötet werden. In dieser chaotischen Gesellschaft drehte sich alles um Ehre und Heil. Mit Ehre wurde die Integrität und Unverletzlichkeit eines Menschen bezeichnet. Ehre zu haben bedeutete, heil zu sein und damit Heil zu besitzen. Gestörte Ehre konnte nur durch Rache wiederhergestellt werden, wobei persönliches Gewissen, das es bei den Germanen eigentlich gar nicht gab, oder gar allgemein akzeptierte Moralvorstellungen keine Rolle spielten. Die Religion hat diese Verhältnisse sogar noch legitimiert, und dementsprechend ging es in der Götterwelt nicht viel anders zu. »Wotan – das ist Kampfeswut«, wußte Adam von Bremen noch im 11. Jahrhundert zu berichten (*Wotan, id est furor*; vgl. Quelle 3). Ablesbar wird das an den germanischen Bestattungssitten, denn die toten Krieger wurden mit allem ausgerüstet, was für die Fortsetzung des

Gußform aus Speckstein für Thorshammer und Kreuze, Trendgården (Nordjütland, Dänemark), zweite Hälfte des 10. Jahrhunderts. 9,2 cm lang

Kampfes im Jenseits nötig war. Je intakter die Ehre war, desto mehr Heil strahlte sie aus, besonders natürlich bei den Königsfamilien, bei denen das Heil direkt von den Göttern stammte. Die Wirkmacht der Götter spiegelte sich also im Glück ihrer irdischen Repräsentanten. Damit wird der Kern der Auseinandersetzung zwischen Polytheismus und Christentum erreicht, waren doch das Glück und damit die Kraft des jeweiligen Heils vergleichbar. Und darauf kam es schließlich in der Mission an, zu erweisen, daß der Christengott stärker, glückhafter und heilsbringender war als Odin.

Das Christentum in den Germanenreichen

Die durch das Vordringen der Hunnen aus dem Osten bewirkte riesige Bevölkerungsverschiebung hat in der Übergangsepoche germanische Reichsbildungen entstehen lassen (Karte S. 41), denen mit wenigen, noch zu behandelnden Ausnahmen keine geschichtliche Dauer beschieden war, die hier aber wenigstens kurz erwähnt werden sollen.

Die Westgoten befanden sich seit 378 bereits auf einer vierzigjährigen Wanderschaft, bis sie endlich 418 im heutigen Südfrankreich ihr Aquitanisches Königreich von Toulouse errichten konnten. Ihrem König Eurich (466–484) gelang es, den Föderatenstatus abzuschütteln und einen der bedeutendsten Nachfolgestaaten des römischen Westreiches zu begründen. Als Homöer standen die Westgoten der katholischen Bevölkerungsmehrheit der Romanen gegenüber. Eurich versuchte weder, sie zu bedrängen noch zu missionieren, dünnte aber die kirchlichen Institutionen bewußt aus. Anders sein Nachfolger Alarich II. (485–507), der stärker um Ausgleich bemüht war, was vor allem auf der 506 in Agde abgehaltenen Synode gelang. Sie war übrigens das erste von einem König beherrschte Landeskonzil, das in einem der germanischen Nachfolgestaaten des Westens zusammentrat. 507 verloren die Westgoten ihr Gebiet an die Franken

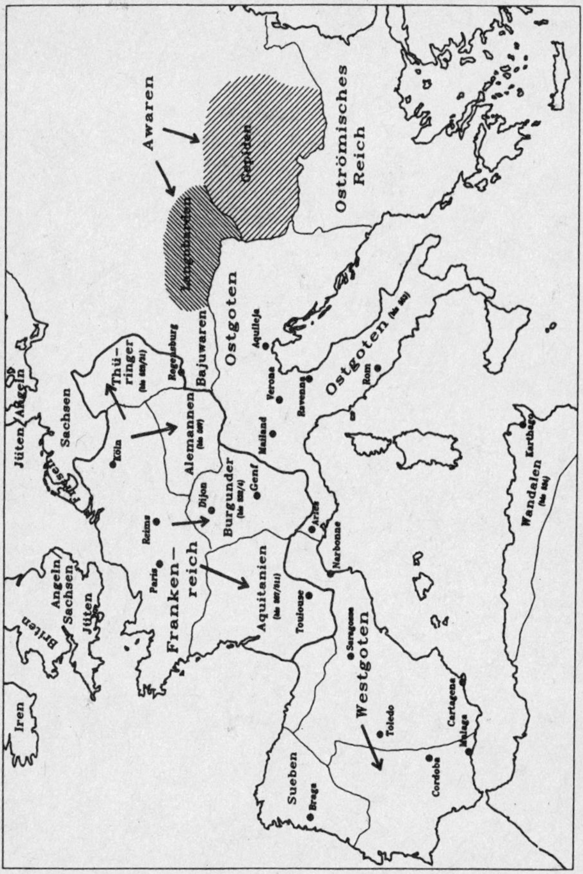

Die germanischen Reichsbildungen um 530

und konnten nach Spanien ausweichen. Nach langen Wirren konsolidierte sich unter König Leovigild (568–586) das neue Westgotenreich mit Toledo als Zentrum. Um die zunehmende Angleichung zwischen Goten und Romanen zu fördern, versuchte er, die konfessionelle Spaltung in ›Arianer‹ und Katholiken zu überwinden, freilich auf der Basis eines milden homöischen Glaubens. Dessen Überzeugungskraft hatte indes schon abgenommen, so daß sein Nachfolger Reccared (586–601) eine Kehrtwende vollzog und nach seiner eigenen Konversion zum Katholizismus 587 auf dem Reichskonzil von Toledo 589 den Anschluß aller Goten an das katholische Bekenntnis veranlaßte. Daraus entwickelte sich im 7. Jahrhundert eine von Rom unabhängige Landeskirche, deren hohes Bildungswesen durch Isidor von Sevilla (um 560–636) repräsentiert wird. Beachtenswert ist noch die Reform des Sklavenrechts durch König Chindaswind (642–653), durch die erstmals in einem Germanenreich den Sklaven persönliche Integrität zugestanden wurde, eine in der damaligen Zeit beispiellose Leistung. Durch innenpolitische Krisen geschwächt, zerfiel das Westgotenreich ab 711 schnell, als die Araber von Nordafrika her in Europa eindrangen.

Das von Theoderich dem Großen beherrschte Ostgotenreich in Italien von 493 bis 553 blieb Episode. Die Religionspolitik war pragmatisch ausgerichtet. Nicht zuletzt aus Gründen der Abgrenzung gegenüber Byzanz blieben die Goten bei ihrem homöischen Bekenntnis, beließen aber der katholischen Kirche völlige Freiheit und kooperierten durchaus mit dem Bischof von Rom. Theoderichs Verhältnis zu dem konfessionellen Gegensatz war allerdings eher von Machtpolitik denn von Toleranz bestimmt. Seine Nachfolger unterlagen dem byzantinischen Druck, Theoderich aber lebt in Mythos und Sage fort.

Die Burgunder, stets im Schatten der mächtigen Franken stehend, errichteten ab 406/407 im römischen Südgallien ein eigenes Reich, das bis zur Einnahme durch eben diese Franken 534 Bestand haben sollte. Sie waren ebenfalls Homöer und verhielten sich den Katholiken gegenüber tolerant. Als jedoch das Frankenreich zum katholischen Glauben wechselte, mußte bald auch die burgundische Königsfamilie folgen. 516/517 berief König Sigismund die erste Landessynode nach Epao und errichtete damit auf gallischem Boden eine weitere Landeskirche. Mit der am 22. September 515 gegründeten Abtei St. Maurice d'Agaune entstand eine Art Reichsheiligtum. Außerdem unternahm Sigismund als erster germanischer König eine Pilgerfahrt nach Rom, ein Beleg dafür, daß die von Papst Leo dem Großen (440–461) vehement geförderte Romidee allmählich auch auf die Germanen einwirkte. Sigismunds Ende war weniger glücklich: Im Jahre 524 dem fränkischen König Chlodomer (511–524) ausgeliefert, ließ dieser ihn mit Frau und zwei Söhnen in einen Brunnen stürzen. Zehn Jahre später kam durch die Einnahme der Franken das Ende für das burgundische Reich. Der Name Burgund freilich hat sich nicht nur durch das Nibelungenlied bis heute erhalten.

Dann sind noch die ursprünglich wohl aus Skandinavien stammenden ›Langbärte‹ zu erwähnen, die Langobarden. Auf ihrer europäischen Wanderung hatten sie einige Zeit in Pannonien ausgeharrt, um dann 568 in Italien einzudringen. Wie Räuberbanden eigneten sie sich große Teile Nord- und Mittelitaliens an. Teile ihrer Oberschicht waren homöisch, die Masse des Volkes jedoch heidnisch. Anfangs wurde die katholische Kirche von dem Einmarsch schwer getroffen. König Authari (584–590) untersagte katholische Taufen, zerstörte Bistümer und Kirchenstruktur. Schon sein Nachfolger Agilulf (591–615/616) ließ davon ab, heiratete eine katholische Herzogstochter aus Baiern und ließ seinen Sohn katholisch taufen. Als erster König des Mittelalters verstand Agilulf seine Herrschaft als ›von Gottes Gnaden‹ (*gratia Dei*), und tatsächlich starb er als erster Langobardenherrscher eines natürlichen Todes. In der Folgezeit bekam der homöische Glaube wieder die Überhand, bis sich dann ab

680 unter König Perctarit (671–688), auch wegen der zunehmenden Verschmelzung von Germanen und Romanen, die Hinwendung zum Katholizismus nicht mehr aufhalten ließ. König Liutprand (712–744) verstand sich dann als bewußt katholischer Herrscher, geriet aber durch seine Eroberungspolitik in Konflikte mit Byzanz und dem Papsttum. Dieses rief die neue Vormacht des Westens, die Franken, zu Hilfe, die prompt dem Langobardenreich ein Ende machten. Am 5. Juni 774 ließ sich Karl der Große zum ›König der Franken und Langobarden‹ erheben. Damit war die letzte germanische Reichsbildung auf dem Boden des Imperiums erloschen.

2
Der Beginn in Reims

Chronologische Übersicht

481/482–751	Frankenreich unter den Merowingern
481/482–511	Chlodwig Frankenherrscher (geb. 466)
486/487	Sieg Chlodwigs bei Soissons über den römischen Heeresmeister Syagrius
498/499	Taufe Chlodwigs in Reims, Frankenreich katholisch
511	erste fränkische Reichssynode in Orléans
542	Bischof Caesarius von Arles gest. (geb. um 470)
594	Bischof Gregor von Tours gest. (geb. 538/539)

Die Taufe Chlodwigs

Für einen germanischen König war ein Religionswechsel eine höchst riskante Angelegenheit. Wie sollte er dem Volk und insbesondere seinen Heerführern erklären, daß die bislang verehrten Götter nun plötzlich Nichtse seien und der zuvor verspottete Christengott jetzt allein anzubeten sei? Wie würden die polytheistischen Priester auf den Verrat ihres Kultherrn reagieren? Und vor allem, was wäre von den alten Göttern und von dem neuen Gott selbst zu erwarten? Alles das spielte im Frankenreich des späten 5. Jahrhunderts eine Rolle, als nämlich dessen König Chlodwig (481/482–511, geb. 466) sich anschickte, vom Polytheismus zum Christentum zu wechseln. Schon die Zeitgenossen ahnten, daß es sich dabei um eine Entscheidung von geradezu welthistorischer Tragweite handelte. Trotzdem ist die Überlieferung recht karg und außerdem – wie könnte es anders sein – von der jeweiligen Interessenlage geprägt. Das unbefriedigende Ergebnis dieser Konstellation ist ein bis heute andauernder Expertenstreit und der Umstand, daß sich eines der Zentralereignisse auf dem Wege zum christlichen Europa nur rekonstruieren läßt. Dennoch ist der Fall als Prototyp späterer Herrscherbekehrungen eingehender zu erzählen. Aller Wahrscheinlichkeit nach haben sich die Dinge wie folgt entwickelt.

Die Franken tauchten zunächst in der Mitte des 3. Jahrhunderts als Piraten und Plünderer auf. Einige fränkische Gruppen setzten sich dann am Niederrhein fest, und aus den gentilen Kleinstämmen wurden Regionalverbände, die im 5. Jahrhundert immer mehr expandierten. Das gilt besonders für die Salfranken, deren König Childerich (gest. 481/482) sich als Bündnispartner der römischen Heeresmeister und Gegner der homöischen Westgoten einen Namen gemacht hatte. Sein ehrgeizig zupackender Sohn Chlodwig, anfangs ein Kleinkönig unter etlichen anderen, verstand es, aus dem salischen Gaukönigtum die fränkische Großmacht zu entwickeln. Entscheidend dafür waren erstens 486/487 sein Sieg über Syagrius, den König des römischen Restgalliens, und zweitens sein Übertritt zum katholischen Christentum, besiegelt durch die Taufe 498. Wie sein Vater, so galt auch Chlodwig als Beschützer der Romanitas und damit ebenfalls der orthodoxen römischen Kirche. Von Beginn seiner Herrschaft an pflegte er gute Beziehungen zu dem gallorömischen Bischof Remigius von Reims (459–533, geb. 437), die offensichtlich durch seinen Staatsstreich gegen Syagrius nicht getrübt wurden. Um 493 rückte der katholische Glaube noch näher an Chlodwig heran, als er Chrodechilde (gest. 544) heiratete, eine Nichte des burgundischen Königs Gundobad (480–516). Diese der Pflege der Beziehungen unter den germanischen Königreichen dienende Heiratspolitik ermöglichte ohne weiteres konfessionelle Mischehen zwischen Polytheisten, Katholiken und ›Arianern‹. Sie zeigt auch, wie sehr die Religionsdinge offensichtlich nach Gesichtspunkten der Nützlichkeit entschieden wurden. In der Anfangsphase des christlichen Europa ging es nicht um Dogmatik, sondern um effiziente Pragmatik. Denn zu der Zeit, als der Heide Chlodwig die einer homöischen Familie entstammende Katholikin Chrodechilde ehelichte, heiratete der Homöer Theoderich die Heidin Audofleda, eine Schwester Chlodwigs. Für diese politisch motivierte Verbindung mußte sie zum ›Arianismus‹ übertreten. Eine weitere Schwester des Frankenfürsten, Lantechilde, schloß sich ihr an und ließ sich homöisch taufen.

Diese verworrene Lage macht vor allem eines deutlich: Der von katholischen (Chrodechilde) wie homöischen (Theoderich) Kräften umworbene Heide Chlodwig befand sich in einer komplizierten Situation. Sein eigener Stamm, die Franken, war polytheistisch, das von ihm beherrschte Land gallorömisch und damit katholisch, die mächtigen gotischen Anrainerstaaten schließlich homöisch. Wie immer Chlodwig sich auch entscheiden würde, allen konnte er es kaum recht machen. Entscheiden mußte er sich wohl, zumal die Zukunft auch der politischen Kräfte in einer christlichen Orientierung zu liegen schien. Dringlich wurde die Sache, weil Chlodwig sein Reich durch die Unterwerfung anderer Germanenstämme allmählich zur Vormacht Europas ausbaute. Und so fiel die Entscheidung dann auch im Zusammenhang mit Chlodwigs sich lange hinziehender kriegerischer Auseinandersetzung mit den alemannischen Völkern.

So verworren wie diese Verhältnisse, so unklar sind letztlich bestimmte Details der Hinwendung Chlodwigs zum Christentum. Das beginnt mit der Frage, welche Glaubensform er eigentlich ablegte, als er am Weihnachtstage 498 in Reims das Taufbecken bestieg. War es der alte römische Polytheismus oder der fränkische? War, wie manche Forscher meinen, Chlodwig vielleicht sogar aus politischen Gründen einige Zeit homöisch gewesen, eine Phase, die der Reichsklerus dann nach der ›richtigen‹ Taufe schnell aus der Erinnerung getilgt hätte? Und welchen Glauben nahm er an? Nach den kirchlichen Quellen, und nur solche berichten von den Ereignissen, konnte es nur die reine katholische Form sein. Denkbar wäre aber durchaus auch, daß Chlodwig in gut polytheistischer Manier Christus als zusätzlichen Gott anerkannte und erst allmählich in den christlichen Monotheismus hineinwuchs. Erinnerungen verändern sich im Laufe der Zeit, und die Hauptquelle, die ersten vier Bücher der Frankengeschichte des Gregor von Tours (538/539–594), wurde erst um 575 aufgezeichnet. Manchem modernen Kritiker erscheint sie verdächtig, nicht nur des großen zeitlichen Abstandes wegen, sondern vor allem deshalb, weil Gregor den gesamten Bekehrungs- und Taufbericht unübersehbar nach dem Vorbild Konstantins gestaltet hat. Deshalb muß er jedoch nicht falsch sein, zumal Gregor wohl aus ziemlich unmittelbarer mündlicher Überlieferung schöpfen konnte, lebte doch Chlodwigs Witwe Chrodechilde bis zu ihrem Tode 544 an seinem Bischofssitz in Tours, und die mußte es ja schließlich wissen. Die Nachahmung Konstantins kann durchaus bewußt vorgenommen worden sein, um so politische Ansprüche anzumelden.

Wie dem auch sei, zwei Aspekte verdienen Beachtung. Erstens spricht für Gregors Bericht, daß Chrodechilde zwar eine zentrale Rolle bei der Bekehrung ihres Mannes spielte, sie diese aber nicht zu bewirken vermochte. In gut germanischer Manier war für Chlodwig entscheidend die Erfahrung göttlicher Schlachtenhilfe. In einer der Schlachten gegen die Einzelkönige der Alemannen, möglicherweise der des Jahres 496/497 bei Zülpich, geriet Chlodwig in so arge Bedrängnis, daß er sich schließlich mit der Bitte um Sieghilfe an Christus wandte (vgl. Quelle 4). In diesem von Gregor natürlich rekonstruierten Gebet betont Chlodwig ausdrücklich, er habe seine Götter angerufen, doch diese hätten ihn im Stich gelassen. Was wie ein dramatisierender Einschub Gregors klingt, hat durchaus realen Hintergrund. Denn aus der Bildüberlieferung der Zeit ist bekannt, daß vor entscheidenden Schlachten in Kultübungen göttliche Kampfhilfe zu gewinnen versucht wurde, deren Erweis man sich ganz konkret vorstellte (Abb. S. 49). Chlodwig verhielt sich demnach so, wie ein germanischer Heeresführer dies zu tun pflegte. Und wenn Odin versagte, konnte man es durchaus einmal mit Christus versuchen. Da prompt der Sieg eintrat, lag es nahe, sich fortan an diesen stärkeren Gott zu halten. Ein ausdrückliches Gelübde teilt Gregor allerdings nicht mit. Auf solchen Nützlichkeitserwägungen basieren die meisten Herrscherbekehrungen des früheren Mittelalters. Die Quellen berichten unbefangen davon, weil ein solches Denken den Christen nicht unvertraut war. Zwar ist im Neuen Testament von dem göttlichen Sieghelfer nicht die Rede, aber seit Konstantins Tagen war das Kreuz nicht nur Abwehrmittel, sondern auch Siegeszeichen für den Krieg. Wie öfters in der frühmittelalterlichen Christianisierungsgeschichte, so fließen auch hier germanisch-heidnische und spätantik-christliche Vorstellungen zusammen.

Zweitens ist beachtenswert Chlodwigs Verhalten seiner katholischen Frau gegenüber, die sich nach Gregors Zeugnis, das später von Nicetius von Trier (gest. nach 566) bestätigt worden ist, besonders nachhaltig um seine Bekehrung bemühte. Denn lange vor seiner eigenen Taufe ließ er es zu, daß seine erbberechtigten Söhne katholisch getauft wurden.

Speerwurf mit göttlichem Sieghelfer. Preßblech-Zierscheibe von Pliezhausen bei Tübingen, 7. Jahrhundert. Ca. 8,3 cm Durchmesser

Was Chlodwig zu diesem Zugeständnis bewegte, ist unbekannt. Eindeutig ist dagegen, daß er damit eine klare Entscheidung über die zukünftige Glaubensausrichtung des Frankenreiches getroffen hat. Da die Taufen, wie in der Quelle ausdrücklich betont wird, in feierlichem Rahmen stattfanden, mußte dies jedem Zeitgenossen, auch den homöischen Nachbarstaaten, bekannt sein. Will man Chlodwig nicht ein höchst distanziertes Jonglieren mit den Religionsoptionen unterstellen, so spricht dies übrigens gegen die These von seinem zeitweiligen Übertritt zum homöischen Glauben.

Die Taufangelegenheit selbst entwickelte sich dramatisch und wurde nicht zu der von Chrodechilde erhofften Werbeveranstaltung für das Christentum. Denn Ingomer (geb. vor 496), der erste Sohn des Herrscherpaares, starb noch in den Taufkleidern. Das bestärkte natürlich Chlodwig in seiner Ansicht, der Christengott sei unfähig (so jedenfalls Gregor). Darüber hinaus könnte er den frühen Tod Ingomers als Ausdruck der Macht und des Zornes der germanischen Götter über die aus ihrer Sicht frevelhafte Taufe empfunden haben. Um so beachtenswerter ist die Tatsache, daß er auch seinen bald darauf geborenen zweiten Sohn Chlodomer katholisch taufen ließ. Selbst dieser erkrankte, wurde aber, so Gregor, durch das Gebet der Mutter wieder gesund. Das konnte Chlodwig immerhin als Machterweis des Christengottes verstehen. Trotzdem: Welche Götter handelten denn nun, wie und warum taten sie es? Mit welchem Gott als Sieghelfer ließ sich das Frankenreich ausbauen? Von solchen Fragen wurde Chlodwig umgetrieben, und es wäre vermessen, ihm aus heutiger Sicht dabei nur politische Machtgier vorzuhalten. Auch Herrscher können Orientierungsprobleme haben, bei denen sich religiöse und weltliche Erwägungen unentwirrbar vermischen. Chlodwig löste sie als germanischer Heerführer und als ›gläubiger‹ Polytheist, indem er auf der Ebene der Nützlichkeit dachte und von Gott ein Zeichen erwartete; nicht zu Hause in der Genesung eines Kindes, sondern auf seinem ureigenen Arbeitsgebiet, als Sieghelfer in der Schlacht. Das Zeichen trat ein, die Alemannen wurden geschlagen, der Christengott hatte sich gleichsam als Krieger bewährt (Abb. S. 51). Nun war Chlodwig an der Reihe, sein Versprechen einzulösen.

Da die Zeitgenossen und noch mehr die einige Jahrzehnte später schreibenden Kirchenleute die weitreichenden Folgen dieser Entwicklung erkannten, ist es nur zu verständlich, daß sie diese aus ihrer Sicht beurteilten und erzählten. Das bestimmte ihre Aussagebereitschaft und natürlich ihre Deutungsmuster, machte sie aber nicht zu Lügnern, wie man

Christus (?) als Gott der Kriegeraristokratie mit Kreuzzeichen auf der Stirn und Waffenausrüstung. Ziegelstück aus Grésin (Dép. Puy-de-Dôme, Frankreich), 7. Jahrhundert

nach der Lektüre manch moderner Forschungsarbeit meinen könnte. Ihre Ausschmückungen und Interpretationen zeigen vielmehr, wie man bereits damals die Dinge sehen wollte.

Die sich durch die Taufe seiner Söhne bereits für jedermann abzeichnende Entwicklung war freilich mit dem Alemannensieg von 496/497 noch nicht abgeschlossen, zumal gar nicht klar ist, ob Chlodwig in der Schlacht sozusagen ein öffentliches Gelübde abgelegt hatte. Der nun fällige Übertritt des Königs war von größter Tragweite für alle Franken und konnte deshalb nicht ohne Zustimmung der Gefolgschaft über die Bühne gehen. Zunächst ließ Chlodwig sich auf Anraten seiner Königin von Remigius, dem alten Freund der Familie, im christlichen Glauben unterweisen, wobei freilich niemand mehr an das in der Frühzeit der Kirche übliche dreijährige Katechumenat dachte. Dieser Konfirmandenunterricht mußte in aller Heimlichkeit geschehen, da die Zustimmung des Heeres zu dem Religionswechsel noch ausstand. Erst waren alle von der Nützlichkeit des königlichen Schrittes zu überzeugen, sonst hätte Chlodwig bei der Aktion seinen Kopf riskiert. Offensichtlich zögerte er aus eben diesen Gründen tatsächlich, weil es vielleicht zuvor mehr oder weniger deutliche Kritik an der christlichen Taufe seiner Erbsöhne gegeben hatte, so daß Remigius ungeduldig und drängend wurde. Wahrscheinlich auf einem Märzfeld wollte Chlodwig daraufhin die Zustimmung seiner Gefolgschaft einholen. Nach Gregors Bericht brauchte er gar nichts zu sagen, denn das Volk bekundete sofort seinen Willen, ›die sterblichen Götter abzutun und dem unsterblichen Gott folgen zu wollen‹. Das klingt verdächtig wunderbar, muß es aber nicht sein, wenn man ›unsterblich‹ durch ›siegreich‹ ersetzt. Der Glaube des Königs war keine Privatangelegenheit, sondern Bestandteil seiner integrativen Macht und eben auch seines militärischen Erfolges, woraus wiederum das Volk Zusammengehörigkeitsgefühl und Identität bezog. Wenn nun der Herrscher auf die Seite eines beweisbar stärkeren Gottes wechselte, war es kein Wunder, daß seine Leute mitzogen. Es war eine Frage der religiösen Plausibilität, dem Gott zu folgen, der sich als wirkmächtig und hilfsbereit erwiesen hatte.

Nach diesem entscheidenden Schritt konnte der Rest schnell folgen. Seit dem Volksentscheid im Katechumenenstand, meldete sich Chlodwig vielleicht am Martinsfest, einem 11. November, in St. Martin von Tours zur Taufe an (›Kompetenzerklärung‹) und wurde in großer Feierlichkeit am folgenden Weihnachtstag wohl des Jahres 498 (auch 497 und 499 sind denkbar) von Remigius von Reims getauft (vgl. Quelle 5). Seine Schwestern Alboflede und Lantechilde folgten seinem Beispiel ebenso wie dreitausend Gefolgsleute aus seinem Heer. Während Gregor dies in seinem Taufbericht fast schon beiläufig mitteilt, wird Chlodwigs Übertritt natürlich ausführlich dargestellt. Wohl nach Reimser Tradition deutet der geschichtsschreibende Bischof die ganze Geschichte nach der Vorstellungswelt der römischen Silvesterlegende und parallelisierte Konstantin und Silvester als exemplarische Gestalten mit Chlodwig und Remigius. Es ist durchaus vorstellbar, daß der gallorömische Episkopat um Remigius diese imperiale Sicht von Beginn der Religionsverhandlungen an dem König nahezubringen versucht hat, um so der homöischen Option entgegenzusteuern. Gregor achtete jedenfalls auf die feinen Unterschiede. So läßt er Chlodwig in der Alemannenschlacht ausdrücklich zu Jesus Christus beten (vgl. Quelle 4) und er betont die dreigliedrige Taufformel. Nicht zufällig war gewiß auch die Vorverlegung des Tauftermins von der üblichen Osterzeit auf das Weihnachtsfest. Wenn schließlich Remigius dem an das Taufbekken herantretenden Chlodwig zurief: »Verehre, was du verfolgtest; verfolge, was du verehrtest«, so erinnert auch diese Aufforderung zur missionarischen Glaubensverteidigung an den großen Konstantin (vgl. Quelle 5). Kurzum, schon die Zeitgenossen wußten, daß sich hier vor ihren Augen eine zukunftsträchtige Wende vollzog. Was Chlodwig, gewissermaßen der Prototyp der frühmittelalterlichen Herrscherkonvertiten, persönlich dabei gedacht hat und was ihn letztlich zu diesem Schritt bewog, können auch noch so scharfsinnige Historiker nicht sagen. Monokausal kann man ihn jedenfalls nicht erklären, es wird ein Bündel aus persönlichen, religiösen, politischen und militärischen Motiven gewesen sein. Nun folgten die Franken dem siegreichen Himmelskönig Christus; Christen waren sie damit freilich noch nicht.

Die religionspolitischen Folgen

»Euer Glaube ist unser Sieg« – so jubelte in einem leider nicht datierten, aber wohl aus Anlaß der Taufanmeldung verfaßten Glückwunschbrief der katholische Metropolit des homöischen Burgunderreiches, Avitus von Vienne (494–518). Damit meinte er keineswegs nur, daß Chlodwigs Wende zum Katholizismus ihm in Burgund helfen würde, was zwar richtig war, aber noch einige Jahre dauern sollte. Nein, Avitus dachte in europäischen Kategorien. Nun, so hoffte er, werde das Abendland christlich-katholisch. Auch das war richtig, sollte sich indes über einige Jahrhunderte hinziehen. Das spätere Ergebnis von Chlodwigs Schritt paßt allemal bestens zu der Vision des Avitus, der übrigens ältesten Quelle des Geschehens (vgl. Quelle 6). Wegen dieser Erwartung entfaltete Avitus die Idee eines christlichen Königtums. So wie im Osten (= Griechenland) am Weihnachtstage in Christus das Licht über der Welt erschienen sei, so jetzt als dessen Abglanz im Westen der wiedergeborene König. Das regional begrenzte Sakralkönigtum der Germanenstämme wird abgelöst durch das unbegrenzte christliche Imperium, geprägt durch die Entsprechung von himmlischer und irdischer Herrschaft. Der Brief des Primas der burgundischen Militärmonarchie spricht daher alle Aspekte an, die auch später beim Religionswechsel von Königen wichtig blieben: die Gefahr, sektiererischen Einflüssen zu erliegen; die Notwendigkeit, sich von den heidnischen Vorfahren und ihrem Glauben zu distanzieren; die Pflicht, für die Christianisierung des eigenen Volkes zu sorgen, und vor allem die Aufforderung zur Mission unter den Heidenvölkern. Der neue Gott, so dürfte Chlodwig schnell klargeworden sein, gewährte nicht nur Schlachtensieg, sondern erwartete auch einigen Einsatz. Da sich die Ausbreitung des Glaubens in Form von Religionskriegen bewerkstelligen ließ, dürfte dies praktischerweise dem expansiven Drang des Königs entsprochen haben.

Die Entscheidung zur Wende war also tatsächlich folgenreich, und zwar kurz- wie langfristig. Intern konnte Chlodwig jetzt sein gutes Einvernehmen mit dem Episkopat zur offiziellen Politik erklären und vor allem Galloromanen und Franken, die nun an denselben Gott glaubten, zu einem Volk verschmelzen. Fielen die Barrieren zwischen den Bevölkerungsteilen im Inneren des Frankenreiches, so konnte es nach außen nur um so mächtiger werden. Weiterhin wurde das römische Christentum nun wieder das, was es vor der fränkischen Invasion gewesen war: Staatsreligion. Es bestand kein interner religiöser Gegensatz mehr, der König selbst war ein Gesalbter Gottes und damit der Anführer der Staatsreligion, womit sich denn übrigens an der kultischen Position des Herrschers vor und nach der Wende kaum etwas geändert hatte. Chlodwig nahm in seiner Religionspolitik die entsprechenden Aufgaben mit großer Selbstverständlichkeit wahr, wie etwa seine Beherrschung der ersten fränkischen Reichssynode in Orléans im Jahre 511 zeigte. Die dort repräsentierte Übereinstimmung von politischer und religiöser Ordnung kopierte Chlodwig wie so vieles andere aus der Tradition spätrömischer Kaiser und wirkte damit stilbildend für die Folgezeit.

Extern bedeutete die Wende zunächst das Ende der von Theoderich betriebenen Bündnispolitik, die die germanisch-romanischen Reiche stabilisieren sollte, aber auch den Anfang vom Ende der gotisch und homöisch bestimmten

Übergangszeit von der Antike zum Mittelalter. Denn die Bekehrung Chlodwigs konnte, so die unmittelbare Folge, von seinen westgotischen und burgundischen Nachbarn nur als Bedrohung empfunden werden. Das bestätigte in den nächsten Jahren die expansive Politik der Franken, die schließlich sogar dazu führte, daß Chlodwig 508 von dem oströmischen Kaiser Anastasius (491–518) zum Ehrenkonsul ernannt und mit einem königlichen Ornat ausgestattet wurde. Damit hatte der ehemalige Kleinkönig den gleichen Rang erreicht wie der darob gar nicht erfreute Theoderich. Zügig ging Chlodwig daran, diese neue Ehre in praktische Politik umzusetzen. Vor allem verdrängte er ebenso brutal wie wirkungsvoll seine fränkischen Konkurrenten und erreichte innerhalb kurzer Zeit eine erstaunliche Machtfülle. Er wird dies als Beweis dafür gesehen haben, daß er sich auf die Seite des richtigen – sprich Erfolg garantierenden – Gottes gestellt hatte, was er der Kirche durchaus zu danken wußte.

Auf lange Sicht war mit der Taufe des Jahres 498 auch eine weitreichende kulturelle Entscheidung gefällt worden. Denn zum Mittelpunkt der religiösen Kultur des Mittelalters wurde durch diese germanisch-römische Verbindung die lateinische Messe und die Verehrung der römischen Apostel. Die germanische Bibel- und Gottesdienstsprache der Goten blieb Episode, und die Zukunft lag in einem lateinischen Mittelalter. Diese Linie wird auch darin deutlich, daß Chlodwig sich aus wirtschaftlichen, strategischen und anderen Gründen für Paris als Residenzort entschied. Dort gab er gegen Ende seines Lebens ein Beispiel dafür, wie konkret er sich selbst in der Nachfolge des großen Konstantin sah. Wie dieser einst in Konstantinopel, so ließ Chlodwig in Paris eine Zwölfapostelkirche als seine Grabkirche errichten (heute St. Geneviève), in der er auch nach seinem Tode am 27. November 511 an der Seite der Stadtheiligen Genovefa (um 420–502) bestattet worden ist.

Die fränkische Kirche

Im nachhinein stellen sich Entscheidungssituationen wie die Chlodwigs immer als besonders dramatisch dar. Das gilt für die meisten mittelalterlichen Konversionsberichte, bei deren Abfassung ohnehin immer irgendwelche Interessenlagen eine Rolle spielten. Klar ist aber auch, daß herausragende Ereignisse wie die Taufe stets ein Punkt in einem längeren Wandlungsprozeß gewesen sind, denn bevor sich eine neue Religion in allen Lebensbereichen durchsetzen konnte, mußten sich tiefliegende Traditionen verändern. Insofern war auch Chlodwigs Taufe lediglich der Start für die sich lange hinziehende Christianisierung der Franken.

Bei dem König selbst ist dieser Prozeß nie zum Ende gekommen. Schon zu Gregors Zeiten waren sein Scharfsinn und seine Grausamkeit gleichermaßen legendär. So soll er gegen Ende seines Lebens nach Beseitigung aller Konkurrenten beklagt haben, nun keine Verwandten mehr zu besitzen. Er tat dies freilich nicht aus Kummer um deren Tod, sondern, wie Gregor lapidar bemerkt, »aus List, ob sich vielleicht noch einer fände, den er ermorden könne«. Was also die ›Erledigung‹ von Familienstreitigkeiten anbetrifft, so hatte Chlodwig ebenso wie seine Nachfolger offensichtlich viel von den Römern gelernt. Die römischen Verwaltungsstrukturen hatte Chlodwig schon nach dem Sieg über Syagrius übernommen. Nun ging er daran, den galloromischen Episkopat auf seine Linie einzuschwören. Dankbar für die Möglichkeit des Ausbaus kirchlicher Strukturen, akzeptierten die Bischöfe bereits auf der ersten Synode 511 in Orléans in einer Huldigungsadresse die priesterliche Oberhoheit des Königs und festigten so seine Position als *rex et sacerdos*, ein für die Zukunft überaus folgenreiches Vorstellungsmuster (vgl. Quelle 7). Nicht die universale Kaiserkirche, sondern die Königsherrschaft über die fränkische Landeskirche hatte Chlodwig im Sinn. ›Die‹ fränkische Kirche gab es im Grunde gar nicht, nur zahlreiche von den Bischöfen und den lokalen Eliten beherrschte kultische Zentren, die von der königlichen Zentralgewalt zusammengehalten wurden. Dabei waren die Beziehungen zu Rom locker, man konzentrierte sich vor allem auf den eigenen Horizont. Dementsprechend sah es auch im Merowingerreich aus. In den Verhandlungen der Synoden ging es weniger um die Verbreitung des Evangeliums und der christlichen Ethik, sondern eher um gesellschaftliche und disziplinäre Probleme (etwa Durchsetzung des Zölibats und Verbot jeglichen Altardienstes für die Frauen) sowie die Sicherung der Bischofsherrschaft. Probleme mit Häretikern hatte man kaum, bedeutende Theologen sind allerdings auch nicht zu verzeichnen. Mehr beschäftigt waren die Bischöfe mit der Bekämpfung verschiedener polytheistischer Praktiken, die sich hartnäckig in der Bevölkerung hielten, und mit der Kontrolle der höchst erfolgreichen Heiligenverehrung, die mehr und mehr zu einem zentralen Faktor der frühmittelalterlichen Gesellschaft werden sollte.

Wichtiger als die Frage nach der merowingischen Kirchenstruktur ist die nach der eigentlichen Christianisierung der Franken. Das Christentum befand sich zur Zeit von Chlodwigs Taufe bereits seit drei Jahrhunderten in Gallien, so daß vor allem in den Städten auf funktionierende Bischofssitze zurückgegriffen werden konnte. Des weiteren standen durch die Verschmelzung der beiden Bevölkerungsgruppen die Zeichen für eine rasche Verchristlichung günstig. Dennoch ist die Frage nicht so leicht zu beantworten. Vom König herab bis zum kleinsten Bauern ging es den Franken darum, daß sich Gott in ihrem Alltag als wirkmächtig erwies; die Glaubensinhalte und vor allem die Lehre waren dabei eher zweitrangig. Da sie aber an ihre heidnischen Götter die gleichen Anforderungen gestellt hatten, waren vielen die grundsätzlichen Unterschiede zwischen Polytheismus und Christentum kaum bekannt oder sie hatten die Lehren des neuen Glaubens mißverstanden. Deshalb fällt auch heute Archäologen wie Historikern die Einschätzung von Grabfunden schwer. Sicher ist der allmähliche Verzicht auf Beigaben für den Toten Ausdruck fortschreitender Christianisierung. Zunächst aber wurde die Beigabensitte beibehalten, und es ist oft unentscheidbar, ob Beigaben traditionelle, heidnische oder christliche Bezüge haben. Sind ein Bärenzahn oder ein Kreuz immer sinnhafte Amulette oder sinnfreier Schmuck? Eines ist klar: Das Christentum mußte den Leuten erst einmal begreiflich gemacht werden, und ein solcher Prozeß zog sich über Generationen hin. Erziehern des Volkes wie Bischof Caesarius von Arles (gest. 542) kostete er unendlich viel Mühe. Das Frankenreich ebenso wie die ihm einverleibten Gebiete waren altheilige Landschaften, in denen den Menschen trotz Christianisierung zahlreiche verfallende Göttertempel, verwitternde Idole sowie heilige Bäume und Quellen begegneten. Anschaulich berichten die verschiedenen Quellen davon, wie lange es dauerte, bis diese Zeugnisse einer anderen Vergangenheit durch eine neue Sakralität des Landes, die der Heiligen nämlich, überwunden worden sind.

Bis dahin war es ein weiter Weg. Im 6. Jahrhundert jedenfalls werden die Franken genauso wie die anderen Germanenstämme das Christentum erst einmal nach heidnischen Deutungsmustern verstanden und aufgenommen haben. Belegbar wird diese von den erzählenden kirchlichen Quellen gern verschwiegene Situation durch viele Gegenstände des täglichen Bedarfs aus dem 6. und 7. Jahrhundert, die unbekümmert heidnische Tierfiguren im germanischen Tierstil mit eindeutig christlichen Symbolen wie Kreuz, Alpha und Omega, Christuskopf oder biblischen Szenen verbanden. Offensichtlich haben die Besitzer entsprechender Fibeln, Schnallen, Gürtelbeschläge, Waffen und anderer Gerätschaften die alten unheilabwehrenden Tierbilder genauso interpretiert wie die glückbringenden Zeichen des neuen Gottes. Das zeigt immerhin, daß sie von der Macht Christi wußten und diese auch für sich nutzen wollten. Wie ernsthaft dieses Bekenntnis war, wenn man sicherheitshalber die altvertrauten Amulette noch mitbenutzte, läßt sich freilich nicht sagen. Ein Beispiel für diese Vorgehensweise ist der bekannte Grabstein von Niederdollendorf bei Bonn vom Ende des 7. Jahrhunderts (Abb. S. 61). Während die Vorderseite den Toten nach heidnischer Sitte zeigt, ausgerüstet mit Schwert und Feldflasche, einem auf das Haar als Sitz der Lebenskraft verweisenden Kamm sowie die verwandelten Seelen der Toten repräsentierenden Schlangen, die ihn im Reich in der Tiefe der Erde begrüßen, findet sich auf der Rückseite eine der frühesten germanischen Darstellungen Christi mit Mandorla, kaiserlicher Rüstung mit Löwen- oder Gorgonenhaupt auf dem Panzer, einer Lanze anstelle des Kreuzes, dämonische Wesen zertretend.

Schließlich noch ein ganz außerordentliches Beispiel für den Fortbestand heidnischer Jenseitsvorstellungen in christlichen Zeiten. Es handelt sich um das 1992 bei Grabungen unter dem Frankfurter Dom entdeckte Grab 95, das sich in der ältesten dort nachgewiesenen christlichen Kirche befindet. Bestattet worden ist darin in der Zeit um 700 ein vierjähriges Mädchen, das den überaus reichen Beigaben zufolge zum Hochadel gehörte. Mit ziemlicher Sicherheit hat die Familie des Kindes diese bislang einzige bekannte Steinkirche der Zeit rechts des Rheins erbaut. Auf dem Gewand der Toten war ein Goldbrokatkreuz aufgenäht, so daß an dem christlichen Bekenntnis dieser Adelsfamilie nicht gezweifelt werden kann. Die aufsehenerregende Überraschung jedoch war, daß sich in mehreren Gefäßen und auf dem Boden des Sarges Fleischstücke (von Rind, Kalb, Ferkel, Huhn und Lachs) und weitere Speisen als Wegzehrung für die Reise ins Jenseits befanden, ein durchaus heidnischer Brauch. Aber damit nicht genug, die eigentliche Sensation kam noch. Neben der rechten Hand der Bestatteten lag ein jetzt vergangener Beutel mit Leichenbrand von Bärentatzen, Schweineknochen und – einem kleinen Kind! Schon die Kombination von Körper- und Brandbestattung, in dieser Zeit absolute Ausnahmefälle, ist ungewöhnlich, noch mehr jedoch die

Heidnischer Toter (Vorderseite) und Christusdarstellung (Rückseite) auf dem Grabstein von Niederdollendorf (Stadt Königswinter), 7. Jahrhundert. 42,5 cm hoch

Beigabe von im Rang nicht unterschiedenem Brand von Bär, Schwein und Mensch. Man muß es sich wohl so vorstellen, daß ein zweites Kleinkind, möglicherweise von einer Sklavin, auf dem Scheiterhaufen, bedeckt mit einem Bärenfell, zusammen mit einem Schweinebraten verbrannt und dann wie ein Opfer der adligen Spielkameradin mit in das Grab gelegt worden ist. Das mag ein Einzelfall sein, aber immerhin ereignete er sich rund zweihundert Jahre nach der Taufe

Chlodwigs und in der Nachbarschaft der Bischofsmetropole Mainz.

Die Christianisierung der Franken war also ein mühevolles und lange sich hinziehendes Geschäft. Da vollkommen neue Traditionen herausgebildet werden mußten, konnte das gar nicht anders sein. Es versteht sich von selbst, daß in solchen Prozessen auch das Christentum verändert wurde und ihm eigentlich fremde Vorstellungskomplexe aufnahm. Gerade die Veränderungen im sozialethischen Bereich brauchten im merowingischen Reich viel Zeit, kamen aber schließlich, wie etwa die Zurückdrängung der Blutrache verdeutlicht. Nach Ausweis aller Quellen muß man jedoch festhalten, daß sich die Gesellschaft der Merowingerzeit nicht nur als christlich bezeichnete, sondern es wohl auch wirklich sein wollte. Wie weit ihr das tatsächlich gelang, ist ein anderes Problem. Im Bewußtsein der Bevölkerung spielten Kultur und Liturgie des Christentums mehr und mehr eine herausragende Rolle, trotz der Beispiele für fortbestehendes Heidentum. Der eindeutigste Beleg dafür mag sein, daß nirgendwo in der Überlieferung vom Widerstand oder gar einem Aufstand der polytheistischen Priester die Rede ist, die schließlich durch das Christentum arbeitslos und damit zu einem Konfliktpotential geworden waren. Scheinbar mußten auch sie die größere Macht des Christengottes akzeptieren. Diese ganze Entwicklung ist durch die Taufe Chlodwigs in Gang gebracht worden. Zu Recht steht sie deshalb am Beginn der Christianisierung Europas.

3

Von den Randgebieten ins Zentrum Europas

Chronologische Übersicht

410	Abzug der römischen Legionen aus Britannien
5. Jh.	Eindringen der Angeln, Sachsen und Jüten in England
431	Palladius (Gallier) erster Bischof der Iren
ab 432(?)	Christianisierung Irlands durch Patrick (Brite; gest. 463/493 [?])
ab 590	Mission der Iren im Frankenreich
590–604	Papst Gregor der Große (geb. um 540)
597	Landung römischer Missionare in England
ab 597	Mission in Kent
597	Columcille (= Columban der Ältere), Missionar, gest. (geb. 520/522)
604	Augustinus, Anführer der ersten römischen Missionare in England, Erzbischof von Canterbury, gest.
612	Gründung des Klosters Bobbio durch Columban
615	Columban d. Jüngere, Missionar, gest. (geb. um 543)
616	König (seit 560 [?]) Æthelberht von Kent gest.
616–633	König Edwin von Northumbrien (geb. 584)
627	Taufe Edwins von Northumbrien, danach Mission
634–642	König Oswald von Northumbrien (geb. 604)
642–670	König Oswiu von Northumbrien (geb. 612)
um 650	Gallus, Missionar im südalemannisch-rätischen Grenzgebiet, gest.
658–675	König Wulfhere von Mercien
664	Synode von Whitby (Streaneshalch)
669–690	Erzbischof Theodor von Canterbury (geb. ca. 602)
672/673–735	Beda Venerabilis, Geschichtsschreiber
673	Synode von Hertford
676/684	Amandus, Apostel der Belgier, gest. (geb. um 600)
687–751	Aufstieg der Karolinger als fränkische Hausmeier
um 680	Emmeram, Missionar in Bayern, gest.
um 689	Kilian, irischer Missionar im Maingebiet, gest.

seit 690	Friesenmission durch Willibrord
709	Wilfrid, Missionar, gest. (geb. 634)
714	Pippin II. (d. Mittlere) fränkischer Hausmeier gest. (geb. ca. 640/650)
714–741	Karl Martell fränkischer Hausmeier (geb. ca. 688/689)
715–731	Papst Gregor II. (geb. 669)
719	Einnahme Südfrieslands durch Karl Martell
ab 719	Missionstätigkeit des Bonifatius
um 720	Rupert, Slavenmissionar, gest.
723	Fällung der Donareiche bei Geismar durch Bonifatius
nach 725	Korbinian, Missionar südlich der Donau, gest. (geb. vor 700)
731–741	Papst Gregor III.
732	Karl Martells Sieg bei Tours und Poitiers über die Araber
739	Willibrord, Missionar, gest. (geb. 658)
741–752	Papst Zacharias
741–747	Karlmann fränkischer Hausmeier (geb. vor 714; gest. 754)
741–768	Pippin III. (d. Jüngere) fränkischer Hausmeier und (seit 751) König (geb. 714/715)
742/743	Concilium Germanicum, erste fränkische Reformsynode
744	Gründung des Klosters Fulda
751	Erhebung Pippins zum fränkischen König
752–757	Papst Stephan II. (III.)
753	Burchard, Missionar, gest.
753	Pirmin, Missionar, gest.
754	Bonifatius, Missionar, gest. (geb. 672/675)
761	Wynnebald, Missionar, gest. (geb. 701)
787	Willibald von Eichstätt, Missionar, gest. (geb. um 700)

Der irische Sonderweg

So änderten sich die Zeiten: Durch Chlodwigs Bekehrung konnte das römische Christentum im Kerngebiet Westeuropas Fuß fassen, durch die allmähliche Christianisierung der Franken wurde der Polytheismus verdrängt, und durch die Ausdehnung ihres Reiches geriet der homöische Glaube immer mehr ins Abseits. Was im 5. Jahrhundert noch undenkbar erschien, die universale Durchsetzung des katholischen Glaubens in den Nachfolgestaaten des Imperium Romanum, war in greifbare Nähe gerückt. Noch aber war Europa religionsgeographisch zweigeteilt, denn nordwestlich der alten Limesgrenze hingen die Völker nicht Christus, sondern weiterhin Odin an. Diese Situation wäre wohl nur durch intensive Missionstätigkeit der Franken zu verändern gewesen. In Ansätzen versuchten sie dies zwar bei Alemannen, Thüringern und Baiern, waren in erster Linie jedoch auf sich selbst konzentriert. Um ihre heidnischen Nachbarn in England, Friesland und Sachsen kümmerten sie sich kaum. So mußten andere aktiv werden, und das waren die Iren und die Angelsachsen. Vom Randgebiet Europas kommend, trieben sie vor allem im 7. Jahrhundert die Christianisierung des Kontinents voran. Bevor sie diese zukunftsträchtige Aufgabe übernehmen konnten, mußten sie allerdings erst selbst das Evangelium kennenlernen.

Irland lag damals in jeder Hinsicht am Rande der Welt. Da von den Römern nicht erobert, war die grüne Insel von der antiken Welt ziemlich unberührt geblieben. Und dennoch wurden die Iren gerade zu der Zeit Christen, als heidnische Invasoren ihre britischen Nachbarn bedrängten. Die genauen Abläufe dieses Wandels lassen sich jedoch nur unvollständig rekonstruieren. Das einzig sichere Datum der irischen Missionsgeschichte ist eine Nachricht des Chronisten Prosper Tiro von Aquitanien (um 390–463 [?]), der zufolge im Jahre 431 ein gewisser Palladius von Papst Coelestin (422–432) als Bischof zu den an Christus gläubig gewordenen Iren geschickt worden ist. Über sein Wirken läßt sich nichts aussagen. Offen bleibt vor allem die Frage, wie denn das Christentum vor Palladius nach Irland gekommen ist, was nach archäologischen Befunden bereits im 4. Jahrhundert der Fall gewesen sein muß. Nur wenig konkreter wird die Sache mit Patrick (gest. 463/493 [?]), der als Apostel Irlands gilt. Irische Seeräuber hatten ihn als Beute aus dem Norden Britanniens mitgebracht. Nach sechs Jahren Sklavendasein konnte er fliehen und in seine Heimat entkommen, kehrte dann aber aufgrund einer Vision irgendwann zwischen 400 und 460 zurück, um den Iren das Evangelium zu verkündigen. Obwohl sichere Nachrichten fehlen, hat er dies offensichtlich erfolgreich getan.

Insgesamt ist die Christianisierung Irlands als ein Prozeß von langer Dauer anzusehen, der eine eigenständige, von der Entwicklung auf dem Kontinent zunächst abgeschnittene Kirche entstehen ließ. Ihre Besonderheit lag einerseits in der Herausbildung einer beachtlichen Kultur, deren Buchkunst bis heute Bewunderung hervorruft, andererseits in einer besonderen Organisationsstruktur. Dem dezentralen politischen Ordnungsgefüge der irischen Clans entsprechend, waren die Gemeinden einzelnen Klosterverbänden und deren Gründungsheiligen zugeordnet. Die Äbte und nicht die Bischöfe waren bei den Iren die Glaubenshelden, denn aufgrund ihres asketischen Lebens galten sie als bessere Wundermänner und Heilsmittler. So stellt sich die irische Kirche als eine Konföderation von Mönchsgemeinschaften dar.

Hinzu kommen noch zwei irische Besonderheiten, die für die weitere Entwicklung bedeutsam werden sollten: die in den Klöstern praktizierte Buße und das Konzept der Peregrinatio. Alle Sünden mußten gebeichtet werden, und in Bußbüchern, einer vollkommen neuen Gattung, wurde aufgelistet, welche Kompensationsleistung der Christ dafür zu erbringen hatte. Entscheidend für das gesamte Mittelalter war dabei, daß die Buße in erster Linie als Strafe und nicht als bessernde und heilende Aufgabe verstanden wurde.

Nicht nach der Intention, sondern nach der Tat wurde gefragt, und damit traten äußere Werke und Leistungen in den Vordergrund. Frömmigkeit wurde zählbar. Weil es nicht so sehr auf die ethische Besserung, sondern auf den Tarifausgleich ankam, konnte man sich von der Bußleistung auch dadurch freikaufen, daß man einen Stellvertreter für die eigenen Sünden abbüßen ließ. Auf die Tat folgten also Strafe und Buße, nach Reue wurde nicht gefragt. Den Schlußpunkt der damit angestoßenen Entwicklung bildete der Ablaßhandel, der rund tausend Jahre später das Ende des Mittelalters einläuten sollte. Die zweite Besonderheit ist die damit zusammenhängende Peregrinatio. Zu den Bußstrafen konnte die Verbannung aus dem Clan oder, noch radikaler, von der Insel gehören. Irische Mönche begannen nun, in ihrem asketischen Eifer solchen Verlust der Heimat freiwillig auf sich zu nehmen. Als Vorbild diente ihnen dabei Abraham, der auf Gottes Ruf hin Verwandtschaft und Vaterland verlassen hatte (Gen. 12,1). Die Mönche taten dies für ihr eigenes Seelenheil. Ganz nebenbei verkündeten sie in der Fremde das Evangelium, und so wurde dieser irische Sonderweg zu einem entscheidenden Anstoß der weiteren Christianisierung Europas.

Ab 590 wirkten deshalb irische Mönche außerhalb ihrer Heimat. Zuerst zog Columcille (auch Columban von Hy oder Columban der Ältere; 520/522–597) im Jahre 563 nach Schottland zu den Pikten. Weitaus berühmter wurde Columban der Jüngere (um 543–615), der 590 mit der biblischen Zahl von zwölf Gefährten die Peregrinatio auf dem Kontinent begann. Als Begründer der irofränkischen Klosterbewegung (Klöster Annegray, Luxeuil und Fontaines in den Vogesen) hatte er erstaunliche Erfolge, zumal Teile des fränkischen Adels von seinem Askeseideal ergriffen wurden (woraus sich der Typus des ›Adelsheiligen‹ entwickelte) und die dringend notwendige Reform der Kirche in die Wege geleitet werden konnte (vgl. Quelle 8). Die Mönche in Columbans Klöstern hatten es freilich nicht leicht. Seine Regeln waren hart, und nach den Bußvorschriften drohten ständig Stockschläge. »Wer«, so heißt es dort, »am Beginn eines Psalms hustet und nicht gut singt, werde mit sechs Schlägen bestraft.« Wegweisender war, daß die oft weit außerhalb der Städte liegenden columbanischen Klöster durch Kultivierungsarbeit den Landesausbau förderten und überhaupt durch ihre beispielhaft vorgelebte Kombination von Gebet und Arbeit für ein neues christliches Arbeitsethos sorgten. Die Zeit war offensichtlich reif für ein vertieftes Christentum, denn anders ist es nicht zu erklären, daß die Zahl der Klöster in Gallien vom Ende des 6. bis zum Ende des 7. Jahrhunderts von etwa 220 auf rund 550 anstieg. Bemerkenswert war ferner Columbans strenge Ethik, die ihn in Konflikt mit dem in Polygamie lebendem König Theuderich (gest. 612/613) brachte. Kritik kam bald auch von seiten des ziemlich verweltlichten Episkopats, zumal Columban die Form der irischen Klosterparuchia nach Gallien gebracht hatte und sich nicht um die vorgeschriebenen bischöflichen Genehmigungen scherte. 610 wurde er deshalb verjagt und zog über Alemannien nach Norditalien, wo er 612 das für die Christianisierung der Langobarden wichtige Kloster Bobbio gründete. Columbans Ausweisung änderte indes nichts daran, daß er die Herausbildung einer selbstbewußten christlichen Elite im Frankenreich angestoßen hatte, die fortan religiösen Kult und politische Macht als unauflösliche Einheit betrachtete.

Von der irischen Peregrinatio gingen vor allem für die Mission etliche Impulse aus. So errichtete Columbans Gefährte Gallus (gest. um 650) am Bodensee im Jahre 612 eine Missionsstation für das südalemannisch-rätische Grenzgebiet, der irische Wanderbischof Kilian (gest. 689) wirkte in der Mainregion, von Luxeuil aus wurde in Baiern missioniert, das wiederum zum Ausgangspunkt für Vorstöße nach Osten durch Emmeram (Missionszentrum Regensburg; gest. um 680), Rupert (Slavenmission von Salzburg aus; gest. um 720) und Korbinian (Mission südlich der Donau;

gest. nach 725) wurde, und Amandus (um 600–676/684) missionierte in Belgien. Gegen Ende des 7. Jahrhunderts ging der direkte Einfluß der Iren auf dem Kontinent merklich zurück; ihre Prägung sollte allerdings von den nachrückenden angelsächsischen Missionaren aufgenommen werden.

Jahrhundertelang war das Christentum in seiner mediterranen Spielart nach Norden vorgedrungen, jetzt aber veränderte eine aus dem hohen Norden kommende, vitale neue Form des christlichen Glaubens, die eng mit den Machtinteressen der Führungsschicht verbunden war, den romanischen Süden. Das Zentrum Europas lag nicht mehr in der Mittelmeerwelt, sondern im nun wirklich christianisierten Westen.

Der Missionspapst Gregor der Große

Die Päpste des 6. und 7. Jahrhunderts hatten es nicht leicht. Sie saßen auf einem schmalen Landstreifen zwischen Ravenna und Rom, bedrängt von den Langobarden und politisch abhängig von den byzantinischen Kaisern. Zwar waren sie die Patriarchen des Westens, aber dort entwickelten sich in den Germanenreichen eigenständige Landeskirchen mit nur sporadischen Kontakten nach Rom. So mußten die Päpste ständig fürchten, entweder von einem Barbarenreich geschluckt oder von dem Machtanspruch des oströmischen Kaisers aufgesogen zu werden. Trotzdem gelang es dem Papsttum, gegen den scheinbar übermächtigen Gentilismus den Gedanken der Universalität des Christentums hochzuhalten und so zu einem erstaunlichen Kontinuitätsfaktor zu werden, der schließlich das Fundament des europäischen Mittelalters bilden sollte. Mit der Autorität des Apostels Petrus im Rücken wußten sie den Gedanken der kirchlichen Einheit zu repräsentieren. Der Mann, dem dies am nachhaltigsten gelang, war Gregor. Das auch für Päpste seltene Etikett ›der Große‹ hat er sich wahrlich verdient.

Der um 540 geborene Gregor stammte aus einer alten römischen Familie und war bis zum Stadtpräfekten aufgestiegen, als er sich 575 zum Mönchtum bekehrte und den Palast seiner Eltern in ein Kloster umwandelte. Ein Leben in beschaulicher Stille war ihm allerdings nicht beschieden, denn er wurde bald in den Kirchendienst berufen und nach einer Zwischenstation als päpstlicher Diplomat in Konstantinopel 590 zum Papst gewählt. Charakteristisch für Gregor ist der von ihm selbst formulierte Titel ›Knecht der Knechte Gottes‹, denn als ›Mönchspapst‹ wollte er nicht herrschen, sondern den Menschen nützen. Das hat er in der Tat vielfältig getan, so etwa durch seine beispielhafte Sozialhilfe, den Schutz der Juden, die Förderung des Mönchtums, seine nachhaltig weiterwirkenden Schriften (etwa *Moralia*, *Regula Pastoralis*, Dialoge) und seine Missionsinitiativen. Gregor war ein Mann der Ethik, der seine geistliche Macht nutzte, um den Menschen die gnädige Herablassung Gottes nahezubringen. Nicht zuletzt durch seinen regen Briefverkehr – 866 Briefe sind erhalten, rund 20000 dürfte er während seines Pontifikats geschrieben haben – vermittelte Gregor den Kirchenleuten das Bewußtsein, im Sinne des einen universalen Glaubens zur geistlichen Herrschaft in Europa gesandt zu sein.

Die historisch größte Tat des Papstes war im Jahre 597 die Entsendung von römischen Missionaren nach England. Damit löste Gregor nicht nur das Papsttum aus der mittelitalienischen Beschränkung, sondern verschaffte ihm durch die später daraus erwachsende Angelsachsenmission eine neue Führungsposition. Welchen konkreten Anlaß Gregors Plan auch gehabt haben mag, entscheidend war seine aus der Befolgung des Missionsbefehls Christi (Mt. 28,18–20) entstandene Überzeugung, das Evangelium müsse bis an die Enden der Welt getragen werden. Diese eschatologische Perspektive bildete für den Praktiker der Seelsorge das Fundament seiner Missionstheologie. Die Heidenpredigt war nötig, weil erst nach der Bekehrung der Völker die Juden den Messias erkennen würden und dann Christus wiederkommen werde. Das war Gregors Grundüberzeugung, die über allen missionstaktischen oder gar politischen Erwägungen stand, und sie ließ ihn der Kirche die Aufgabe der Universalmission zuweisen. Trotz aller Verquickung mit machtpolitischen Zielen war es in erster Linie dieser Geist, in dem auch in den folgenden Jahrhunderten von der Kirche Mission in Europa getrieben wurde. Als Gregor im Jahre 604 starb, hatte sich das Christentum jedenfalls einen Brückenkopf im hohen Norden erobert.

Die Christianisierung der Angelsachsen

In den nördlichsten Zipfel des römischen Reiches, die britannischen Provinzen, gelangte das Christentum bereits in der Zeit vor Konstantin. Bis zum endgültigen Rückzug der römischen Truppen um 410 hatte sich auf der Insel sogar eine eigene Kirchenstruktur herausgebildet. Dann aber kam es, aus Sicht der Christen, zu einer folgenschweren Katastrophe. Aus den von den Besatzern nie eroberten Gebieten im Westen und Norden drangen Pikten und Iren nach Britannien. Die weitgehend christianisierte römisch-britische Mischbevölkerung scheint gegen deren Raubzüge kein besseres Rezept gefunden zu haben, als neue Truppen vom Kontinent ins Land zu rufen. Das war eine verhängnisvolle Fehlentscheidung, denn erstens waren diese Germanen Heiden und zweitens waren sie auf Dauer nicht bereit, fremden Herren zu dienen. So wurde denn auch die zunächst kontrollierte Ansiedlung festländischer Germanengruppen in Britannien seit Anfang des 5. Jahrhunderts von einer Eroberungsphase abgelöst, in der diese Germanen die Herrschaft der Romanobriten abschüttelten. In mehreren Invasionsschüben fielen Angeln (von der Unterelbe), Jüten (aus Jütland), Sachsen (aus Nordelbien) und wohl auch Friesen, vermutlich schon vermischt, in England ein. Bis zur nächsten

Eroberung der Insel im Jahre 1066 stellten diese Angelsachsen vor allem in Süd-, Mittel- und Ostengland die vorherrschende Bevölkerungsgruppe. Die christlichen Romanobriten wurden teils in den Westteil der Insel (Cornwall, Wales) gedrängt, teils vermischten sie sich in einem längeren Akkulturationsprozeß mit den heidnischen Eroberern. Ausgehend von zahlreichen kleinräumigen Personenverbänden in der Einwanderungszeit, festigte sich die Herrschaft der Angelsachsen im 6. und 7. Jahrhundert durch die Konzentration auf größere Einheiten. Nach Bedas (672/673–735) Kirchengeschichte des englischen Volkes, der 731 abgeschlossenen Hauptquelle für diese Zeit, kam es zur Gründung der sieben Königreiche Kent, Sussex, Essex, Wessex, Ostanglien, Mercien und Northumbrien (bestehend aus Deira und Bernicia), der sogenannten Heptarchie (Karte S. 73). Um vor allem in militärischen Konflikten den Zusammenhalt dieser angelsächsischen Kleinkönigtümer zu garantieren, hat wohl jeweils einer ihrer Herrscher eine Art Oberkönigtum, die *bretwalda*-Funktion, ausgeübt. Für den Fortgang der Geschichte ist es nicht unwichtig, daß am Ende des 6. Jahrhunderts König Æthelberht von Kent (560–616) dieses Amt innehatte.

Zu dieser Zeit entschloß sich nämlich Papst Gregor, die ferne Insel für das Christentum zurückzugewinnen. Was ihn neben seinem generellen Drang zur Mission zu diesem verwegenen Unternehmen bewogen hat, ist umstritten. Hübsch, aber wohl kaum zutreffend ist die Legende, Gregor habe beim Bummel über den römischen Markt Sklaven gesprochen, deren Volksnamen *Angli* als *angeli*, ›Engel‹, interpretiert und sich daraufhin zur Mission entschlossen. In Wirklichkeit dürfte, ähnlich wie bei Chlodwig, es wieder einmal eine Frau gewesen sein, die letztlich den Anstoß gab. Denn jener kentische König Æthelberht war spätestens seit etwa 580 mit Bertha, der Tochter des Merowingerherrschers Charibert I. (561–567), verheiratet, und die war nicht nur Christin, sondern, weil sie Bischof Liudhard mitgebracht hatte, auch Begründerin der ersten kleinen Christengemein-

England in der ersten Hälfte des 8. Jahrhunderts

de in Canterbury. Durch diese Ehe werden sich die Kanalnachbarn wenigstens wirtschaftlich noch näher gekommen sein. Mehr fränkischen Einfluß aber wollte Æthelberht nicht zulassen, denn seine hegemonialen Begierden waren genauso ausgeprägt wie die der Franken. Wenn er sich also, auch aus Gründen des Prestiges und der Machtpolitik, auf engere Kontakte mit der christlichen Welt einlassen wollte, so sollte das keinesfalls über die Franken, sondern direkt über das Zentrum in Rom laufen. Es ist wohl davon auszugehen, daß die ermutigenden Signale für ein Missionsunternehmen an den Papst aus Kent selbst kamen.

Gregor nahm die Hinweise begeistert auf und schickte unter der Leitung von Augustin (gest. 604) vierzig römische Missionare nach England. Im Frühjahr 597 landeten sie auf der zu Kent gehörenden Insel Thanet und ließen, übrigens mit Hilfe fränkischer Dolmetscher, Æthelberht wissen, sie brächten eine »sehr gute Nachricht, die denen, die sie befolgten, ewige Freuden im Himmel und das zukünftige Reich ohne Ende beim lebendigen und wahren Gott ohne jeden Zweifel verspreche« (vgl. Quelle 9). Zweifel an der guten Nachricht scheint der König nicht gehabt zu haben, aber trotzdem ging er die Sache mit äußerster Vorsicht an. Denn ebenso wie Chlodwig und viele polytheistische Herrscher nach ihm wollte er nicht von dem althergebrachten Kult lassen, bevor nicht auch die konservativeren Herren seiner Gefolgschaft von dem Nutzen eines Religionswechsels überzeugt waren. Immerhin ließ er, wenn auch in einem abgegrenzten Gebiet, den Missionaren freie Hand, so daß Papst Gregor bald jubelnd berichten konnte, zu Weihnachten 597 seien mehr als zehntausend Angeln getauft worden. Schnell wurde Verstärkung auf die Insel geschickt und auch der Aufbau einer Bistumsorganisation in Angriff genommen. Trotzdem entwickelte sich die Durchsetzung des neuen Glaubens nur zögernd. Denn bald sah Gregor sich genötigt, den König der Kenter zur energischeren Christianisierung seines Landes aufzufordern (vgl. Quelle 10). Unverblümt legte er ihm nahe, die Mission mit allen nur denkbaren Mitteln voranzutreiben. Offensichtlich existierten Polytheismus und Christentum in Kent schiedlich-friedlich für einige Jahre nebeneinander. Es spricht für Gregors missionstaktische Weitsicht, daß er seinen Kirchenleuten gleichzeitig behutsameres Vorgehen anempfahl (vgl. Quelle 11). Man sollte, so schrieb er an den nach Kent entsandten Abt Mellitus, der später erster Bischof von London (601/604–617) und dann Erzbischof von Canterbury (619–624) wurde, den rauhen Gemütern der Heiden nicht gleich alles Vertraute wegnehmen. Die im Volk so beliebten heidnischen Lustbarkeiten seien durch Kirchweih- und Heiligenfeste zu ersetzen. Die Götterbilder müßten zwar unbedingt zerstört, aber die Heidentempel könnten ja, wenn sie gut gebaut seien – so des Papstes überraschendes denkmalschützerisches Argument –, erhalten und in christliche Kultorte umgewidmet werden, um den Leuten den Zugang zu erleichtern. Das war zwar freundlich gedacht, dürfte aber die Differenzierungsfähigkeit der Bevölkerung überschätzt haben.

Immerhin, der entscheidende Anfang für die Christianisierung Englands war gemacht. Als Æthelberht 616 starb, war nicht nur Kent christlich, sondern aufgrund seiner Initiative auch das Nachbarreich Essex seines Neffen Saberht (vor 604–616/617). Da zur Sicherung des neuen Glaubens auch die Herrschaftsverhältnisse stabilisiert werden mußten, hatte Æthelberht außerdem seinen Nachfolger als Oberkönig der Heptarchie, den machtvollen König Raedwald von Ostanglien (gest. 616/627), zum Schritt ins Taufbecken bewegen können. Als Taufgeschenk übergab er ihm möglicherweise ein Löffelpaar mit der Inschrift ›Saulus‹ und ›Paulus‹, das ihn stets an seine Bekehrung gemahnen sollte (Abb. S. 76). Es hat nicht viel genutzt, denn bei Raedwald spielten weder Gattin noch Gefolgschaft mit, und so ließ er, wie Beda tadelnd berichtet, in ein- und demselben Heiligtum einen Altar für das christliche und einen weiteren Altar für das heidnische Opfer errichten (vgl. Quelle 12). Seine Leute ha-

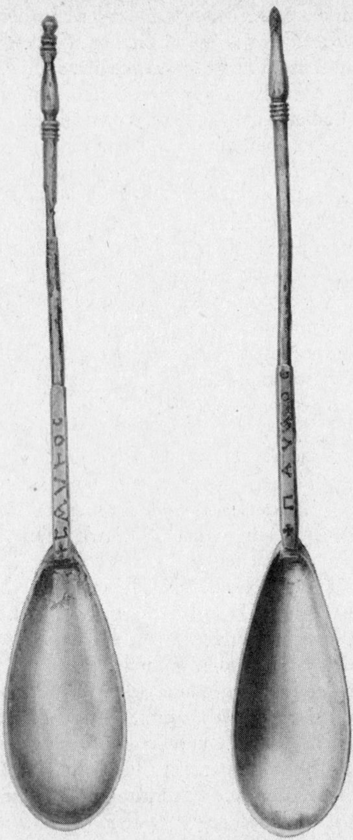

Löffelpaar mit der Inschrift »Saulos« und »Paulos« aus dem Königsgrab von Sutton Hoo (Ostanglien, England), erstes Viertel des 7. Jahrhunderts

ben dieses Experiment einer großen Koalition der Religionen akzeptiert, waren sie doch der Meinung, Christus müsse sich mit den Lokalgöttern arrangieren. Deshalb haben sie auch Raedwald in sein – wahrscheinliches – Grab in Sutton Hoo polytheistische (Helm) wie christliche (kreuzsigniertes Schwert; Löffelpaar) Beigaben gelegt (Abb. S. 76 und 78).

Weder durch solche Mischformen, die vermutlich häufiger vorgekommen sind, als die Quellen vermuten lassen, noch durch zeitweilige Rückeroberungen des Polytheismus ließ sich der Siegeszug des Christentums noch aufhalten. Ein wichtiger Meilenstein war die Taufe von König Edwin von Northumbrien (616–633) im Jahre 627, von Beda ausführlich als eine Art Musterbekehrung dargestellt (vgl. Quelle 13). Wiederum war es eine heidnisch-christliche Mischehe, die zur religiösen Umorientierung in dem mächtigen Nordreich führte. Denn die kentische Prinzessin brachte an den Hof ihres heidnischen Gatten den Bischof Paulinus (gest. 644) mit, der, so behauptet zumindest Beda, es erreichte, daß Edwin seiner Funktion als oberster Kultherr nicht mehr nachkam. Die Taufe selbst zögerte der König so lange heraus, bis er sicher sein konnte, daß bei einer Stammesversammlung alle wichtigen Leute seiner Wende folgen würden. Jeder aus der Gefolgschaft wurde befragt, denkwürdige Worte ausgetauscht und einmütig beschlossen, Odin zu verlassen und sich Christus zuzuwenden. Den Gipfel dieser sorgsam inszenierten Veranstaltung bildete der Auftritt des Oberpriesters Coifi, der die bislang hochgehaltenen heiligen Rituale verspottete und eigenhändig das Götterbild im northumbrischen Zentralheiligtum Godmunddingaham zerstörte. Damit aber war der Bann gebrochen, nun war die Stunde des anderen Priesters gekommen. Erst nahm Edwin in York den neuen Glauben an, wozu man rasch eine Holzkirche errichtet hatte. Dann mußte Paulinus 36 Tage lang in er Königspfalz Yeavering, der Stätte eines ehemaligen keltischen Heidentempels, predigen und taufen. Das war natür-

Die Scheide des Königsschwerts mit zwei signierten Goldknöpfen, das Kreuzsignum auf den Knöpfen und das Dioskurenpaar vom Königshelm. Aus dem Königsgrab von Sutton Hoo (Ostanglien, England), erstes Viertel des 7. Jahrhunderts

lich eine dramatische Geschichte, an die man sich in Northumbrien noch lange erinnerte, so daß sich Beda in seiner Nacherzählung auf Augenzeugen berufen konnte. Sie wußten zu erzählen, daß Paulinus, der dann zum Erzbischof von York aufstieg, ein Mann von »zugleich beeindruckender und furchterregender« Gestalt gewesen sei.

Mit diesen Ereignissen schien die Christianisierung Englands endgültig gesichert zu sein. Aber es kam wieder einmal anders. Edwin, der geschickt den Ausbau der kirchlichen Organisation zur Stabilisierung seiner Herrschaft zu nutzen wußte, verlor in der Schlacht von Hatfield 633 Reich und Leben, und das, wie Beda voller Empörung feststellt, gegen den christlichen Britenkönig Caedwallon von Gwynnedd. Paulinus mußte mit der Königin über See nach Kent fliehen, und damit war die römische Mission erst einmal am Ende. Nicht aber die Christianisierung, denn bald sicherte sich Oswald (634–642), übrigens der erste europäische König, der durch seinen Schlachtentod zum wundertätigen Heiligen und später zu einem der vierzehn Nothelfer aufstieg, den northumbrischen Königsthron. Er war im Exil unter irischen Einfluß geraten und öffnete ebenso wie sein Nachfolger Oswiu (642–670) das Land irischen Mönchen. Dadurch kam es zu einer kirchlichen Spaltung Englands. Im Norden dominierten die irischen Abtbischöfe, im Süden die römische Bischofskirche. Auf Dauer war dieser Zustand beispielsweise wegen des ärgerlich unterschiedlichen Ostertermins untragbar. So berief Oswiu im Jahre 664 eine Synode nach Straeneshalch (später Whitby) ein, auf der sich als Wortführer der irische Abt Colman von Lindisfarne (um 600–680) und der römisch denkende junge Northumbrier Wilfrid (634–709) gegenüberstanden. Der König selbst fungierte als Schiedsrichter. Bei diesem entscheidenden Treffen ging es nicht etwa um eine theologische Debatte im eigentlichen Sinne. Im Vordergrund stand der Aspekt der Nützlichkeit, man wollte dem Gefolgschaft leisten, der den größtmöglichen religiösen Erfolg versprach. Das war nun einmal der himmlische Schlüsselbewahrer Petrus, und damit war die Sache für Rom entschieden.

Daraufhin zogen sich die Iren zum Teil zurück, und Northumbrien erhielt wieder eine römische Kirchenorganisation. Unter König Wulfhere von Mercien (658–675) kam die Mission zum Abschluß. Den endgültigen Anschluß der englischen Kirche an den römischen Ritus vollzog der von Papst Vitalian (657–672) im Jahre 668 als Erzbischof nach Canterbury gesandte hochgelehrte Grieche Theodor von Tarsus (669–690). Auf zwei königsfreien Synoden, 673 in Hertford bei London und 679 in Hatfield bei York, setzte er die kirchliche Disziplin im Land durch. Um 700 trat eine endgültige Beruhigung ein, die Diözesen waren geordnet und ein kanonisches Verfassungsgerüst aufgebaut. Wegweisend für die Zukunft war dabei das neu definierte Amt des Erzbischofs, das nur von Rom verliehen werden konnte und damit verhinderte, daß sich einzelne Landeskirchen von der Zentrale abkapselten. Darüber hinaus faßte es mehrere Diözesen zu einem größeren Verband zusammen. Da er wiederum mit den Königreichen deckungsgleich war, konnten sich Kirche und Reich zur allseitigen Zufriedenheit gegenseitig stabilisieren (Karte S. 73). Die angelsächsische Kirche war jetzt so gefestigt, daß sie schon, wie Beda bitter beklagte, ähnlich wie die fränkische zu Verfallserscheinungen zu neigen drohte, aber trotzdem noch Missionsinitiativen zu starten vermochte.

Die angelsächsische Mission auf dem Kontinent

Die Angelsachsen waren ein dankbares Volk. Weil Rom ihnen das Christentum gebracht hatte, schickten sie sich einige Generationen später ihrerseits an, den Kontinent endgültig für Rom zu gewinnen. Als noch wichtigere Motivation kam hinzu, daß sie ihren friesischen und sächsischen Stammes- oder Namensverwandten das Evangelium bringen wollten. Die Süd-Nord-Bewegung der Glaubenswanderung wandelte sich jetzt in eine Nord-Süd-Bewegung. Dabei wurden die angelsächsischen Glaubensboten teils missionarisch in den nordöstlichen Grenzgebieten und teils kirchenreformerisch im Frankenreich selbst aktiv. Entscheidend war dabei ferner, daß sie sich mit dem politischen Willen der Karolinger verbanden, die sich exakt zu dieser Zeit anschickten, die schwachen Merowinger vom Thron zu drängen. Der bedeutsame Strukturwandel der Mission gegenüber der irofränkischen Bewegung lag in eben dieser Kooperation mit den Herrschern und in der Rom-Bindung.

Die Epoche von Wilfrids erstem Missionsversuch bei den Friesen 678/679 bis zum Tode des Bonifatius 754 ebenfalls in Friesland war eine Blütezeit der frühmittelalterlichen Christianisierungsgeschichte. Das kirchliche Who is Who jener Jahre ist voll berühmter Namen. Dazu gehören neben Wilfrids Schüler Willibrord (658–739) und Bonifatius die Angelsachsen Burchard (gest. 753), Bischof von Würzburg, Wigbert (gest. 738), Abt von Fritzlar, Witta (gest. nach 743), Bischof von Büraburg, Willibald (um 700–787), Bischof von Eichstätt, Wynnebald (701–761), Abt von Heidenheim, Lul (um 710–786), Erzbischof von Mainz, Willehad (um 740–789), Bischof von Bremen, und die Nonnen Lioba (um 710–782), Äbtissin von Tauberbischofsheim, Thekla, (gest. um 790), Äbtissin von Kitzingen und Ochsenfurt, und Walburga (gest. um 790), Äbtissin von Heidenheim, der dem irofränkischen Mönchtum zugehörende Abt Pirmin (gest. 753) sowie einheimische Kräfte wie die Franken Gregor (gest. 774), Abt in Utrecht, Fulrad (gest. 784), Abt von St. Denis, Chrodegang (gest. 766), Bischof von Metz, der Baier Sturmi (gest. 779), Abt von Fulda, und später der Friese Liudger (742–809), Rektor von Werden und Bischof von Münster. Sie alle hatten entscheidenden Anteil an der Christianisierung der Germanenvölker sowie an der Reform der fränkischen Landeskirche.

Willibrord war der erste, der auf dem Kontinent das angelsächsische Missionskonzept vertrat. Als er 690 nach

Friesland kam, ersuchte er nicht den Friesenherzog Radbod (685–719), bei dem er mit einer furiosen Ansprache wohl Eindruck, nicht aber Erfolg erzielt hatte (vgl. Quelle 14), um Predigterlaubnis, sondern wandte sich an den fränkischen Hausmeier Pippin den Mittleren (gest. 714), der gerade einen Teil Frieslands besetzt hatte. Willibrord folgte also als Missionar der fränkischen Eroberung (Karte S. 83). Insofern war seine Mission karolingisch. Römisch war sie darüber hinaus, weil er sich auch vom Papst beauftragen ließ. Das war das neue Konzept der Missionsarbeit.

Der Spitzenmissionar dieser Epoche war zweifelsohne Wynfreth-Bonifatius, dessen Wirksamkeit deshalb eingehender erzählt werden soll. 672/675 in Wessex geboren, wurde er im Alter von sieben Jahren in ein Kloster aufgenommen und wuchs in der Bildungswelt des berühmten Abtes Aldhelm (um 640–709) auf. Bald war er seiner Gelehrsamkeit wegen bekannt und wurde Leiter der Klosterschule. Im Frühjahr 716 nahm die vielversprechende Gelehrtenlaufbahn Wynfreths eine überraschende Wendung: Er entschloß sich zur Mission bei den Friesen. Die tieferen Gründe für diesen Schritt sind nicht bekannt. Er meinte wohl, durch eine solche Lebensform seinen Glauben besser realisieren zu können. Hatte er auch feste Pläne, so war der Versuch der Glaubenspredigt bei den Friesen doch aussichtslos. Denn deren Herzog Radbod war wegen der bedrohlichen Nachbarschaft des christlichen Frankenreiches ein unbeugsamer Vertreter des Heidentums. Zwar ließ er Wynfreth für einige Zeit gewähren, der dann aber doch im Herbst 716 wieder nach England zurückkehrte.

718 verließ er seine Heimat endgültig und organisierte sein Missionsleben nun planvoller. Über die Alpen pilgerte er zunächst nach Rom, wo er das Vertrauen von Papst Gregor II. (715–731) gewinnen konnte. Dieser erteilte ihm am 15. Mai 719 eine allgemeine Missionsvollmacht für die heidnischen Germanenvölker (vgl. Quelle 15) und gab ihm nach üblicher Sitte den Namen des römischen Kalenderheiligen

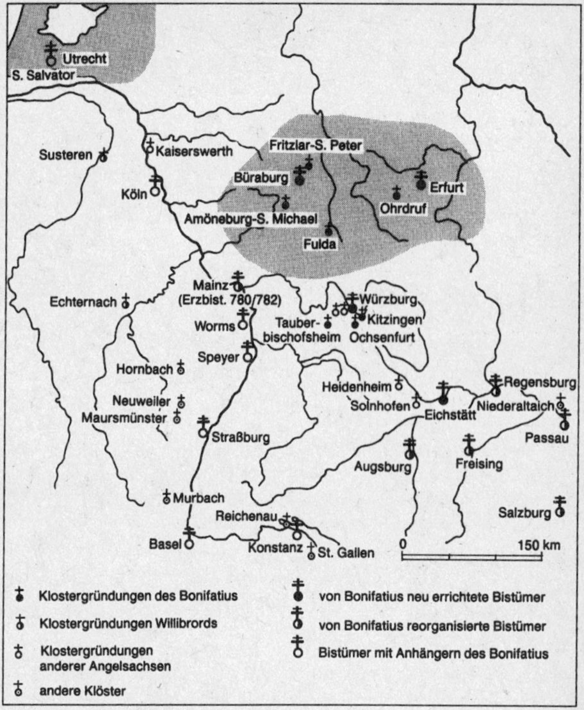

Wirkungsgebiet der Missions- und Reformtätigkeit von Willibrord und Bonifatius

des vorangegangenen Tages, Bonifatius. Es ist charakteristisch, daß Wynfreth fortan nur noch diesen Namen führte. So dokumentierte er selbst die Neuausrichtung und die Bindung an den Papst, die für seine und seiner Mithelfer gesamte Arbeit das tragende Fundament werden sollte.

Bonifatius wirkte zunächst in Thüringen, Hessen und Friesland, wo die Situation nach dem Tode Radbods günstiger geworden war (Karte S. 83). Danach zog er wieder nach Hessen, wo er in Amöneburg sein erstes Kloster errichtete. Aus den Quellen ist zu erfahren, daß sich Bonifatius schon damals die in Hessen übliche Mundart angeeignet hatte, eine unverzichtbare Voraussetzung der Mission. 722 reiste Bonifatius erneut nach Rom. Aufgrund seiner Erfolge und zur besseren Unterstützung der weiteren Missionsarbeit erhob ihn der Papst am 30. November 722 zum Bischof. Ziel dieser Aktion dürfte die kanonische Erneuerung der zerrütteten fränkischen Landeskirche gewesen sein. Die Missionsarbeit des neuen Bischofs fügte sich bestens in das Programm des aufstrebenden fränkischen Hausmeiers Karl Martell (714–741). Deshalb stellte er Bonifatius einen Schutzbrief aus, der ihm im Frankenreich alle Unterstützung sichern sollte. Rom wird in diesem Schreiben freilich nicht erwähnt, denn Karl Martell dachte vornehmlich daran, daß die Missionsarbeit in den östlichen Grenzgebieten des Reiches der Befestigung seiner eigenen Machtstellung förderlich sein würde.

Die Missionsarbeit in Hessen und Thüringen konnte in den folgenden Jahren gute Fortschritte verzeichnen, die Rückversicherung bei dem Herrscher machte sich bezahlt. In der Bevölkerung wirkte vor allem die Tatmission, so die berühmte Fällung der von den Heiden als Kultobjekt angesehenen Donareiche in Geismar, aus deren Holz er die erste Peterskirche in dem neu gegründeten Kloster zu Fritzlar errichtete (vgl. Quelle 16). Der kirchliche Ausbau schritt so gut voran, daß ihn der neue Papst Gregor III. (731–741) 732 in Rom zum Erzbischof erhob. Damit war ein entscheidender Schritt von der Mission zur Kirchenreform und -organisation getan. Denn nun hatte Bonifatius den Auftrag, im rechtsrheinischen Gebiet Bistümer und eine Kirchenprovinz zu errichten. Von dieser Möglichkeit konnte er allerdings zunächst keinen Gebrauch machen, denn dieses Programm durchkreuzte die Interessen der fränkischen Adelsbischöfe. Überdies hatte Karl Martell mit seinem Sieg über die Araber bei Tours und Poitiers 732 die Höhe seiner Macht erreicht. An der Unterstützung des Bonifatius war er nur interessiert, wenn sie der Festigung seiner Herrschaft diente, dies aber hatte er im Moment nicht nötig. Infolgedessen konnte Bonifatius seine neue Position nicht ausnutzen. Fortschritte machte dagegen die planmäßige Gründung von Klöstern, die zu Zentren der Mission wurden und zur Erhöhung der Lebensqualität in ihrem Umland beitrugen. Durch die nie abreißende Verbindung zu seiner Heimat konnte der Erzbischof dazu etliche angelsächsische Mitarbeiter gewinnen, versäumte es jedoch nicht, auch einheimische Kräfte für kommende Aufgaben zu schulen. Zu den neu errichteten Klöstern gehörten die in Tauberbischofsheim, Ochsenfurt und Kitzingen. Als Bonifatius 737 zu seiner dritten Romreise aufbrach, trug er sich wohl mit der ernsten Absicht, dem Papst die Bitte vorzutragen, seinen Schüler Gregor mit der Fortführung seiner Arbeit zu betrauen, um selbst in Rom seine Tage beschließen zu können. Aber es kam wieder einmal anders. Papst Gregor III. ermahnte ihn zum Ausharren und verlieh ihm die päpstliche Legatenwürde für Germanien. Danach nahm Bonifatius die Reform der baierischen Landeskirche in Angriff, die bald mit der Einrichtung der Bistümer Regensburg, Passau, Freising und Salzburg abgeschlossen werden konnte (Karte S. 83).

Einschneidende Veränderungen brachte das Jahr 741 für den nun schon fast Siebzigjährigen. Gregor III. starb in Rom, an seine Stelle trat der Grieche Zacharias (741–752), der sich Bonifatius gegenüber recht spröde zeigte. Im Frankenreich verstarb Karl Martell, ihm folgten für die beiden Reichsteile seine Söhne Karlmann (741–747) und Pippin der

Jüngere (741–768). Bezeichnenderweise waren sie teilweise im Kloster erzogen worden, was sich positiv auswirkte. Denn die politischen und die kirchlichen Erneuerungskräfte, die zuletzt oft gegensätzlich gearbeitet hatten, verbanden sich nun zu gemeinsamer Aktion. Eine Reform der Kirche rückte in den Bereich des Möglichen. Für Karlmann und Pippin sollte sie der monarchisch-sakralen Erhöhung ihres Prinzipats dienen, für Bonifatius der organisatorischen Konsolidierung seines Missionswerkes. Erst als sich die Karolinger gegen die fränkischen Adelsbischöfe wandten, denen der Erzbischof schon so lange mißtraute, brach für ihn eine Zeit nahezu stürmischer Erfolge an. 742 errichtete er in den Missionsländern Bistümer: Büraburg bei Fritzlar, Würzburg, Erfurt und 745 Eichstätt. Sie alle besetzte er mit angelsächsischen Gefährten. Inmitten dieser Missionsbistümer entstand dann ab 744 unter der Leitung seines baierischen Schülers Sturmi das Musterkloster Fulda als zentrale Stätte des Gebetes und der Bildungspflege (Karte S. 83).

Mit dem Concilium Germanicum wohl am 21. April 743 begann eine Serie von Reformsynoden, die den eigentlichen Durchbruch in der Erneuerung der fränkischen Landeskirche bringen sollten. Die Beschlüsse der Synode von 743 wurden von Karlmann als Kapitulare, also als herrscherliche Verordnungen mit Rechtskraft verkündet. Neben klaren Bestimmungen zur hierarchischen Kirchenordnung wurden die Aufgabenbereiche der Bischöfe festgelegt. Ziel der Reform war die straffe Organisation der Kirche, die Bekämpfung heidnischer Vorstellungen und Praktiken sowie eine geistliche Orientierung der Kleriker. An der Spitze der so reformierten fränkischen Kirche sollte Bonifatius als Erzbischof von Köln stehen. Möglich war dieses anspruchsvolle Programm nur mit Unterstützung der Karolinger.

Vieles blieb freilich Programm. Die innerkirchliche Opposition war stark, und die in ihrer Herrschaft noch nicht endgültig gefestigten Karolinger wichen davor zurück. Vor allem gelang es Bonifatius nicht, die Bischofssitze von ungeeigneten Inhabern zu befreien, selbst wenn, wie im Falle von Mainz, ein Bischof des Mordes überführt werden konnte. So geriet die Reform ins Stocken. Bonifatius blieb Missionserzbischof und erhielt 746 das Bistum Mainz, nachdem die Kölner Pläne gescheitert waren. Die Zeit der großen Erfolge jedoch war vorüber.

An den weiteren Ereignissen in dieser wahrlich abwechslungsreichen Zeit war Bonifatius kaum noch beteiligt, was auch an seiner zunehmend schroffen Art und seinem unbeugsamen Willen gelegen haben wird. Die Entwicklung, zum Teil von ihm in Gang gebracht, schritt über den greisen Angelsachsen hinweg, er wurde kirchenpolitisch kaltgestellt. 747 entsagte Karlmann der Herrschaft und zog sich, ob freiwillig oder nicht sei dahingestellt, in das Kloster Monte Cassino zurück. Sein Bruder Pippin, nun Alleinherrscher, strebte energisch nach endgültiger Konsolidierung seiner Macht. Mit Hilfe des Papstes gelang ihm 751 ein Staatsstreich: Der letzte Merowingerkönig Childerich wurde in ein Kloster gesteckt und Pippin durch formelle Wahl und Huldigung der Franken Ende 751 an der alten Königsstätte Soissons zum neuen König erhoben. Die fehlende Geblütsheiligkeit, Kennzeichen des germanischen Heerkönigtums, wurde durch eine kirchliche Weihe ersetzt, nämlich eine Salbung nach alttestamentlichem Vorbild. Als 754 Papst Stephan II. (752–757) persönlich ins Frankenreich kam und durch die Wiederholung der Salbung die neue Dynastie endgültig legitimierte, ging Bonifatius lieber seinen bischöflichen Pflichten in Friesland nach und fand dort am 5. Juni 754 den Tod. Einer sich hartnäckig haltenden, aber dadurch nicht wahrscheinlicher werdenden Legende nach soll er sich vor den Schwerthieben der friesischen Mörderbande mit einem vor den Kopf gehaltenen Buch geschützt haben (vgl. die Umschlagabbildung). Immerhin, ein durch Hiebspuren verletzter Codex, der wohl aus seinem Besitz stammt, wird noch heute in Fulda, wo Bonifatius bestattet worden ist, gezeigt (der sogenannte Codex Ragyndrudis). Durch diese

Mordtat stieg der greise Angelsachse jedenfalls sofort zum Märtyrer und Heiligen auf, auch wenn es sich genau genommen gar nicht um einen Märtyrertod gehandelt hat.

Die Reformbemühungen des Bonifatius können dennoch nicht als gescheitert angesehen werden. Denn das Bündnis zwischen Pippin und dem Papst symbolisierte die Verchristlichung des sakralen Herrschertums durch das Gottesgnadentum. Es wurde traditionsbildend und sollte Kirche und Staat für die nächsten Jahrhunderte gerade bei den noch wartenden Missionsaufgaben im Osten zusammenbinden. Bei der Kirchenreform entzogen sich die Franken zwar der angelsächsischen Führung. Aber es setzte sich unter Bischof Chrodegang von Metz und Abt Fulrad von St. Denis rasch eine Gruppe von Reformern durch, die im Sinne des Bonifatius arbeitete und den Gedanken der kanonischen Erneuerung und der christlichen Universalität selbst aufgriff. So begann sich die fränkische Kirche zu einer romverbundenen Landeskirche zu wandeln, die zwar fest in der Hand des politischen Herrschers blieb, aber gleichwohl die Autorität des Papstes in Rom anerkannte. Rom und das Frankenreich, das war die neue, zukunftsträchtige Achse in Europa.

4
Der Ausbau des christlichen Europa

Chronologische Übersicht

751–911	Herrschaft der Karolinger
768–814	Karl der Große, fränkischer König und (seit 800) Kaiser (geb. 747)
772–804	Eingliederung der Sachsen ins Frankenreich und Mission

772	Zerstörung des sächsischen Zentralheiligtums Irminsul durch Karl d. Gr.
775	Gregor von Utrecht, Missionar, gest. (geb. ca. 707)
777	Reichsversammlung und Synode in Paderborn
779	Sturmi, Abt von Fulda, gest. (geb. nach 700)
um 780	Lebuin-Liafwin, Missionar, gest.
782	Lioba, Missionarin, gest. (geb. ca. 710)
782	sog. Blutbad von Verden, sächsische Strafgesetze
784	Virgil, Missionar, gest. (geb. um 700)
785/794	vollständige Eingliederung Frieslands ins Frankenreich
785	Unterwerfung und Taufe des Sachsen Widukind
786	Lul, Missionar, gest. (geb. um 710)
789	Willehad, Missionar, gest. (geb. um 740)
791–796	Unterwerfung der Avaren
795–816	Papst Leo III.
796	Synode zur Avarenmission
798	Gründung des Erzbistums Salzburg
799	Treffen von Karl d. Gr. und Leo III. in Paderborn
804	Alkuin, Berater Karls d. Gr., gest. (geb. ca. 730)
809	Liudger, Missionar, gest. (geb. 742)
seit 827	Eroberungszüge der Sarazenen
9. Jh.	Bildung eines großmährischen Reiches

Die Eingliederung der Friesen und Sachsen

Gerade sieben Jahre alt war der kleine Karl, der einmal der Große werden sollte, als er am 28. Juli 754 zusammen mit seinem Bruder Karlmann in St. Denis von Papst Stephan II. zum König gesalbt und zum Patricius Roms ernannt worden ist. Damit wurde nicht nur der Staatsstreich der Karolinger sanktioniert und deren Herrschaft über das Frankenreich legitimiert, sondern auch eine Art geistlicher Verwandtschaft zwischen Karl und dem Papst begründet. Beides war folgenreich. Mit der Salbung ist Pippin als König eingesetzt worden. Da sie darüber hinaus seine Söhne miteinbezog, galt die Geblütsheiligkeit jetzt einem ganzen, von Gottes Gnaden regierenden Geschlecht. Grundlage der Verbindung mit

Rom dürfte eine päpstliche Patenschaft für die Pippin-Söhne gewesen sein, also die engste Form geistlicher Verwandtschaft, die beide Parteien zu gegenseitiger Fürsorge verpflichtete. Rom verschrieb sich damit der neuen Vormacht des Westens, so daß in der Ferne schon die Erneuerung des Kaisertums winkte. Und die Karolinger waren fortan zum Schutz des ständig bedrängten Papstes angehalten, vor allem aber auch dazu, die Sache des Christentums nach Kräften zu fördern.

Da die religionsgeographische Zweiteilung Europas noch fortbestand, warteten drängende Aufgaben auf die neuen Herrscher. Auch aus Stabilitätsgründen war es zunächst wichtig, die Rheingrenze zu sichern. Friesen und Sachsen beobachteten mißtrauisch den Machtzuwachs ihres fränkischen Nachbarn, ärgerten ihn auch gerne mit einer Politik der Nadelstiche. Das Lösungskonzept der Karolinger war denkbar einfach: Integration ins Reich und dann mehr oder weniger freiwillige Christianisierung. Den Betroffenen gefiel das ganz und gar nicht, und schon aus Gründen des politischen Überlebens widersetzten sie sich deshalb gelegentlichen Missionsversuchen besonders eifriger angelsächsischer Glaubensboten. Denn sie wußten nur zu gut, daß die Annahme der Religion des übermächtigen Nachbarn früher oder später den Verlust ihrer Selbständigkeit nach sich ziehen würde. Die Zeit arbeitete allerdings gegen sie.

Um das Friesenproblem brauchte sich Karl nicht mehr zu kümmern, das hatten noch seine Vorgänger erledigt. Friesland war um die Wende vom 7. zum 8. Jahrhundert wegen seines wirtschaftlichen Erfolges attraktiv. Von England aus betrachtet war es das Tor Europas, und so beherrschten die reichen friesischen Kaufleute den Handel zwischen der Insel und dem Festland. Zwar behaupteten die Kirchenleute immer wieder, Heidentum sei gleichbedeutend mit Unterentwicklung, in der Praxis waren die Friesen jedoch der Beweis des Gegenteils. Ihr Herzog Radbod wußte sich daher auch lange gegen die imperialistischen Begehrlichkeiten der Franken zu wehren. Nach seinem Tode 719 eroberte Karl Martell dann einen Teil seines Reiches. Aber noch 754 trieben Räuberbanden ihr Unwesen im Lande, wie die Ermordung von Bonifatius und seinen Gefährten zeigt. Der letzte Rest, das östliche Friesland, wurde erst 794 endgültig dem Frankenreich einverleibt. Die Missionare folgten den Eroberern jeweils auf dem Fuße.

Wie schwierig indes die Christianisierung war, zeigt ein legendärer Bericht über den Versuch der Bekehrung Radbods aus der dem frühen 9. Jahrhundert entstammenden *Vita Vulframni*. Sie schildert in überaus anschaulicher Weise, in welch ungeheueren Loyalitätskonflikt der eigenen Sippe gegenüber ein heidnischer Herrscher durch die Taufe geraten konnte. Radbod hatte schon einen Fuß in das Taufbekken gesetzt, als er von Bischof Wulfram auf Nachfrage erfuhr, daß seine Vorfahren sich in der höllischen Verdammnis befänden. Nach dieser Auskunft sagte Radbod, »er könne nicht die Gemeinschaft seiner ihm vorangegangenen Friesenfürsten entbehren und mit einer kleinen Schar armer Leute in jenem Himmelreich sitzen«, und verweigerte die Taufe. Diese Szene ist zweifelsohne ein Echo auf tatsächliche Missionserfahrungen in der Übergangsepoche. Sie zeigt den Konflikt zwischen den kollektiven Verpflichtungen der archaischen Gedächtniskultur und dem individuellen Anspruch des Christentums. Ihn aufzulösen war eine der großen Herausforderungen der Missionare in jener Zeit.

Noch schwieriger gestaltete sich die Eingliederung der Sachsen ins Frankenreich. Dieses die ganze nordwestdeutsche Tiefebene besiedelnde Volk hatte in mehrfacher Hinsicht eine Außenseiterposition inne. Erstens war es der letzte große germanische Stamm östlich des Rheins, der vom Christentum nichts wissen wollte. Zweitens gehörten die Sachsen, wie ein Zeitgenosse äußerte, zu den »viehischen Völkern ohne Religion und ohne König«, was sie besonders verdächtig und eroberungswürdig machte. Nach rechter alttestamentlicher Ordnung, so meinte man, müsse ein Volk von einem mächtigen Herrscher regiert werden, das sei eine Voraussetzung für Zivilisation. Die königslosen Sachsen lagen also außerhalb der kultivierten Welt. Das hätte ja noch angehen können, da sie jedoch dem Rhein immer näherkamen und sich die Konflikte mehrten, wurde der Zustand aus Sicht der Karolinger unhaltbar. Aber gerade weil die Sachsen keinen König und damit auch keinen obersten Heeresführer hatten, verfügten sie über mehrere schlagkräftige Verbände und konnten die militärische Kunst der Franken auf eine harte Probe stellen. Als Karl im Jahre 772 erstmals auf sächsisches Gebiet vordrang, war er gerade vier Jahre an der Macht und erst kürzlich, nach dem Tode seines Bruders Karlmann im Dezember 771, zum Alleinherrscher aufgestiegen. In jugendlichem Ungestüm und ohne zu wissen, was auf ihn zukam, meinte er wohl, die Sache schnell erledigen zu können. Es kam jedoch anders, denn die Auseinandersetzung sollte insgesamt 33 Jahre dauern. Hätte Karl das geahnt, er hätte das ganze Unternehmen vermutlich gar nicht erst angefangen. So aber wurde das Reich lange von dem Sachsenkonflikt in Atem gehalten, in dem es nicht nur um das politische Überleben einiger Stammesverbände, sondern auch um einen Religionskrieg ging.

Angestoßen worden ist die ganze Angelegenheit vermutlich durch einen angelsächsischen Missionar, der um 770 die Sachsen im Alleingang vom Wert des Christentums überzeugen wollte. Der aus der Utrechter Missionsschule stammende Wanderprediger Lebuin-Liafwin (gest. um 780) tauchte plötzlich auf der Stammesversammlung der Sachsen in Marklô an der Weser auf und provozierte die Gesandten mit einer fulminanten Predigt (vgl. Quelle 17). Seine dramatische Alternative lautete, entweder sich freiwillig zu Christus zu bekehren oder von den Franken ausgeplündert und unterworfen zu werden. Für den ersten Fall garantierte Lebuin-Liafwin den Sachsen interessanterweise, daß dann auch in Zukunft kein König über sie herrschen werde, für den zweiten Fall sprach er nur von Krieg und Verbannung, nicht aber von Mission. Offensichtlich wollte der Missionar durch den Appell an das Selbstverständnis der Sachsen deren Bekehrungswilligkeit fördern, und ebenso offensichtlich war für ihn die Existenz eines eigenständigen christlichen Stammes außerhalb des fränkischen Imperiums vorstellbar. Das aber paßte nicht in die politische Landschaft. Deshalb stieß seine Predigt auf taube Ohren, und nur ein Wunder konnte ihn vor der drohenden Hinrichtung durch Pfählen retten. Außerdem trat durch Karl den Großen exakt die für die Sachsen negative Alternative ein. Es ist unbekannt, ob Lebuin-Liafwin tatsächlich so herausfordernd gepredigt hat. Eine prophetische Gabe muß er deshalb jedenfalls nicht besessen haben, denn eine solche Entwicklung war zu erwarten. Der Text ist erst um 850 aus der Rückschau aufgeschrieben worden, und gerade deshalb ist aufschlußreich, was er nicht sagt, daß nämlich auch Karl das Christentum zu den Sachsen bringen wollte, nicht nur Tod und Vertreibung. Dieses bewußte Verschweigen noch Generationen nach den Ereignissen zeigt, daß die karolingische Missionsmethode keineswegs von allen Fachleuten gutgeheißen wurde.

Das aber greift der Entwicklung vor. Selbst wenn Lebuin-Liafwins Missionsvorstoß ohne Rücksprache mit dem Frankenkönig unternommen worden sein sollte, so wollte dieser das schnöde Verhalten einem seiner Missionare gegenüber doch nicht einfach auf sich beruhen lassen und ging das Sachsenproblem an. Daß es Karl dabei vielleicht sogar vornehmlich auf die Ausbreitung des Christentums ankam, zeigte sein Eröffnungszug. In seiner ersten größeren Amtshandlung als Alleinherrscher fiel er im Sommer 772 mit seinem Heer im Sachsenland ein, entweihte durch die Zerstörung der Irminsul, eines Baumheiligtums auf oder bei der Eresburg bei Obermarsberg an der Diemel, deren religiöses Zentrum und kehrte reich beladen mit Beute rechtzeitig zur Eröffnung der Jagdsaison in den Ardennen zurück. Die Sachsen sollten sich nun nicht nur zeremoniell einem fernen Oberherrn unterwerfen, sie sollten nach Karls Willen seine

Untertanen werden. Und als Untertanen mußten sie eben Christen werden, denn Karl wollte gleichsam seine Grenzen gegen das Heidentum abschotten.

Da aber lag das Problem. Die Sachsen versprachen zwar die Annahme des Christentums immer dann, wenn Karl ihnen mit seinen Truppen zu nahe kam. Kaum war er wieder weg und zu anderen Kriegszügen unterwegs, taten sie das genaue Gegenteil und zerstörten ihrerseits das eine oder andere Grenzkloster gründlich. So auch nach dem Schlag von 772. Denn im folgenden Jahr, als sich Karl in Italien aufhielt, führten die Sachsen einen gezielten Rachefeldzug gegen das Kloster Fritzlar und die zeitweilig als Bischofssitz genutzte Büraburg. Der König reagierte gereizt mit dem Versprechen, die Sachsen »mit Krieg zu überziehen und so lange durchzuhalten, bis sie entweder besiegt und der christlichen Religion unterworfen oder aber gänzlich ausgerottet seien«. Das tat er dann auch in großangelegten Heereszügen, so daß schon 776 zahlreiche Sachsen sich unterwarfen und die Annahme des Christentums versprachen. Karl fühlte sich als Sieger und ließ mitten im Sachsenland in Paderborn eine Pfalz mit dem stolzen Namen Karlsburg errichten, wo im Jahre 777 eine kombinierte Reichsversammlung und Synode stattfand. Die Sachsen ließen sich nach Ablegung eines Taufgelöbnisses (vgl. Quelle 18) in Scharen taufen, die führenden Kirchenleute planten die Mission des unterworfenen Landes, und alle glaubten, der geniale König habe wieder einmal einen glänzenden Sieg an seine Fahnen geheftet. Aber schon 778 sah es ganz anders aus. Karl zog gerade über die Pyrenäen gegen die Sarazenen, als die Sachsen zum Gegenschlag rüsteten. Unter der Führung des sperrigen westfälischen Adeligen Widukind zerstörten sie die Karlsburg und rückten nach Süden vor. Fast hätte es Fulda getroffen, so daß dort die aufgeschreckten Mönche sicherheitshalber ihren kostbarsten Besitz, die Leiche des Märtyrers Bonifatius, einpackten und mit ihr zur Hammelburg flohen. Wieder ging es demnach gegen christliche Einrichtungen, es war eben ein

Religionskrieg. So sah Karl es auch, und deshalb betrachtete er jetzt die Sachsen politisch als Hochverräter und kirchenrechtlich als Apostaten, als vom rechten Glauben Abgefallene also. Beides war als Böswilligkeit zu verstehen und entsprechend hart zu bestrafen. Karl ging mit erbarmungsloser Konsequenz zur Sache. In dem ›Blutgericht von Verden‹ sollen an einem einzigen Tage des Jahres 782 auf seinen Befehl hin 4500 Sachsen enthauptet worden sein. Darüber waren selbst manche Zeitgenossen entsetzt, und noch heute wird die wissenschaftliche Forschung nicht müde, auf spekulativem Wege dieses Ereignis in seiner Härte zu relativieren. Mag die gut unterrichtete Quelle bei der Zahl auch zu hoch gegriffen haben, an der Historizität dieser Massenhinrichtung ist wohl nicht zu zweifeln. Im gleichen Jahr wurde die *Capitulatio de partibus Saxoniae* erlassen, ein drakonischer Strafkatalog mit dem Doppelziel der Ausrottung heidnischer Gebräuche und der Zerschlagung der sächsischen Verfassung, in dem praktisch alles mit der Todesstrafe belegt wurde. Drei Beispiele: »Verbrennt jemand den Körper eines Toten nach heidnischem Brauch und läßt dessen Gebeine zu Asche werden, so soll er an Haupt und Leben gestraft werden«; »Wenn sich jemand unter dem sächsischen Volk ungetauft verbirgt und es verschmäht, zur Taufe zu kommen, und will sich absondern und ein Heide bleiben, soll er sterben«, und: »Wenn jemand unserem Herrn, dem König, untreu gefunden wird, möge der die Todesstrafe erleiden«. Das unbarmherzige Eintreiben des Zehnten hat die Annahme des Christentums auch nicht gerade gefördert. Politische und kirchliche Zwangsmaßnahmen sind hier nicht mehr voneinander zu trennen, und mit christlichen Grundsätzen lassen sie sich kaum vereinbaren. Karl machte damit unmißverständlich klar: Die Grenze ist geschlossen, in den Provinzen des Frankenreiches ist nur noch der Kult der christlichen Kirche zulässig.

In den dreizehn Jahren zwischen 772 und 785 wurden immerhin fünfzehn Verträge zwischen Franken und Sachsen geschlossen und gebrochen. Karl hatte größte Mühe, die fränkische und christliche Ordnung im Nordosten des Reiches bis an die Grenze zu Dänemark und an die Elbe durchzusetzen. Aber schließlich gelang es ihm doch. 785 gab der Sachsenhäuptling Widukind auf und ließ sich taufen, nun sofort von Karl als Christ akzeptiert und höchstpersönlich aus dem Taufbecken gehoben. Mit dem ehemaligen Feind, der ihm viel Not bereitet hatte, verband Karl nun die Patenschaft. Darüber, ob es ihm leichtgefallen ist, Widukind derartig zu ehren, schweigen die Quellen.

Konflikte und Kleinkriege flackerten trotzdem noch zwanzig Jahre lang immer wieder auf. Karl war nun um Frieden bemüht, wie 797 die mildere, auf Todesstrafen verzichtende Gesetzgebung des Aachener *Capitulare Saxonicum* verdeutlicht. Die Christianisierung des neuen Bestandteils seines Vielvölkerreiches wurde energisch in Angriff genommen, zog sich allerdings über lange Zeit hin. Bistümer und Klöster wurden gegründet, so etwa 805 Münster mit Liudger als erstem Bischof und 822 das später bedeutende Kloster Corvey. In der Folgezeit stand das nun auch politisch opportune Bemühen um die Integration der Sachsen in das Frankenreich im Vordergrund. Von dort bis zur Bewältigung der Vergangenheit durch die Hagiographie war es nur noch ein kleiner Schritt. Das zeigt die um die Mitte des 9. Jahrhunderts entstandene *Translatio S. Alexandri.* Darin heißt es erstaunlicherweise: »Die alten Sachsen gaben sich große Mühe, viele nützliche Sitten zu pflegen, und befleißigten sich einer hohen Sittlichkeit im Lichte des natürlichen Gesetzes. Solcher Lebenswandel hätte ihnen die wahre Seligkeit des Himmels eingebracht, hätten sie nur nicht der Kenntnis des Schöpfers ermangelt.« So veränderte die Erinnerung das Bild der Sachsen, und man wurde fähig, die heidnische Vergangenheit einfach als Vergangenheit gelten zu lassen. Die Sachsen waren jetzt gleichberechtigte Partner im Reich, und später gelang es ihnen sogar, dessen Führung zu übernehmen.

Ein Aspekt muß noch erwähnt werden. Vor allem angelsächsische Theologen am Hofe Karls wie Alkuin (um 730–804), die über größere missionarische Kompetenz verfügten als die Franken, waren mit der Form regierungsamtlicher Christianisierung per Todesdrohung, für die mit Lul allerdings wohl auch ein Angelsachse verantwortlich war, nicht einverstanden. Nachdrücklich bestanden sie Karl gegenüber auf friedlicher und freiwilliger Überzeugungsarbeit. Andere hielten den mächtigen Herrscher gar für verrückt und kritisierten, er würde ›mit eiserner Zunge‹ predigen. Diese deutlichen Worte wurden allerdings aus der sicheren Entfernung Englands gesprochen. Gewiß kam es Karl stets auf die Umkehrbarkeit der furchtbaren Formel ›Tod oder Taufe‹ an, er wollte nicht töten, sondern taufen. Aber ein Ruhmesblatt war der schließlich zum Unterwerfungskrieg eskalierte Sachsenkonflikt sicherlich nicht, wie selbst Karls Biograph Einhard (um 770–840) unumwunden zugeben mußte (vgl. Quelle 19). Wie dem auch sei, das abendländische Christentum, was sich hier unter Karl dem Großen herausbildete, war das Ergebnis des Zusammenwirkens einer neuen Kirche mit einem neuen politischen System.

Die Mission bei Slaven und Avaren

An der Südostflanke des Frankenreiches sorgten Slaven und Avaren für Unruhe und provozierten dadurch die Aufmerksamkeit Karls des Großen. Die Avaren, ein innerasiatisches Volk von Reiternomaden, stammten aus der mongolischen Steppe und hatten sich seit der Mitte des 6. Jahrhunderts im Donaubecken festgesetzt. Die in antiken Quellen Wenden genannten Slaven kamen wohl aus dem Raum zwischen den Karpaten und dem Dnjepr und wurden von den nach Westen vorstoßenden Avaren verdrängt. Daraufhin teilten sie sich auf und rückten teils nach Norden (Ostslaven) vor, teils überschritten sie Weichsel, Oder und Elbe (Westslaven) und teils zogen sie nach Südosten in das Gebiet der Ostalpen (Südslaven), wo sie sich unter dem Namen Karantanen in der Steiermark, Kärnten und Krain niederließen. Das Christentum der alten römischen Provinzen in diesen Gegenden wurde durch diese Verschiebungen weitgehend zerstört. Wie ein Keil hatten sich damit auf der Balkanhalbinsel und den angrenzenden Gegenden im Norden zwischen die christlichen Reiche des Westens und Ostens heidnische Stammesbildungen geschoben. Von beiden gingen gegen diese Feinde sowohl militärische wie auch missionarische Aktionen aus, die jedoch wegen der zunehmenden Distanz zwischen dem Kaisertum im Westen und jenem im Osten nicht aufeinander abgestimmt worden sind. Auf lange Sicht haben dadurch Avaren und Slaven sogar deren unterschiedliche Entwicklung gefördert. Das avarische Reich konnte schließlich dem byzantinischen und fränkischen Druck nicht mehr standhalten und ging unter, während es den Slaven im 9. Jahrhundert immerhin gelang, mit der Bildung des Großmährischen Reiches für einige Zeit einen Machtfaktor im europäischen Kräftespiel darzustellen.

Die Karantanen siedelten also an der Südostgrenze der Baiern, die sich ihrerseits aufgrund ihres notorischen Strebens nach Selbständigkeit mit den Franken schwer taten. Beunruhigt von dem Expansionsdrang der Avaren, hatten sich die Karantanen um 740 hilfesuchend an die Baiern gewandt, wohl wissend, daß sich damit eine Christianisierung nicht würde verhindern lassen. Ihr Fürst Boruth (gest. um 750), der selbst eine Taufe nicht für nötig hielt, mußte den Baiern seinen Sohn Gorazd (um 750–753) und seinen Neffen Hotimir (753 – um 769) als Geiseln stellen und soll darum gebeten haben, sie zu taufen und christlich zu erziehen. Tatsächlich sind die beiden nach dem Tode Boruths nacheinander in ihre Heimat zurückgekehrt. Da die Baiern den Franken unterstanden und ohne deren Einverständnis nichts unternehmen konnten, waren die Slaven somit unter baierisch-fränkische Oberhoheit geraten. Auch die Mission wurde daher von den eigentlichen Machthabern verantwortet, und sie trägt eindeutig imperiale Züge. Der Baiernherzog Tassilo (gest. nach 794), der 772 die Karantanen endgültig besiegt hatte, wollte die Mission energisch vorantreiben, wurde aber 788 von Karl dem Großen abgesetzt. Die Mission bei den Slaven lief dann vor allem über den Salzburger Bischof Virgil (749–784) und wurde von Karl dadurch intensiviert, daß er 798 Salzburg zum Erzbistum erheben ließ. Das war ein missionspolitischer Schritt mit dem Ziel der Christianisierung von Karantanen und Avaren.

Die Avaren hatten sich den Zorn Karls zugezogen, weil sie vermutlich den Fehler begangen hatten, den aufmüpfigen Tassilo zu unterstützen. Nach dessen Absetzung übernahm Karl die Grenzsicherung im Osten und eröffnete 791 den Krieg gegen sie. Sein eigener Heereszug stieß allerdings ins Leere, weil die Avaren ihm geschickt auswichen. 795/796 jedoch konnten sie der geballten fränkischen Übermacht nicht länger standhalten. Dabei erbeutete Karl den legendären Avarenschatz, zu dessen Abtransport angeblich fünfzehn vierspännige Ochsenkarren benötigt wurden. Unter anderem zur Unterbringung dieser Zimelien ließ Karl in seiner neuen Residenz zu Aachen eine Schatzkammer bauen. Auch der Papst profitierte übrigens von dem heidnischen Goldsegen. Da Karl in diesem Sieg wiederum seine Rolle als christlicher Herrscher bestätigt sah, lag ihm natürlich die Avarenmission am Herzen. Trotz noch folgender Aufstände waren die Avaren, die eine gewisse Eigenständigkeit behielten, jetzt fränkische Untertanen, und als solche mußten sie Christen sein. Anders als bei den Sachsen ging man diesmal etwas behutsamer vor. Dazu mag beigetragen haben, daß sich im Winter 795 ein Avarenfürst in Aachen zur Taufe meldete und von Karl persönlich aus dem Taufbecken gehoben wurde. Der über einen Volksteil herrschende Tudun durfte unter fränkischer Oberhoheit sein Amt behalten. Der als oberster Avarenfürst geltende Khagan wurde 805 getauft und erhielt den Taufnamen Abraham.

Die Mission selbst wurde sorgfältig vorbereitet. Vor allem Alkuin drängte darauf, aus den bitteren Erfahrungen der Sachsenmission zu lernen, auf Zwangschristianisierung und die verhaßte Zehnteintreibung zu verzichten. Wie, so schrieb er 796 an den zuständigen Bischof Arn von Salzburg (785–821, geb. um 740/741), »kann ein Mensch gezwungen werden, zu glauben, was er nicht glaubt? Zur Taufe kann ein Mensch getrieben werden, aber nicht zum Glauben.« Alkuin arbeitete auch eine ausführliche Taufkatechese aus, die auf einer eigens für die Avarenmission einberufenen Synode im Jahre 796 an einem unbekannten Ort an der Donau angenommen wurde. Darin und in verschiedenen Briefen (vgl. Quelle 20) legte der Angelsachse die Marschroute fest: »Zuerst ist der Glaube zu lehren, dann können die Sakramente der Taufe empfangen werden, und zuletzt müssen die evangelischen Weisungen übergeben werden.« So also sollte es laufen. Der Taufe mußte ein vierzigtägiges, wenigstens aber ein achttägiges Katechumenat vorausgehen, in dem unter anderem das Vaterunser und das Glaubensbekenntnis zu lernen waren. Eine Rückkehr zu frühkirchlichen Formen war das allerdings nicht, denn Alkuin selbst machte deutlich, daß vor der Taufe nur ein dogmatischer Schnellkurs erforderlich sei und die eigentliche ethische Belehrung danach folgen müsse. Ob die Christianisierung der Avaren tatsächlich so ablief, ist nicht bekannt, denn merkwürdigerweise schweigen die Quellen darüber weitgehend. Die Zeichen dafür standen jedenfalls durch die Erhebung Salzburgs zum Erzbistum nicht schlecht. Vor allem seit der Einsetzung des pannonischen Fürsten Pribina um 840 war die Salzburger Mission erfolgreich, bis sie durch das Auftreten byzantinischer Konkurrenzmissionare unterbrochen wurde.

Karl der Große hat es jedenfalls erreicht, die Gebiete im Nord- und im Südosten seines Reiches (Karte S. 101) für das Christentum zu gewinnen. Als nächstes rückten Skandinavien und der weiträumige Osten in das Blickfeld der Missionare.

Das karolingische Reich

Karl der Große als christlicher Herrscher

Einen Stamm zu erobern, einzugliedern und zu missionieren ist eine Sache, einen riesigen Vielvölkerstaat zu einem christlichen Reiche auszubauen eine andere. Karl, trotz aller Ängste und Zukunftssorgen von seiner Sendung und Größe überzeugt, stellte sich dieser Herausforderung mit bemerkenswertem Durchsetzungswillen und der ihm eigenen Beharrlichkeit. So ist er zum Vater des christlichen Europa geworden (Karte S. 101). Nach einer Phase stürmischer Entwicklungen ist in jenem 8. Jahrhundert die Alte Welt endgültig untergegangen, um dem Mittelalter Platz zu machen. Mit der Gründung Bagdads im Jahre 762 nahm das islamische Imperium Gestalt an und rückte dem Westen bedrohlich nahe. Ostrom wurde zu Byzanz und trennte sich politisch wie kirchlich immer mehr von der neuen, sich festigenden Achse zwischen Papsttum und Karolingern. Diese wiederum mußten ihr Reich zusammenhalten und nutzten dazu die stabilisierende und identitätsfördernde Kraft der Idee der christlichen Universalität. Die Kirche wurde im fränkischen Imperium zur Trägerin der Kultur und zu einer großen Erziehungsanstalt, vorangebracht durch auch am Hofe bestimmende zupackende Theologen.

Typisch für die Gewichtsverlagerung nach Westen war, daß Papst Leo III. (795–816) sich im Jahre 799 für mehrere Monate in die Paderborner Pfalz rettete, nachdem römische Aufständische allerdings erfolglos versucht hatten, ihn zu blenden und ihm die Zunge abzuschneiden. In dieser peinlichen wie prekären Situation drängte das Haupt der Christenheit wie selbstverständlich den König eines Volkes nördlich der Alpen in die Schiedsrichterrolle, ein höchst bemerkenswerter Vorgang. Nun war Leo III., vorsichtig ausgedrückt, gewiß eine problematische Persönlichkeit, und Karl mußte bei seinem anschließenden Rombesuch sein ganzes diplomatisches Geschick zur Lösung des Konfliktes aufbieten. Aber dennoch bleibt diese Angelegenheit ein deutlicher Hinweis auf die neue Machtkonstellation. Gleichsam folgerichtig ist Karl dann auch am Weihnachtstage 800 in der Peterskirche zu Rom zum Kaiser gekrönt worden.

Die Aufgabenteilung zwischen den Häuptern dieser Achse hatte Karl schon vorher unmißverständlich deutlich gemacht, und zwar in einem Gratulationsschreiben aus dem Jahre 796 zu Leos Dienstantritt, das wohl Alkuin formuliert hatte. Darin heißt es mit klarer Schärfe: »Unser ist es, mit der Hilfe des göttlichen Erbarmens die heilige Kirche Christi allenthalben vor dem Einbruch der Heiden und der Verwüstung der Ungläubigen außen mit den Waffen zu verteidigen und innen mit der Erkenntnis des katholischen Glaubens zu festigen. Euer ist es, Heiliger Vater, mit zu Gott erhobenen Händen wie Moses unser Waffenwerk zu unterstützen, auf daß durch Eure Interzession dank Gottes Führung und Gabe das christliche Volk über die Feinde seines heiligen Namens allezeit und allenthalben Sieg habe und der Name unseres Herrn Jesu Christi in der ganzen Welt gepriesen werde.« Deutlicher konnte man die Aufgabenteilung zwischen dem, modern gesprochen, Politiker und Theologen nicht formulieren. Der Papst hatte zu beten und alles andere, also auch die Schaffung der Möglichkeit zur Mission, dem Herrscher zu überlassen. Klar wird auch gesagt, daß eine Voraussetzung zur Ausbreitung der Kirche der Waffengebrauch sei und die innere Christianisierung ebenfalls in der Verantwortung der weltlichen Machthaber liege. Leo III. hat sich beeilt, diese Sicht durch ein programmatisches Mosaik in einem Repräsentationssaal des Lateranpalastes zu bestätigen, freilich mit einem deutlichen Hinweis auf die Gleichrangigkeit von Herrscher und Papst (Abb. S. 104).

Dem entsprach konsequenterweise die theokratische Herrschaftsidee Karls des Großen. Zwar hatte er namentlich in den von seinem Hoftheologen Theodulf von Orléans (um 760–821) um 790 verfaßten *Libri Carolini* im Zusammenhang mit der Frage der Bilderverehrung die Herrscherideologie des byzantinischen Gottkaisertums als heidnisch kriti-

Petrus überreicht Papst Leo III. das Pallium und König Karl eine Fahnenlanze. Mosaik im Triclinium des Lateranpalastes, Rom, 800 (Nachzeichnung)

siert, verhielt sich selbst jedoch kaum anders. Er, Karl, übernahm die Verantwortung für den göttlichen Kult in seinem Reich, ob er nun die heidnischen Sachsen für Christus gewann, an seinem Hofe theologische Spezialprobleme diskutierte, sich um den Ausbildungsstand der Priester kümmerte, die Liturgie in seinem Riesenreich vereinheitlichte oder für die Ausstattung der Kirchenbauten sorgte. Letztlich wurde dabei das alttestamentliche Herrschaftsmodell des *rex et sacerdos* kopiert, das die Wohlfahrt des Volkes an die Aufsichtspflicht des Königs über die Beziehungen zum göttlichen Bereich band. Vor diesem Hintergrund sind der Missionskrieg gegen die Sachsen, die Gesetzgebung sowie die materielle Kirchen- und Armenfürsorge zu sehen. Das war die rechte Norm der Herrschaft, die Karls bedeutendster Berater, der Angelsachse Alkuin, auf die Kurzformel ›Böses berichtigen, Gutes bestärken‹ (*prava corrigere, recta corroborare*) gebracht hatte. Dadurch sollten die Menschen zu einem gottgefälligen Leben angeleitet werden. Anders als bei der modernen Trennung von säkularem Staat und christlicher Kirche verstanden sich zu Karls Zeiten diese Gewalten freilich als Bestandteile des einen geschlossenen *corpus christianum*.

Karl der Große folgte in seinem Vielvölkerreich also der Vision der christlichen Einheit, mit der er die auseinanderdriftenden Kräfte der verschiedenen Stämme zusammenhalten wollte. Dem diente auch sein grandioses Bildungsprogramm, das später mißverständlich ›karolingische Renaissance‹ genannt worden ist. Es hat nämlich nichts mit der Humanistenbewegung des 15./16. Jahrhunderts zu tun, sondern war eine Besinnung auf die reinen Quellen der frühen Christenheit. Die Reform von Schrift, Sprache und Gottesdienstform hat Karl in erster Linie mit Fremden vorangetrieben. Denn die führenden Köpfe seiner Bildungserneuerung waren ›Ausländer‹: die Italiener Petrus von Pisa und Paulinus von Aquileja (vor 750–802), der Langobarde Paulus Diaconus (720/730 – um 799), der Angelsachse Alkuin und der Spanier Theodulf von Orléans. Dementsprechend betonte der Franke Hrabanus Maurus (780 oder 783/784–856), einen Unterschied dürfe es zwischen den verschiedenen Nationen nicht geben, denn die »katholische Kirche sei eine und über den ganzen Erdkreis verbreitet«. Noch weiter ging der Westgote Agobard von Lyon (um 769–840), dem die nach wie vor gültigen Volksrechte ein

Dorn im Auge waren. Gegen diesen Regionalismus setzte er die Einheit und Gleichheit aller Menschen und bezog mit der Bemerkung, es gebe im Reich »nicht mehr Aquitanier und Langobarde, Burgunder oder Alemanne«, die paulinische Entschränkung der Völker ohne weiteres auf seine Zeit.

Dieses christliche Einheitsideal blieb freilich eine Vision, denn schon unter Karls Nachfolgern verfiel das Reich in Bruderkrieg und Teilungen. Später noch gerieten Kaiser und Papst in einen großen Streit, aus dem erst die Pluralisierung Europas und dann die aus Nationen oder Mehrvölkerstaaten bestehende europäische Staatengemeinschaft erwuchs. Aber das ist eine andere, hier nicht zu erzählende Geschichte. Immerhin, unter Karl dem Großen war die Einheit Europas fast Realität, nicht trennbar von dem Unternehmen der Christianisierung des Kontinents.

Für die weitere Entwicklung und Ausbreitung des Christentums schuf Karl mit dem Kreis seiner gelehrten Hoftheologen wichtige Voraussetzungen. Aus Sorge um den rechten Gottesdienst, der stets mit allgemeiner Gerechtigkeit einhergehen müsse, erließ er 789 die *Admonitio generalis*, eine allgemeine Ermahnung, die das Volk, übrigens ganz im Sinne der Reformvorstellungen des Bonifatius, zu christlicher Lebensführung anhalten solle. Ständig müsse man in der Ausübung guter Werke ausharren, um so Gott für die dem Reich gewährten Vergünstigungen zu danken. Gefahr drohte inzwischen nicht mehr so sehr vom Heidentum, sondern von dem selbst gebastelten Christentum der Schriftunkundigen. Alle Äußerungen der Kirche sollten deshalb auf eine einheitliche Basis gestellt werden. Dazu wurde zunächst eine überall im Reich lesbare Schrift eingeführt, die berühmte karolingische Minuskel, die die verschiedenen ›Nationalschriften‹ beseitigte und bis heute dafür sorgt, daß die Länder der westlichen Welt eine gemeinsame Schrift schreiben. Im nächsten Schritt wurden sogenannte authentische Texte für die verschiedensten Belange des kirchlichen Lebens geschaffen, die dann verbindlichen Charakter hatten. Die bis heute nachwirkende Meisterleistung auf diesem Gebiet war Alkuins Bibelrevision mit rund 4000 Eingriffen in den Text der Vulgata, die Karl vermutlich zu Weihnachten 801 überreicht wurde. Nach diesem Grundtext wurden in der ersten Hälfte des 9. Jahrhunderts rund hundert alkuinische Vollbibeln produziert. Solch eine Bibel hatte rund 900 Seiten im Format 50 × 35 cm mit insgesamt etwa 85 000 Zeilen, eine erstaunliche Leistung der Schreibtechniker in den Klöstern. Das alles war natürlich nur eine Sache der schmalen Bildungselite des Reiches, ansonsten war es, gelegentlich sogar beim Klerus, mit den Lateinkenntnissen nicht so weit her. Auch darum kümmerte sich Karl, indem er den Einsatz der Volkssprachen anordnete. Die Priester mußten als Übersetzer und Erläuterer zwischen lateinischem Gotteswort und illiteratem Volk fungieren, weshalb Karl immer wieder darauf drängte, deren Ausbildungsstand zu heben. Der Feier der Liturgie, den Bildprogrammen in den Kirchen und insbesondere den Reliquien der Heiligen kamen dabei als einer Art ›Bücher‹ für die Ungebildeten eine wichtige Funktion zu, denn so wurde den Gläubigen das vor Augen geführt, was nur wenige Spezialisten selbst in der Heiligen Schrift lesen konnten.

Karl fühlte sich verantwortlich dafür, daß in seinem Reich alle Menschen getauft wurden, denn daran hing für ihn dessen weiteres Wohlergehen. Deshalb startete er 812, am Ende seiner langen Regierungszeit, eine Umfrage zum Taufverständnis bei seinen Erzbischöfen. Die erhaltenen Antworten zeugen nicht immer von großem theologischen Scharfsinn der Kirchenführer. Eine bedeutende Gewichtsverschiebung hatte sich jedenfalls schon seit einiger Zeit angebahnt. Im Frankenreich selber wurden nicht mehr Erwachsene, sondern in immer größerer Zahl Neugeborene getauft, die dadurch, wie man glaubte, ›Kinder Gottes‹ wurden und der Macht des Bösen entrissen waren. Das wichtigste Wort in der Taufliturgie aber war das *credo*, ›ich glaube‹, und das konnten die Säuglinge noch nicht beisteuern. Wie in der

Spätantike rückte deshalb das Amt des Paten in den Vordergrund. Vor allem aber übernahm nun der Priester die Glaubensbekundung durch die Spendeformel ›Ich taufe dich‹. Damit lag das Gewicht nicht mehr auf der freien und gläubigen Zustimmung des Täuflings, sondern auf der Aktivität des Priesters. Der Täufling war zum Sakramentsempfänger geworden, über den sozusagen kirchenamtlich verfügt wurde. Zahlreiche andere Änderungen kamen durch die Liturgiereform hinzu, die vielfach auf alttestamentliche Vorbilder und Vorschriften zurückgingen. Sie gaben dem Christentum im Frankenreich eine neue Form, deren Ausprägung später einmal Gegenstand heftiger Konfessionskämpfe werden sollte.

Karl der Große wollte Christ sein und war es nach den Maßstäben seiner Zeit wohl auch. Er war der christliche Herrscher in dem geeinten christlichen Europa, dessen Gestalt unzweifelhaft seine Handschrift trug. Die in kultureller und kirchenpolitischer Hinsicht von ihm geschaffenen Grundlagen hatten auch dann noch Bestand, als sein Großreich schon eine Generation später wieder zerbrach. Sie bestimmten praktisch die weitere Geschichte der gesamten westlichen Christenheit.

5

Vom Zentrum an die nördlichen Randgebiete Europas

Chronologische Übersicht

814–840	Kaiser Ludwig der Fromme (geb. 778)
826	Taufe des dänischen Königs Harald Klak (812-826/841)
ab 829	Mission Ansgars in Schweden

830	Errichtung einer Missionsstation in Birka (Missionsbischof Gauzbert)
834	Gründung des Erzbistums Hamburg
seit 834	Raubzüge der Normannen
845	Zerstörung Hamburgs durch die Wikinger
847/848	Erzbistum Bremen-Hamburg
865	Ansgar, Missionar, gest. (geb. 801)
seit 866	dänische Eroberung Englands, dort Annahme des Christentums
seit 870	Besiedlung Islands
seit 900	vereinzelte Missionsversuche auf Island
seit 911	normannische Reichsbildung im Westfrankenreich, dort Annahme des Christentums
930	Einsetzung des Allthings, Staatsgründung Islands
930–960	Hákon I. der Gute von Norwegen, in England getauft, fördert Mission
937–988	Erzbischof Adaldag von Hamburg-Bremen (geb. um 900)
948	Missionsbistümer Schleswig, Ripen, Aarhus
nach 960	Taufe des Dänenkönigs Harald Blauzahn (ca. 940 – ca. 985)
ca. 980–1022	König Olaf Eriksson ›Schoßkönig‹ von Schweden fördert Mission
986/988–1014	Sven Gabelbart von Dänemark
seit 995	Olaf I. Tryggvason (995–1000; geb. 963) fördert Mission in Norwegen
1000	Annahme des Christentums durch das isländische Allthing
1014/18–1035	König Knut der Große von England, Dänemark und Norwegen (geb. um 995)
1015–1030	König Olaf II. Haraldsson der Heilige von Norwegen (geb. ca. 995)
1043–1072	Erzbischof Adalbert I. von Hamburg-Bremen (geb. um 1000)
1056–1080	Isleifr Gizurarson erster Bischof auf Island
1080–1086	König Knut der Heilige von Dänemark (geb. um 1054)
1104	Errichtung des Erzbistums Lund

seit 1120	allmählicher Aufbau einer Kirchenorganisation in Schweden
1150–1160	König Erik IX. der Heilige von Schweden
1154	Errichtung des Erzbistums Nidaros/Trondheim, Norwegen autonome Kirchenprovinz
ab 1155	allmähliche Christianisierung Finnlands
1164	Errichtung des Erzbistums Uppsala, Schweden autonome Kirchenprovinz

Die Christianisierung Dänemarks

Durch die Eingliederung der Sachsen in das Frankenreich hatten sich die Grenzen nach Nordosten verschoben, und man sah sich neuen Nachbarn gegenüber. Dazu zählten die Nordmänner oder Normannen, wie die Franken die Skandinavier nannten. Zu Beginn des 9. Jahrhunderts hielten sie hartnäckig ihren alten Göttern die Treue. Sie waren sich der Konkurrenz zum Christentum wohl bewußt, weshalb sie manche ihnen attraktiv erscheinende christliche Glaubensaussagen übernahmen und einfach auf Odin oder Baldr übertrugen. Denn durch den regen Warenaustausch über ihre Handelszentren wie Haithabu in Schleswig, Birka in Schweden und Gudme auf Bornholm erfuhren sie durch Kaufleute von dem Siegeszug des Christengottes auf dem Kontinent. Bei den Handelsbeziehungen gab es zwischen Heiden und Christen ohnehin keine Probleme, in der anpassungsfähigen und wettbewerbsorientierten Gesellschaft im Norden war jeder Händler willkommen. Die einen trugen eben Goldbrakteaten, die anderen Kreuze als Amulette am Hals, was letztlich auf das gleiche hinauskam. Die Stammeshäuptlinge in Dänemark, an den norwegischen Fjorden und in den Tiefebenen Schwedens waren, wenn sie nicht gerade untereinander um die Macht kämpften, vor allem damit beschäftigt, sich durch Handel und Seeräuberei im Nordatlantik und in der Ostsee zu bereichern. Schon die verheerenden Raubzüge der Wikinger, die mit ihren wendigen Schiffen etwa bis Paris vordrangen, machten es erforderlich, diese religionsgeographische Zweiteilung Europas zu beenden. Und doch sollte es über zweihundert Jahre dauern, bis die Skandinavier sich endlich in das politische und soziale Gefüge des christlichen Europas einordnen zu lassen bereit waren.

Am Anfang dieser Entwicklung stand ein grandioser Mißerfolg, der wieder einmal zeigt, daß Mission und Politik die falschen Bettgenossen sind. Und das kam so: In Dänemark bekämpften sich verschiedene Kandidaten für den Königsthron. Nach der Ermordung von König Göttrik 810 und der nur kurzen Regierungszeit seines Nachfolgers Hemming gab es 812 immerhin acht Thronanwärter, fünf Söhne Göttriks und drei Brüder aus der Sippe Hemmings. Karl der Große, dem die Dänen wegen ihrer einstmaligen Unterstützung Widukinds ohnehin suspekt waren, stellte sich zwar auf die Hemmingseite, konnte aber nicht viel ausrichten. Während der Herrschaft seines Sohnes, Ludwigs des Frommen (814–840), tauchten sogar Vertreter beider Parteien 822 auf der Reichsversammlung zu Frankfurt auf, durch Anlehnung an die fränkische Großmacht offensichtlich Unterstützung für ihre jeweiligen Ansprüche suchend. Die Kirchenführer sahen darin eine Chance und bereiteten eine Missionsreise nach Dänemark vor.

Dort ging das Hin und Her jedoch weiter. Einer der Leidtragenden war der Teilfürst Harald Klak (812–826/841), der 826 von seinen Kontrahenten kurzerhand aus dem Land gejagt wurde. Daraufhin zog Harald nach Süden, um seinen mächtigen Nachbarn als Bundesgenossen im Kampf um die Krone zu gewinnen. Ludwig der Fromme nun machte seinem Beinamen alle Ehre und verlangte als Preis von Harald die Taufe. Harald hatte keine Wahl, und so wurde er mit Familie und Gefolge am 24. Juni 826 in der Abtei St. Alban bei Mainz getauft (vgl. Quelle 21). Kaiser Ludwig höchstpersönlich fungierte als Taufpate. Nach den Taufkleidern überreichte er dem Dänen anschließend in der prachtvollen Pfalz zu Ingelheim einen Königsornat mit Krone, Purpurmantel und Schwert, ein deutlicher Hinweis auf das intendierte geistlich-politische Abhängigkeitsverhältnis. Unterstützt von fränkischem Reichtum und fränkischem Christentum, sollte Harald nun als machtvoller König für Ruhe an der Nordgrenze sorgen. Was in Mainz und Ingelheim, dessen Pfalzausmalung bildlich die kaiserliche Umsetzung des Missionsbefehls Christi konkretisierte, als gute Idee erschien, ging in Dänemark gründlich daneben. Da Ludwig nicht gewillt war, sein Patenkind auch militärisch zu unterstützen, konnte Harald sich nicht durchsetzen. Und so wurde es auch nichts mit der Christianisierung Dänemarks, blieben doch dem von Ludwig entsandten, aus Frankreich stammenden Missionar Ansgar (801–865) die Grenzen verschlossen.

Trotzdem wurden in den folgenden Jahren immer wieder einige Dänen getauft, und zwar solche, die als Gesandte am Hofe Ludwigs des Frommen auftauchten und von diesem stets nachdrücklich eingeladen wurden, den Christenglauben anzunehmen. Das war offenbar eine lohnende Angelegenheit, denn die Täuflinge erhielten nicht nur ein leinenes weißes Taufkleid, sondern obendrein von ihren fränkischen Paten auch noch kostbare Gewänder, Waffen und Schmuck. Dadurch wurden Begehrlichkeiten geweckt, wie Notker (um 840–912) in einer netten Geschichte in den *Gesta Karoli* empört berichtet. Als es nämlich am Hofe des Kaisers wieder einmal zu einer solchen Gesandtentaufe kam, gab es einen Engpaß bei den Leinenkleidern, und man behalf sich mit billigerem Material. Einer der älteren Täuflinge prüfte kritisch Stoff und Zuschnitt, geriet in Wut und fuhr Ludwig an: »Schon zwanzigmal hat man mich hier gebadet und mir die besten und weißesten Kleider angetan, aber so ein Sack steht keinem Krieger, sondern einem Schweinehirten zu. Und wenn ich mich nicht meiner Nacktheit schämte, nachdem man mir meine Kleider weggenommen, aber nicht die von dir gegebenen angelegt hat, würde ich dir dein Gewand samt deinem Christus lassen!« Besonders ernst hat dieser Däne das Taufgeschehen offensichtlich nicht genommen.

Die weitere Entwicklung liegt im dunkeln und wird durch die unsichere Frühgeschichte des Erzbistums für den Norden noch komplizierter. Schon Karl der Große hatte daran gedacht, in Hamburg ein solches mit dem Ziel der Christianisierung des skandinavischen Raumes zu erheben. Seinem Sohn Ludwig ist das wohl 834 gelungen, nachdem Ansgar Kirchen im dänischen Ribe und Schleswig gegründet und einige Erfolge in Schweden zu verzeichnen hatte. Der Jubel im Frankenreich war groß, und gleich plante man durch die Errichtung des Erzbistums Hamburg unter Ansgar die Integration der noch zu bildenden Nordbistümer in die Reichskirche. Das Ergebnis war wiederum eine Katastrophe. Die Wikinger, seit 834 zu Raubzügen in Europa unterwegs, zerstörten 845 Hamburg gründlich, Ansgar kam eben noch mit dem nackten Leben davon. Erst 847/848 konnten die Bistümer Bremen und Hamburg zu einem neuen Erzbistum wiederum unter Ansgar zusammengelegt werden. Das allmähliche Einsickern des Christentums in Skandinavien ging dennoch weiter, freilich anders als gewohnt. Zu dramatischen Entscheidungskämpfen und triumphalen Bekehrungen ganzer Stämme kam es nicht, wohl aber schlossen sich durch die ruhige Überzeugungsarbeit Einzelner sowie durch Handel und Wandel immer mehr Skandinavier dem Christengott an. Die Missionare standen zu ihrem großen Erstaunen nämlich einer Gesellschaft gegenüber, die individuelle Entscheidungen bevorzugte. So war man durchaus willens, Christus anzunehmen, allerdings nur als einen Gott unter anderen und unter der Voraussetzung, daß seine Nützlichkeit garantiert war.

In Dänemark machte die Christianisierung erst im 10. Jahrhundert entscheidende Fortschritte, als unter Otto dem Großen (936–973) auf der Synode zu Ingelheim 948 die drei jütländischen Missionsbistümer Schleswig, Ribe und Aarhus gegründet und dem Erzbischof Adaldag von Hamburg-Bremen (937–988) unterstellt wurden. Die Dänen hatten inzwischen angelegentlich ihrer Eroberung Englands seit 866 das Christentum näher kennengelernt und teilweise angenommen. Aber ihr sagenumwobener König Gorm der Alte (um 900 – um 940), der 936 von Adaldags Vorgänger Unni (918–936) aufgesucht worden war, meinte noch auf den neuen Glauben verzichten zu können. Er galt, zumindest nach kirchlichen Quellen, als grimmiger Christenverfolger, duldete aber dennoch wohl die Missionspredigt in seinem Lande. So widersprüchlich waren eben die Zeiten. Anders ging es mit seinem Sohn Harald Blauzahn (um 940 – um 985), der die Mission in Dänemark unterstützte und wohl um 960 getauft wurde. Daß es sich dabei, wie Adam von Bremen (gest. vor 1085) behauptet, um eine Unterwerfungstaufe nach einer Niederlage gegen Otto den Großen gehandelt hat, gehört wohl in das Reich der Legende. Richtig an ihr ist aber, daß die endgültige Hinwendung Dänemarks zum Christentum in irgendeiner Weise mit dem mächtigen Nachbarn im Süden zusammenhing.

Aufschlußreich ist, wie schon die zeitgenössische Erinnerung mit solchen Entwicklungen umging. Harald etwa nahm durchaus selbstbewußt für sich in Anspruch, den Glaubenswechsel ganz allein durchgesetzt zu haben. In Jellinge gestaltete er die heidnische Grabhügelanlage um, baute eine große Steinkirche und ließ einen riesigen Runenstein mit einem bärtigen Christus darauf errichten (Abb. S. 115). Pikant daran ist, daß Runen ursprünglich eine magische Schrift waren, die von dem Gott Odin durch ein Selbstopfer gefunden worden waren, als er neun Nächte lang ohne Nahrung an einem windumtosten Baume hing. Harald war eben ein traditionsbewußter Mann. Die Runeninschrift besagt, daß er »dieses Gedenkzeichen für seinen Vater Gorm und seine Mutter Thorwi errichten ließ, jener Harald, der ganz Dänemark und Norwegen für sich gewann, und der die Dänen zu Christen machte«. Auch hier findet sich also wiederum die altbekannte Verquickung von Mission und Herr-

Der Runenstein von Jellinge (Jütland, Dänemark), 10. Jahrhundert

schaft. Bei dieser Gelegenheit hat er übrigens seinen verstorbenen Vater Gorm gleich mit ›christianisiert‹, denn er ließ die Leiche des alten Heiden aus dem Jellinger Grabhügel ausgraben und in der Kirche neben dem Altar beisetzen. Noch anders stellt sich die Bekehrung Haralds bei Widukind von Corvey (gest. nach 968) dar. Er weiß zu erzählen, daß ein Priester namens Poppa die Dänen aufgefordert habe, die Vielgötterei abzulegen und Christen zu werden. Harald habe daraufhin ein Gottesurteil mit glühendem Eisen von dem Gottesmann gefordert. Ohne zu zögern habe Poppa die Probe mit unversehrter Hand überstanden. Sofort bekehrte sich nach Widukind der König und »befahl seinen heidnischen Untertanen, die Götzen zu verwerfen«. Besondere Ereignisse, und das war ein Glaubenswechsel allemal, führten schnell zur Legendenbildung. Archaische Vorstellungen konnten dabei durchaus konserviert werden, wie der Fall von zwei dänischen Bischöfen zeigt. Beide hießen Odinkar (der Ältere, vor 1000; der Jüngere, um 1000–1043), waren miteinander verwandt und überdies Angehörige des Königshauses. Ihre typisch heidnischen Namen bedeuten ›Speer Odins‹ und erinnern an die sakrale Herrschergenealogie. Das konnte dem von ihnen berichtenden Adam natürlich nicht gefallen, und so christianisierte er die Vorstellung von der polytheistischen Geblütsheiligkeit durch eine falsche Etymologie und übersetzte Odinkar mit ›Gottlieb‹. Daß die neuen dänischen Christen ähnlich verfuhren, zeigt nicht nur das Jellinger Beispiel, sondern noch im 11. Jahrhundert die Kirche von Hørning. Unter dem heutigen Steinbau wurde eine erste Holzkirche gefunden, die wiederum so über einem heidnischen Grabhügel errichtet worden war, daß sich das dortige Frauengrab exakt im Kirchenschiff befand (Abb. S. 117). Mit dieser speziellen Form der *translatio* hat offensichtlich jemand seiner heidnischen Urgroßmutter zu einem christlichen Begräbnis verholfen.

Unter den Königen Sven Gabelbart (986/988–1014) und Knut dem Großen (1014/1018–1035) wurde die Christiani-

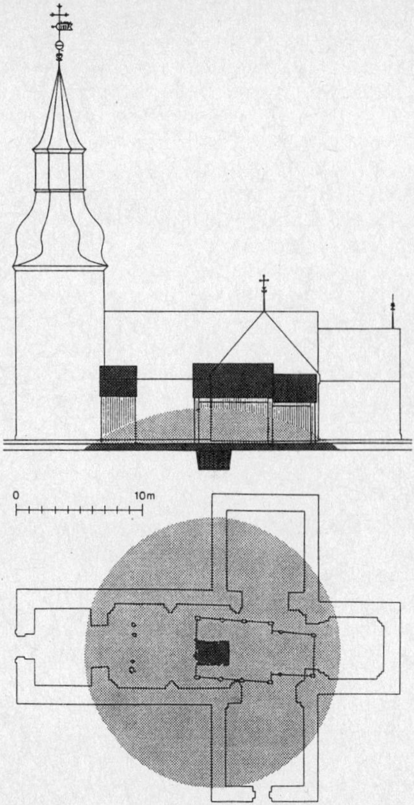

Die Kirche von Hørning (Dänemark), mit Rekonstruktion der Holzkirche aus der zweiten Hälfte des 11. Jahrhunderts, errichtet über einem Hügel mit Grab aus der Mitte des 10. Jahrhunderts

sierung Dänemarks vorangetrieben. Sie benötigten die Kirche nicht zuletzt durch ihre Eroberung Englands als stabilisierenden Einheitsfaktor und wollten deshalb auch ein eigenständiges, von Hamburg-Bremen und damit von der deutschen Reichskirche unabhängiges Erzbistum für Dänemark haben. Erzbischof Adalbert (1043–1072) wußte das zunächst noch zu verhindern, bis König Erich (1095–1103) sogar eigens nach Rom reiste und mit der Errichtung des für ganz Skandinavien zuständigen Erzbistums Lund im Jahre 1104 die Loslösung erreichte. Äußerst hilfreich war es dafür, so etwas wie einen Nationalheiligen zu besitzen. Die Dänen hatten ihn, und er stammte, wie könnte es anders sein, aus dem Herrschergeschlecht. Der recht verwegene Versuch, Harald Blauzahn als ersten dänischen Heiligen verehren zu lassen, war zuvor gescheitert. Das gelang dann mit König Knut IV. (1080–1086), der bei einem Aufstand in der Albanikirche zu Odense erschlagen worden war. Das war zwar kein reinrassiges Martyrium, und die Einschätzung Knuts schwankt zwischen der eines Tyrannen und der eines christlichen Königs, gleichwohl erreichte 1099 König Erich die Kanonisation seines Bruders. Nun war Dänemark Bestandteil des christlichen Europa, und zwar ein selbständiger.

Die Mission in Norwegen

Die Norweger haben das Christentum in einem sich länger hinziehenden Prozeß angenommen. Kennengelernt haben sie den neuen Glauben durch die normannische Reichsbildung im Westfrankenreich seit 911, durch ihre Eroberungen im Nordteil Englands sowie durch Raub- und Handelsfahrten in verschiedene Gegenden. Manche Norweger kehrten dadurch als Christen in ihre Heimat zurück. Überdies waren unter den erbeuteten Kriegsgefangenen etliche Christusgläubige. Auf diese Weise kam es an der West- und Südostküste des langgestreckten und zerklüfteten Landes zu ersten Gemeindebildungen, während im Landesinneren noch lange das Heidentum vorherrschte. Wichtigste Antriebskraft bei der Christianisierung waren weniger gezielte Missionsunternehmen als vielmehr der Wille der Könige. Sie hatten, wie so oft in dieser Epoche, den stabilisierenden Wert der Kirche bei den Bemühungen um Vereinigung des Reiches erkannt.

Den Beginn machte König Hákon Adalsteinsfóstri (›Ziehsohn des Æthelstan‹, um 930-960), der Sohn von Harald Schönhaar, dem ersten Alleinherrscher über ganz Norwegen. Er war in England erzogen und getauft worden und versuchte erfolglos, das Christentum in Norwegen einzuführen. Von seiner Beliebtheit im Volk zeugt sein anderer Beiname ›der Gute‹, den er wohl wegen seiner Respektierung des polytheistischen Götterkultes erhielt. Erfolgreicher bei Reichsbildung und Mission waren die beiden Könige Olaf Tryggvason (995–1000) und Olaf Haraldsson der Heilige (1015–1030). Olaf Tryggvason, der zeitweise unter estnischen Seeräubern gelebt und in England die Firmung empfangen hatte, versuchte von Trondheim aus die verschiedenen Landesteile unter seine Kontrolle zu bringen und setzte dabei als wichtigstes Herrschaftsmittel auf die zum Teil wohl gewaltsame Einführung des Christentums. Dazu berief er Bischöfe und Priester aus England nach Norwegen und sandte selbst Missionare auf die Orkney- und Shetlandinseln, die Faröer sowie nach Island und Grönland. Dabei ging es immer auch um die Gewinnung von kirchenpolitischen Einflußsphären, wie eine ungehaltene Bemerkung Adams belegt. Zwar räumt er ein, daß die Engländer für die Christianisierung Norwegens gesorgt hätten, betont aber empfindlich, daß zuvor vom Erzbistum Hamburg-Bremen entsandte Missionare dem Volk das Evangelium gepredigt hätten. »Wir können also sagen, die Unsrigen haben die Arbeit getan, aber in ihre Arbeit haben sich die Angeln hineingedrängt.« Großzügig anerkennt Adam dann aber doch, daß den Kindern der Mutter Kirche so, wenn auch von Eindringlingen, Gutes widerfahren sei.

Der möglicherweise in Rouen in der Normandie getaufte Olaf Haraldsson hatte bei Reichseinigung und Missionsbemühungen zunächst eine glücklichere Hand. Mit Hilfe englischer und deutscher Missionare förderte er die Christianisierung, baute die Kirchenorganisation aus und bemühte sich um die Durchsetzung christlicher Normen. Nur mit Knut dem Großen, der Dänemark, Norwegen und England zu einem einzigen Nordsee-Imperium zusammenbinden wollte, kam Olaf nicht zurecht. Als Knut hinterhältig durch Geldgeschenke und schöne Versprechen einen Keil zwischen König Olaf und die norwegische Bauernaristokratie getrieben hatte, waren seine Tage gezählt. In der Schlacht bei Stiklestad verlor Olaf 1030 in dem Bemühen, sein Reich wiederzugewinnen, Sieg und Leben. Da Knut nicht daran dachte, seine Zusagen einzuhalten, und sein als König eingesetzter Sohn Svein Alfivason (1029/1030–1035) ein überaus hartes Regiment führte, verklärte sich die Erinnerung an Olaf. Bald wurde er als Märtyrer verehrt und in der Trondheimer Clemenskirche begraben. Als sein Neffe, König Olaf Kyrre (1066–1093), den Dom von Trondheim errichten ließ, fand der heilige Olaf unter dem Altar seine letzte Ruhestätte.

So hatten schließlich auch die Norweger einen König als Heiligen. Die Kirchenorganisation wurde weiter konsolidiert und fand 1154 mit der Errichtung des Erzbistums Nidaros/Trondheim ihren Abschluß.

Die Christianisierung Schwedens

In Schweden beanspruchte die Durchsetzung des Christentums mehrere Jahrhunderte. Weil sie auch hier mit den politischen Einigungsbestrebungen verquickt war, kam es durch Zwistigkeiten zwischen bekehrungswilligen Königen und zäh am Heidentum festhaltender Adelsopposition oft zu Rückschlägen, die eine Stabilisierung der christlichen Königsmacht ebenso verhinderten wie eine kontinuierliche kirchliche Aufbauarbeit. Die Anfänge im 9. Jahrhundert waren eher kümmerlich und zeigen gut, mit welchen Problemen die Missionare im Norden zu kämpfen hatten. Einige von ihnen sollen erzählt werden, weil sie typisch sind für das jahrhundertelange Nebeneinander von Polytheismus und Christentum.

Ansgar reiste erstmals 829 im Auftrag Kaiser Ludwigs des Frommen nach Schweden und baute in dem Fernhandelszentrum Birka eine kleine Missionsstation auf. Das war eine kluge Ortswahl, denn an solchen Plätzen bestand schon aus wirtschaftlichen Gründen eine größere Offenheit für neue Ideen. Außerdem lebten dort christliche Sklaven und Händler. Präfekt von Birka war Hergeir, ein beim Schwedenkönig hoch angesehener Mann, der sich 830/831 von Ansgar taufen ließ und fortan selbstlos für das Christentum eintrat. Zuvor hatte Ansgar freilich König Björn um Predigterlaubnis ersucht. Das sollten kaiserliche Geschenke erleichtern, nur waren ihm diese leider während der Überfahrt von Seeräubern gestohlen worden. Ansgar bekam trotzdem die Erlaubnis und darüber hinaus ausdrücklich die Möglichkeit, Schweden zu taufen. Der König räumte also der Bevölkerung von Birka die freie Glaubensentscheidung ein und akzeptierte das Nebeneinander verschiedener Kulte. Natürlich ergaben sich aus einer solchen Konkurrenzsituation immer wieder Konflikte, aber das war die Alltagsrealität, mit der die Missionare und übrigens auch die polytheistischen Priester noch lange zu rechnen hatten. Hergeir jedenfalls nutzte seine Möglichkeiten, baute auf seinem Landbesitz die erste Kirche im Norden und betätigte sich nach Ansgars Abreise sogar als Laienprediger. Mit der Zerstörung Hamburgs durch die Wikinger 845 geriet auch die Schwedenmission ins Stocken, und die »vom Teufel getriebenen Schweden«, wie Rimbert (um 830–888) sagt, jagten den Missionsbischof Gauzbert »mit Schimpf und Schande« aus dem Lande. Durch Hergeirs unverdrossenes Festhalten am Christenglauben konnte die Gemeinde in Birka dennoch überleben.

Gleichwohl traf Ansgar auf eine veränderte Situation, als er 852/853 zum zweiten Mal den reichen Handelsplatz besuchte (vgl. Quelle 22). Aufgeschreckt durch die drohende Verstärkung des christlichen Einflusses, trat dort während der Ankunft Ansgars ein heidnischer Priester mit einer bemerkenswerten Rede auf. Als Botschaft der Götter, an deren Versammlung er angeblich teilgenommen hatte, verkündete er deren Aufforderung, die unterlassenen Opfer wieder zu vollziehen und den Kult des fremden Christengottes nicht aufzunehmen. Dann machte er den Einwohnern Birkas ein erstaunliches Angebot. Wenn ihnen die Zahl der Götter nicht genüge, sollten sie doch ihren verstorbenen König Erik zum Gott erheben. So geschah es in der Tat. Um gewissermaßen die Leistungsfähigkeit der Götter zu steigern, errichteten sie Erik einen Tempel und brachten ihm Gelübde und Opfer dar. In einer religiösen Konfliktsituation appellierte der Heidenpriester also an die religiöse Kompetenz der Gläubigen und traute ihnen zu, sich für den ›richtigen‹, also nützlicheren Gott entscheiden zu können. Dahinter steckte bei den Heiden das Mißverständnis, Christus sei als ein weiterer Gott einfach in ihre alte Formenwelt integrierbar, eine für Ansgar wahrlich nicht leichte Herausforderung. In diesem durch die Anhänger des alten Glaubens verstärkten Konkurrenzkampf der Götter konnte, wie Ansgar erleben mußte, auch der König, wenn ihm seine Macht lieb war, nicht einfach Partei für eine Seite ergreifen. Persönlich war er zwar geneigt, Ansgars Bitte um Predigterlaubnis zu entsprechen, mußte indes vor einer Entscheidung die ›Losbefragung unserer Götter‹ und die ›Erforschung des Volkswillens‹ abwarten. So kam es zu einer Thingversammlung, auf der die Rede eines alten Mannes die Entscheidung herbeiführte. Seine Kernaussage lautete: ›Wollen unsere Götter uns nicht gewogen sein, dann ist es gut, die Gnade dieses Gottes zu besitzen, denn er kann und will immer und überall denen helfen, die zu ihm rufen.‹ Gewiß, Rimbert hat diese Rede rekonstruiert, und der Sprecher war möglicherweise ein Parteigänger Ansgars. Dennoch belegt sie das Motiv für die dann durch Thingbeschluß wiederhergestellte freie Religionswahl in Birka, den Nützlichkeitsaspekt göttlicher Gewogenheit nämlich. Darauf allein kam es an.

Es ist nicht auszuschließen, daß es neben der vom Erzbistum Hamburg-Bremen getragenen Mission weitere konkurrierende Versuche gegeben hat, darüber existieren jedoch keine Quellen. Das gilt generell für die folgenden anderthalb Jahrhunderte, in denen aber an den Handelsplätzen immer Christen anzutreffen gewesen sein dürften. Zu erfolgreicherer Missionsarbeit kam es erst im 11. Jahrhundert, wobei der Schwerpunkt in Südschweden (Götaland) und nicht im stärker heidnisch geprägten, politisch dominierenden Mittelschweden (Svealand) lag. In dieser Zeit wirkten angelsächsische, dänische und deutsche Glaubensboten nebeneinander, auch byzantinische Einflüsse sind nicht auszuschließen. Besonders gefördert wurden diese Aktivitäten von Olaf Eriksson Schoßkönig (um 980–1022), dem ersten gesamtschwedischen und zielbewußt christlich agierendem König.

Von dem Gegensatz zwischen Svealand und Götaland sowie den Konflikten Olaf Erikssons mit der vom heidnischen Kultzentrum Altuppsala ausgehenden Opposition weiß Adam von Bremen anschaulich zu erzählen. Sie zeigen, daß sich die Verhältnisse seit den Tagen Ansgars kaum verändert hatten. Schon aus Gründen der mühsam erreichten Reichseinheit mußte Altuppsala mit seiner lebendigen Kultausübung dem König ein Dorn im Auge sein. Deshalb wollte Olaf Eriksson um 1013 das heidnische Zentralheiligtum zerstören. Dieser Plan scheiterte am Widerstand der Heiden, die offensichtlich die dazu erforderliche Macht besaßen. Gelöst wurde der Konflikt durch Zugeständnisse beider Seiten. Erstens betonte man vertraglich die Freiwilligkeit des Glaubens, in die auch der König nicht eingreifen konnte. »Er dürfe«, so betonte die heidnische Partei, »keinen aus dem Volk zum Abfall vom Dienst der Götter zwingen, es sei denn, jemand wünsche aus freien Stücken, sich zu Christus zu bekehren.« Für den Polytheismus war diese Konkurrenz denkbar, dem christlichen Alleinvertretungsanspruch lief sie natürlich zuwider. Daraus ergab sich zweitens die bewußte räumliche Distanz zwischen den konkurrierenden Kultstätten. Olaf mußte also auf die Umwandlung des Heidentempels in eine christliche Kirche verzichten und errichtete daraufhin in deutlicher Entfernung zu Altuppsala das im weitgehend christianisierten Västergötland gelegene Bistum Skara.

Diese Entscheidung bedeutete allerdings auch, daß das Zentralheiligtum von Altuppsala mit seiner berühmten Dreithronanlage und den für die Götter Donar-Thor, Wodan-Odin und Frico-Freyr zuständigen Opferpriestern in Betrieb blieb (vgl. Quelle 3). Alle neun Jahre fand dort das zentrale Opferfest aller schwedischen Stämme statt, bei dem sogar Menschenopfer vollzogen wurden. Auch sonst wird dort ein reges religiöses Leben unter Beteiligung des Volkes geherrscht haben. Vielleicht wurden Devotionalien in Form kleiner Götterbilder (Abb. S. 125) verkauft, wie sie aus früheren Zeiten in großer Zahl bekannt sind. Alles das wirkte gemeinschaftsstiftend und identitätsbildend, stellte zugleich aber hohe Anforderungen an die religiöse Entscheidungskompetenz der Bevölkerung. Vor allem war diese Situation natürlich eine ständige Herausforderung für die Christen. Deshalb waren weitere Anstrengungen zur Überwindung dieser mißlichen Situation vonnöten. So zielte die Ernennung des Bremer Dekans Adalward des Jüngeren im Jahre 1064 zum Bischof von Sigtuna (bis 1070/1071) unter anderem darauf, im Verein mit Bischof Egino von Schonen (um 1060–1072) Altuppsala »als Mittelpunkt des barbarischen Irrglaubens« zu zerstören (vgl. Quelle 23). Das brachte den »sehr frommen« König Stenkil (um 1060–1066), einen be-

Der Gott Thor auf Goldfolien aus Sorte Muld (Bornholm, Dänemark), 6. Jahrhundert. Ca. 0,9–1,9 cm hoch

währten Förderer der christlichen Mission, in einen Loyalitätskonflikt zwischen seinem Glauben und dem noch immer beträchtlichen heidnischen Bevölkerungsanteil. Besonnen brachte Stenkil die Bischöfe von dem geplanten Gewaltstreich ab, indem er ihnen erklärte, die Zerstörung werde zu einem empfindlichen Rückschlag der Mission führen. Die Bischöfe mußten sich dem fügen und ihre Missionstätigkeit in andere Gebiete Schwedens verlegen. Immerhin berichtet Adam stolz und wohl auch etwas übertreibend, daß die Bischöfe daraufhin »alle Götenstädte bereisten, die Götzenbilder zerbrachen und viele tausend Heiden für das Christentum gewannen«.

Selbst in der zweiten Hälfte des 11. Jahrhunderts, als sich auf dem Kontinent der große Streit zwischen Kaiser und Papst abzuzeichnen begann, gelang es im fernen Norden den Heiden und ihren Priestern noch immer, ihr Zentralheiligtum zu behaupten und die christlichen Missionare abzudrängen. Das damit verbundene Zugeständnis der freien Religionswahl fiel ihnen gewiß leichter als den Vertretern der Kirche. Die Durchsetzung des Christentums in Schweden vor allem im 12. Jahrhundert konnten sie dennoch nicht verhindern. Für die weitgehend friedliche Aneignung des neuen Glaubens spricht übrigens die unbekümmerte Weiterverwendung der Runenschrift. Die ersten einheimischen christlichen Texte in Schweden sind Inschriften auf Runensteinen. Seit der zweiten Hälfte des 10. Jahrhunderts finden sich sehr häufig Steine, deren Ornamentik ein Kreuz aufweist und deren Runeninschrift mit der Wendung »Gott helfe seiner Seele« Verstorbener gedenkt. Besonders eindrücklich repräsentiert die Situation des Übergangs ein Runenstein aus Enberga in Uppland, dessen Inschrift lautet: »Gisl und Ingemund, gute junge Männer, zum Gedächtnis von Halvdan, ihrem Vater, und Ödis, ihrer Mutter. Möge Gott ihrer [Femininum!] Seele helfen« (Abb. S. 127). Offensichtlich waren Ödis und ihre Söhne bereits Christen, während Halvdan als Heide gestorben war.

Der Runenstein U 808 von Enberga (Uppland, Schweden)

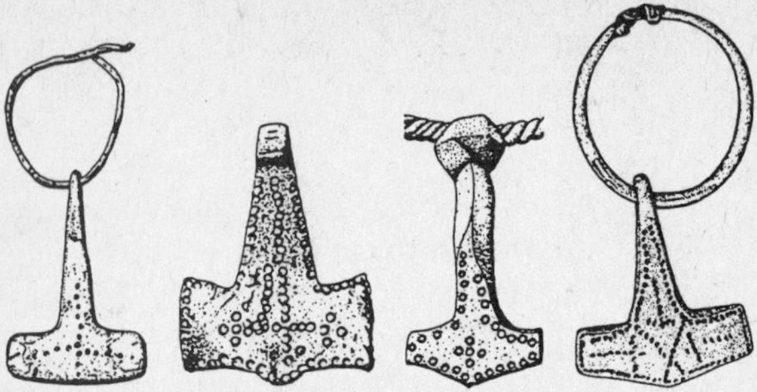

1 2 3 4

Thorshammer-Anhänger mit Kreuzsignatur, 10./11. Jahrhundert. Ca. 3,2–4,2 cm hoch.
1: *V. Stenby (Östergötland, Schweden).* 2: *Fønsskov (Fünen, Dänemark).* 3: *Kabbarp (Schonen, Schweden).* 4: *Lugnås (Västergötland, Schweden)*

Der Bevölkerung bereitete es in der langen Phase des Glaubensumbruchs scheinbar auch keine Probleme, religiöse Symbole auszutauschen und selbst in bestimmten heidnischen Göttern eine Art Präfiguration Christi zu sehen. Das belegen die in größerer Zahl gefundenen Thorshämmer, die, als Devotionalien verkauft und als Amulette getragen, sich ziemlicher Beliebtheit erfreut haben müssen. Überraschend ist nun die Existenz von Gußformen, mit denen je nach Kundenwunsch heidnische Thorsamulette oder christliche Kreuze hergestellt werden konnten (Abb. S. 39). Außerdem sind Thorshämmer zutage getreten, in die, wie hier abgebildet, das christliche Kreuzsymbol eingepunzt worden ist. Die Forschung hat diese merkwürdigen Befunde als typische Zeichen religiöser Ambivalenz und synkretistischer Vorstellungen einer Umbruchszeit zu erklären versucht. Dies dürfte jedoch ebenso vordergründig sein wie die gewiß nicht

Ljosvath zu überlassen. Die Entscheidung über Annahme oder Ablehnung des Christentums wurde demnach genauso gefällt wie bei der Beilegung von Fehden, ein bemerkenswerter und einzigartiger Vorgang in der germanischen Bekehrungsgeschichte. Nun schlug also die Stunde Thorgeirs. Als Heide alten Schlages wußte er, was zu tun war. »Er legte sich hin und breitete seinen Mantel über sich und lag da den ganzen Tag und die folgende Nacht und sprach kein Wort.« Nach diesem schamanistischen Ritual rief Thorgeir am nächsten Morgen die Thingversammlung zum Gesetzesfelsen und verkündete seinen Schiedsspruch: »Alle Menschen sollten christlich und die noch ungetauften getauft werden in diesem Land.« Entscheidend für dieses Urteil war, den Frieden der Gesellschaft zu bewahren, und dazu sollten alle »ein Gesetz und einen Glauben haben«. Das isländische Wort für ›Glauben‹ (*sidr*) ist übrigens präziser mit ›Sitte, Brauch, Gewohnheit‹ zu übersetzen. In den Quellen wird das Christentum daher auch als ›die neue Sitte‹ (*inn nyi sidr*) bezeichnet. Der ›Sittenwechsel‹ wurde also vollzogen, indem alle bei der Thingversammlung anwesenden Isländer getauft wurden. Gleichwohl hatte Thorgeirs Schiedsspruch Kompromißcharakter, denn die Annahme des Christentums war eher nominell, ist doch weder von einer Abschwörung der alten Götter noch von einer Taufunterweisung oder gar einer Lebensänderung die Rede. Außerdem wurden den Heiden bestimmte Zugeständnisse gemacht, so daß beispielsweise heimliches Opfern erlaubt blieb.

Auch wenn die Isländer die weitreichenden Folgen ihres Entschlusses vielleicht nicht überblicken konnten und ihnen im Moment mehr an der sozialen Funktion der Religion lag, war damit die entscheidende Weichenstellung vollzogen worden. Unabhängig vom Papsttum entstand allmählich die isländische Kirche. Der erste Bischof Islands war Isleifr Gizurarson (1056–1080), der zunächst auf dem väterlichen Hof in Skálholt residierte, den sein Sohn und Nachfolger Gizurr Isleifsson (1082–1118) zum ständigen Bischofssitz machte. 1106 kam als zweites Bistum Hólar hinzu. Beide Bistümer wurden 1152/1153 dem norwegischen Erzbistum Nidaros/Trondheim unterstellt. Wie auch in den anderen Ländern, so war die Basis für die Durchdringung des Landes mit dem neuen Glauben die Errichtung eines Netzes von Pfarreien. Bei einer Bevölkerung von rund 100000 Menschen gab es in Island zu Beginn des 13. Jahrhunderts immerhin 330 Kirchen, etwa 700 Kapellen und 450 Priester.

Damit war die Christianisierung Skandinaviens abgeschlossen. Sie hat sich lange hingezogen, von den ersten Anfängen im frühen 9. bis weit in das 11. Jahrhundert hinein. Bedingt durch die besondere politische Struktur, standen sich Polytheismus und Christentum über viele Generationen hinweg in gespannter Nachbarschaft und mehr oder weniger friedlicher Konkurrenz gegenüber. Wenn auch das Christentum immer stärker wurde, so muß das Heidentum doch, nicht zuletzt durch die Flexibilität seiner Benutzungsregeln, lange attraktiv geblieben sein. Zu den Besonderheiten dieser Situation gehörten der missionarische Einfluß von Laien in den Handelszentren und die für damalige Verhältnisse erstaunliche Kultfreiheit und Wahlmöglichkeit. Daneben ist, von Island abgesehen, die herausragende Rolle der Könige beachtenswert. Nicht umsonst verehrten Dänemark, Norwegen und Schweden jeweils einen ihrer Herrscher als ersten Landesheiligen. Sie wußten die Kirche auch für ihre politischen Pläne zu nutzen, dabei unbefangen an ihre frühere Rolle im polytheistischen Opferkult anknüpfend. Die bereits im 5./6. Jahrhundert einsetzende Machtkonzentration dominierender Geschlechter, die die religiöse, politische und wirtschaftliche Kontrolle ausübten, war im Norden ein die Zeitläufte überdauerndes Phänomen von langer Dauer. Nicht umsonst waren die Grenzen herrschaftlicher und kirchlicher Interessengebiete oft deckungsgleich. In Dänemark etwa entsprach die räumliche Großgliederung der überregionalen Odinsheiligtümer ungefähr derjenigen der ältesten christlichen Bistümer (Schleswig, Ribe, Aarhus,

Odense, Roskilde, Lund), so daß für bestimmte Zentren von einer Kontinuität ihrer sakralen und politischen Bedeutung gesprochen werden kann. Dementsprechend konnte man auch relativ unbefangen mit der eigenen heidnischen Geschichte umgehen. Selbst in den aus kirchlicher Feder stammenden Berichten von der Christianisierung werden die herrschenden Königsgeschlechter auf heidnische Götter zurückgeführt. Der Klerus machte sich nicht wie die christlichen Apologeten des Mittelmeerraumes früherer Jahrhunderte über Launen und Liebesaffären dieser mythologischen Gestalten lustig, sondern ließ sie als Vergangenheit gelten. Das war ein durchaus geschickter Schachzug, denn somit waren diese Götter ihrer Göttlichkeit beraubt, sie waren keine gestaltende Gegenwart mehr, sondern Vergangenheit, erinnerte Geschichte. Damit aber hatte Christus die Religionskonkurrenz im Norden gewonnen.

Entsprechend stolz vermeldete Adam von Bremen am Schluß seines Rückblicks auf dreihundert Jahre Kirchengeschichte von Hamburg-Bremen: »Die trotzigen Völker der Dänen, Norweger und Schweden, die nur barbarisch krächzen konnten, wissen nun längst zum Lobe Gottes das Halleluja zu singen. Diese Seeräubervölker, die einst alle Landschaften Frankreichs und Deutschlands verwüstet haben, begnügen sich jetzt mit ihren Ländern. [...] Jenes furchtbare Land, das wegen seines Götzenkultes immer unzugänglich gewesen war, [...] hat seine natürliche Wildheit abgelegt und läßt überall voller Eifer die Prediger der Wahrheit ins Land; vernichtet sind die Altäre der Götzen, allerorten werden Kirchen errichtet, und von allen wird der Name Christi im gemeinsamen Loblied öffentlich gepriesen. Das ist eine wunderbare Veränderung durch die Hand des Höchsten.«

Abgesehen vom Osten war damit im 11. Jahrhundert die religionsgeographische Zweiteilung Europas überwunden. Durch die Entstehung von Reichskirchen fand Skandinavien in der Folgezeit Anschluß an die Entwicklung des Konti-

Ausbreitung des Christentums in Skandinavien und Osteuropa, 10.–13. Jahrhundert

nents (Karte S. 136). Mit der Errichtung des Erzbistums Lund im Jahre 1104 waren die nordischen Kirchen nunmehr dem Papst in Rom direkt unterstellt. Sie bildeten eine selbständige Kirchenprovinz. Damit war der ehrgeizige Plan der Karolinger und der Hamburg-Bremer Erzbischöfe, der auf die Integration des Nordens in die Reichskirche zielte, endgültig gescheitert. Zwar vereinte der christliche Glaube Europa mehr und mehr, die Idee eines einheitlichen Reiches jedoch verkümmerte. Die Zukunft schien in dem Europa der Nationen zu liegen. Um so interessanter war die Frage, welchen Weg Osteuropa beschreiten würde.

6
Der Vorstoß aus dem Osten

Chronologische Übersicht

ab 833	ostfränkische und byzantinische Mission bei den Mähren
845	Taufe von 14 Stammesfürsten der Böhmen in Regensburg
ab 9. Jh.	Staatenbildung der Rus
ab 860	byzantinische Missionsversuche bei den Russen
865	Taufe des Bulgaren-Khan Boris (852–889; gest. 907)
869	Konstantinos-Kyrillos, Missionar, gest. (geb. 826/827)
ab 869	Aufbau einer slavischen Nationalkirche
ab 870	byzantinische Mission bei den Serben
885	Methodios, Missionar, gest. (geb. ca. 815)
927	Patriarchat von Bulgarien
954/955	Taufe der russischen Fürstenwitwe Olga (oder 957)
980–1015	Vladimir Fürst von Kiew
988/989	Annahme des byzantinischen Christentums durch die Russen

Die Lage zwischen Ost und West

Mission im frühen Mittelalter hat immer auch etwas mit der Ausdehnung und Sicherung von Einflußsphären zu tun. Das zeigt sich besonders an der Balkanhalbinsel, die wie ein Puffer zwischen dem fränkischen und dem byzantinischen Reich lag und dadurch die Interessen beider Machtblöcke berührte. Dieser Raum von Rußland bis Böhmen und südlich der Donau kam durch wechselvolle Machtverschiebungen und Staatenbildungen mehrere Jahrhunderte lang nicht zur Ruhe. Gerade deshalb mußte den etablierten Nachbarn an befriedenden Maßnahmen liegen, und dazu gehörten nun einmal der Aufbau verläßlicher politischer Allianzen und die Christianisierung. Da sich Ost und West zu dieser Zeit jedoch schon weit auseinanderentwickelt hatten, geriet auch der Balkanraum in diesen Strudel. Die mißliche Folge war die Aufteilung der slavischen Welt in römisch-katholische und griechisch-orthodoxe Einflußgebiete.

Bis zum 7. Jahrhundert verlief die Missionspolitik des oströmischen Kaiserreiches genauso wie die der fernen Franken. Die Bekehrung von Nachbarländern verschob einfach die Grenzen, politische Integration und Christianisierung waren weitgehend deckungsgleich. Mit zunehmender eigener Schwäche und bei gleichzeitigem Erstarken der slavischen Völker ließ sich dieses einfache Konzept jedoch nicht mehr halten. An die Stelle der schlichten Integration trat der kompliziertere Versuch der Hierarchisierung durch den Aufbau einer ›Familie der Könige‹. Die Fürsten der missionierten Völker wurden durch das Taufpatronat zu geistlichen Söhnen oder Brüdern erhoben, was keineswegs nur ein hohler Ehrentitel war. Denn so entstand, zumindest dem Ideal nach, ein ausgetüfteltes Abhängigkeitssystem auf der Basis erhofften gegenseitigen Wohlverhaltens. Der Kaiser bildete zwar die Spitze dieser ›internationalen‹ christlichen Gemeinschaft, zu ihrem Herrn vermochte er sich indes nicht mehr aufzuschwingen.

Die Annahme des Christentums verlief daher auch nicht nach dem imperialmissionarischen Modell wie etwa bei Friesen und Sachsen oder nach der skandinavischen Form. In erster Linie durch archäologische Funde nachweisbar, stand am Anfang das allmähliche Bekanntwerden mit dem Christentum durch verschiedenste Kontakte mit den Nachbarländern und mit einzelnen Kaufleuten, Missionaren oder Gefangenen. Über diese persönliche Vermittlung ist in den schriftlichen Quellen kaum etwas zu erfahren, sie muß aber offensichtlich für den späteren Glaubenswechsel von entscheidender Bedeutung gewesen sein. Unter diesen gleichsam staats- und kirchenunabhängigen Glaubensboten waren gewiß auch manche Scharlatane, Abenteurer und andere schillernde Figuren, die das eine oder andere Sektengrüppchen entstehen ließen, das dann für einige Zeit durch die Kirchengeschichte geistern sollte. In einem zweiten Schritt kam es nach dieser Phase des Kennenlernens zu aufsehenerregenden Taufen von Herrschern oder hohen Adeligen. Sie gingen in der Regel wohl auf persönliche Entscheidungen zurück, bekamen aber durch Patenschaften sofort eine unübersehbare politische Dimension. Diese getauften Fürsten haben dann drittens in Rom oder Byzanz um die Entsendung von Missionaren gebeten, wobei sie frei zwischen diesen Zentren wählten und sich überdies die jeweils andere Option offenzuhalten wußten. Da die Glaubensboten in ein schon weitgehend christianisiertes Land kamen, waren sie eher Lehrer und Organisatoren, die eine kirchliche Struktur aufbauen, Priester ausbilden und liturgische Fragen einschließlich der Sprachprobleme klären sollten. Wenn sich der Herrscher plötzlich umorientierte, konnte es ihnen allerdings auch passieren, daß sie infolge der Rivalität von Ost und West des Landes verwiesen wurden. Gleichwohl war damit die Formung eines christlichen Staatswesens abgeschlossen, woran selbst vorübergehende Gegenreaktionen nichts änderten. Solche heidnischen Rückzugsgefechte entstanden durch an die Macht gekommene Fürstensöhne, Rivalitäten zwischen christianisierter Elite und an den alten Sitten festhaltender Bauernschaft oder Aristokratie sowie ethnische Gegensätze, konnten aber meist rasch überwunden werden.

Entscheidend war freilich ein anderer Aspekt. Diese Form der Annahme des Christentums konnte nur im Kontakt mit einem der beiden Zentren der Christenheit vonstatten gehen, mit Rom oder Byzanz. Und da diese beiden sich nicht einig waren, entstanden lange nachwirkende Probleme. Belastet mit dieser Hypothek, vollzog sich die Hinwendung der Staaten zwischen Ost und West zum Christentum, die nach diesen generellen Bemerkungen nicht mehr in all ihren komplizierten Verästelungen, sondern nur noch im Überblick erzählt werden muß.

Die Mission bei den slavischen Stämmen

Das wohl berühmteste Missionsunternehmen der byzantinischen Reichskirche war die Entsendung der sogenannten Slavenlehrer Konstantinos-Kyrillos (826/827–869) und Methodios (um 815–885) nach Mähren im Jahre 863. Das großmährische Reich nördlich der Donau war in dem Machtvakuum entstanden, das die Zerstörung des Avarenreiches durch die Franken hinterlassen hatte. Nach Selbständigkeit strebend, stand es zunächst, gefördert durch innere Machtkämpfe, unter fränkischer Abhängigkeit. Ähnlich wie bei den Böhmen, von denen 845 in Regensburg vierzehn Lokalfürsten getauft wurden, war daher die Mission zunächst nach Westen orientiert. Der Mährenfürst Mojmír I. (830–846) wurde vermutlich 822 von Bischof Reginhard von Passau (gest. 837/838) getauft, sein von ihm vertriebener Rivale Pribina (gest. 860/861) flüchtete an den Hof Ludwigs des Deutschen (843–876) und empfing dort um 833 die Taufe.

Auch Rostislav (846–870) beugte sich der Oberherrschaft des fränkischen Kaisers, strebte aber insgeheim nach Unabhängigkeit. Dazu erschien ihm die Kirchenpolitik ein hilfreiches Mittel zu sein, und er bemühte sich in Rom um die Loslösung vom Erzbistum Salzburg und die Errichtung eines mährischen Erzsitzes. Das war natürlich mit den Ostfranken nicht zu machen, weshalb Rom abwartend taktierte. Als sich dann auch noch der politische Horizont durch ein drohendes Bündnis zwischen Deutschen und Bulgaren für Rostislav verdunkelte, vollzog er eine radikale außenpolitische Kehrtwende. Er verzichtete auf römische Unterstützung, warf die baierischen Missionare aus dem Land und wandte sich, immer mit dem Hintergedanken der Selbständigkeit, an die Macht im Osten. Sein Volk habe sich zwar vom Heidentum abgewandt, so schrieb Rostislav an den byzantinischen Kaiser Michael III. (842–867), »aber wir haben keinen solchen Lehrer, der uns in unserer Sprache den wahren christlichen Glauben erklären könnte«. Der Kaiser berief daraufhin eine Synode ein und entsandte im Jahre 863 die Brüder Konstantinos und Methodios, die vor allem durch ihre Kenntnis der slavischen Sprache ausgewiesen waren. Ihr Ziel war nicht die Mission, sondern die Entfaltung christlicher Bildung. Der Mährenfürst hatte dabei vor allem die Schaffung einer slavischen Nationalkirche im Blick.

Die entscheidende Neuerung der Brüder war der volkssprachliche Gottesdienst, wozu Konstantinos eigens die glagolitische Schrift geschaffen hatte, die später in vereinfachter Form als kyrillische Schrift weite Verbreitung fand. Mit ihren Schülern übersetzten sie Teile der Bibel, die Liturgie sowie Texte der Kirchenväter und des Kirchenrechts ins Slavische. Das aber führte zu Problemen, als sich der politische Wind wieder einmal gedreht hatte. Denn 864 war es Ludwig dem Deutschen gelungen, Rostislav erneut in seine Abhängigkeit zu zwingen, woraufhin das Land wieder den baierischen Missionaren offenstand. Denen aber paßte die byzantinische Konkurrenz nicht. Sie schwärzten diese beim Papst an mit dem Argument, man dürfe die Liturgie und die heiligen Schriften nicht übersetzen, sondern nur in den drei heiligen Sprachen Hebräisch, Griechisch und Lateinisch benutzen. In diesem an sich unnötigen Zwist machten nun Konstantinos und Methodios einen geschickten Schachzug, indem sie sich ihrerseits an Rom wandten. Papst Hadrian II. (867–872) war, anders als manche seiner Nachfolger, weise genug, die slavische Liturgie zu erlauben, um die Christianisierung der Mähren nicht zu gefährden und überdies das Land an Rom zu binden. Er erhob Methodios sogar zum Erzbischof von Sirmium. Das nützte diesem freilich wenig, denn in demselben Jahr 870 war Rostislav von seinem eigenen Neffen Svatopluk (870–894) gefangengesetzt worden. Nun stieg wieder der ostfränkische Einfluß. Die baierischen Bischöfe erkannten die Gunst der Stunde, verurteilten Methodios und setzten ihn auf der Reichenau in Klosterhaft. Svatopluk aber betrieb mit römischer Unterstützung die kirchliche Eigenständigkeit Mährens. Wenn das Reich nicht ab 906 unter dem Ansturm der Ungarn zerfallen wäre, hätte dieses Ziel auch erreicht werden können. So zeigt die Christianisierung des großmährischen Reiches im Spannungsfeld von Ost und West, wie ein geschickter Herrscher sich mit Hilfe des Papstes der Eingliederung in einen der Machtblökke entziehen konnte.

Ähnliche Schwierigkeiten ergaben sich bei der Christianisierung der Bulgaren, die besonders exponiert auf beiden Seiten der alten Ost-West-Grenze siedelten. Das Christentum hat sich in der Tiefebene der unteren Donau zumindest in kleinen Zellen seit der Spätantike halten können. Die entscheidende, einen langen Prozeß zum Abschluß bringende Taufe des Bulgaren-Khans Boris (852–889, gest. 907) wohl im Jahre 865 ließ sich aufgrund der politischen Konstellation kaum verhindern. In beständiger Fehde mit Byzanz liegend, hatte sich Boris 863 mit Ludwig dem Deutschen gegen die Mähren verbündet, was der fränkischen Mission Möglichkeiten eröffnet hätte. Das aber gefiel dem byzantinischen Kaiser Michael III. keineswegs, zumal der größte Teil Bulgariens rechtlich dem Patriarchen von Konstantinopel unterstand. Boris mußte sich schließlich der östlichen Übermacht beugen und die Taufe annehmen. Sie wurde in Bulgarien wohl durch einen griechischen Bischof vollzogen und stand unter dem Patronat des Kaisers, denn Boris nahm den christlichen Namen Michael an.

Fortan betrieb Boris-Michael, auch gegen Widerstände, eine konsequente Christianisierungspolitik, versuchte aber ebenso energisch, der Integration in die byzantinische Reichskirche zu entgehen. Geschickt nutzte er die wachsende Unstimmigkeit zwischen Papst Nikolaus I. (858–867) und dem Patriarchen Photios (858–867 und 877–886) in Konstantinopel für seine Belange und beorderte Gesandtschaften an Ludwig den Deutschen und den Papst, den er zur Einrichtung eines Erzbistums für Bulgarien bewegen wollte. Rom engagierte sich aber erstaunlicherweise nicht, so daß Boris sich schließlich enttäuscht der byzantinischen Reichskirche unterstellte. Durch den Aufbau einer nationalen kirchlichen Hierarchie und die Einführung der slavischen Schrift gelang es aber trotzdem, eine gewisse Eigenständigkeit zu erhalten.

Berühmtheit erlangt hat Boris-Michael durch einen Katalog von Fragen, den er an Papst Nikolaus I. geschickt hat und den dieser 866 in einem 106 Punkte umfassenden Lehrschreiben (*Responsa Bulgarorum*) beantwortet hat. Dieses sich auf dogmatische und kirchenrechtliche Probleme beziehende Dokument ist von bemerkenswerter Klugheit und erstaunlicher Aufgeklärtheit bestimmt, von Polemik gegen die Ostkirche allerdings nicht frei. Die Anfragen des bulgarischen Khans machen darüber hinaus einen Aspekt deutlich, der typisch ist für das Religionsverständnis heidnischer Völker. Sie kannten die Trennung von Heiligem und Profanem nicht, alle Lebensbereiche waren religiös bestimmt und mußten deshalb aus ihrer Sicht bei dem Glaubenswechsel verändert werden. Das schuf Unsicherheiten, und deshalb wandte sich Boris an die höchste religiöse Autorität. So wollte er wissen, welche Vögel und Tiere man essen dürfe, ob als Kriegstrophäe nun anstelle eines Pferdeschweifs ein Kreuz mitgeführt werden solle, wie die Mitgift bei einer Eheschließung auszusehen habe, ob man Kranken zur Heilung ein magisches Halsband umhängen könne und ob Frauen Hosen tragen dürften. Was für den bekehrten Heiden wichtige Probleme waren, gehörte für den Papst in das Gebiet des Weltlichen, in dem er sich für nicht zuständig erklärte. Fragen der Mode lagen für ihn außerhalb des genau abgegrenzten Bereiches des Heiligen. Etwas entnervt stellte er daher fest: »In euren Fragen fordert ihr ständig Gesetze für die weltlichen Angelegenheiten.« Antworten mußte er trotzdem, und so drangen Regelungsmechanismen in das Christentum ein, die noch zu allerhand Spannungen führen sollten.

Boris-Michael trat 889 in ein Kloster ein und übergab die Macht seinem Sohn Vladimir-Rasate. Als dieser das wiedererstarkende Heidentum begünstigte, mußte Boris noch einmal auf die politische Bühne zurückkehren. Er warf die heidnische Reaktion blutig nieder, um so sein Werk der Christianisierung zu retten, und setzte mit Symeon (893–927) seinen in Byzanz erzogenen zweiten Sohn als Khan ein. Nach seinem Tode wurde Boris später als Heiliger verehrt. Symeon führte Bulgarien zu einer kulturellen Blütezeit und erlangte anstelle der angestrebten byzantinischen Kaiserwürde immerhin den Titel eines Zaren. Unter dessen Sohn und Nachfolger Peter (927–969) wurden dann Boris-Michaels Träume wahr. Peter wurde der Basileus-Titel zuerkannt, und die bulgarische Kirche erhielt 927 ein eigenes Patriarchat. Diese Herrlichkeit währte allerdings nicht lange, denn nach militärischen Niederlagen wurde Bulgarien nach 1018 als byzantinische Provinz in das Reich eingegliedert und der Kirchenführer zum Erzbischof herabgestuft.

In ähnlicher Weise gerieten die südslavischen Kroaten und die Serben zwischen die Mühlsteine des Ost-West-Konfliktes. Die Kroaten wurden seit dem 7. Jahrhundert von Italien aus allmählich missioniert und blieben bei dieser Anbindung an Rom, obschon sie die slavische Kirchensprache annahmen. Sie bildeten die einzige westliche Kirche mit römischer Liturgie und Kirchenverfassung in slavischer Sprache. Serbien dagegen öffnete sich dem byzantinischen Einfluß. Der Anschluß an den Papst im 11. Jahrhundert blieb Episode. Ab 1219 baute das Königreich Serbien dann unter dem als Nationalheiligen verehrten Erzbischof Sava (um 1175–1236) eine eigenständige orthodoxe Nationalkirche auf. Im Verein mit politischen Autonomiebestrebungen haben die Unstimmigkeiten zwischen Rom und Byzanz so die Christianisierung auf der Balkanhalbinsel geprägt. Diese Gegensätzlichkeiten konnten nie überwunden werden, so daß sie sich bis in die Gegenwart in den Spannungen der Nationalitäten auswirken.

Die Entscheidung der Rus für Ostrom

Das Reich der Rus mit der Hauptstadt Kiev, dessen Frühgeschichte nicht leicht zu durchschauen ist, entstand wohl aus ostslavischen und skandinavischen Verbänden (Waräger), denen es gelang, ein gerade für den Handel wichtiges zusammenhängendes Herrschaftsgebiet von der Ostsee bis zum Schwarzen Meer zu bilden. Durch die Nachbarschaft zu christlichen Staaten und vor allem wohl durch die vielfältigen wirtschaftlichen Kontakte waren die Rus früh mit dem Christentum in Berührung gekommen. Möglicherweise gab es um die Mitte des 9. Jahrhunderts schon einen Chorbischof im Land. Die eigentliche Christianisierung hat dann unter der Kiever Regentin Olga (945–969) begonnen, der Witwe des Prinzen Igor.

Über Olgas Taufe gibt es verschiedene Versionen. Am wahrscheinlichsten ist, daß sie 954/955 in Kiev unter dem Patronat des byzantinischen Kaisers Konstantin VII. Porphyrogennetos (945–959) getauft und das dadurch entstandene Bündnis bei ihrem Besuch in Konstantinopel 957 gefestigt worden ist. Obwohl sie den Taufnamen Helena, den

Namen der Gattin des Kaisers, annahm und die Prachtentfaltung bei ihrem Empfang am byzantinischen Hof nicht ohne Wirkung gewesen sein dürfte, lag Olgas Bereitschaft zur Taufe ein kühl berechneter politischer Plan zugrunde. Durch die Anlehnung an Byzanz wollte sie die eigene, nicht unumstrittene Macht gegen die heidnische Opposition sichern und die internationale Autorität ihres Reiches stärken, dabei aber möglichst den byzantinischen Vorherrschaftsgelüsten entgehen. Nur so ist zu erklären, daß sie schon 959 eine Gesandtschaft an Otto den Großen schickte und ihn um einen Bischof und Priester für die Rus bat. Wieder bestand also die Gefahr, daß ein neu für das Christentum gewonnenes Land in den Ost-West-Gegensatz geriet, wiederum freilich fahrlässig von den Neugetauften selbst veranlaßt. Am Hofe Ottos wurde Olgas Ansinnen begeistert aufgenommen. Denn man betrieb gerade zu dieser Zeit die Erhebung Magdeburgs zum für alle östlich der Elbe zu gründenden Bistümer zuständigen Erzbistum. Schon hatte man wohl die Vision eines bis nach Kiev reichenden christlichen Imperiums.

Die Sache entwickelte sich freilich ganz anders, und der schöne Plan scheiterte kläglich. Die Wahl des Kaisers fiel auf den Mainzer Mönch Libutius, der aber erst zum Bischof geweiht werden mußte. Weitere Verzögerungen kamen hinzu, bis Libutius Anfang 961 starb. Nun mußte ein neuer Kandidat her, diesmal traf es auf Vorschlag des Mainzer Erzbischofs Wilhelm (954–968) den Trierer Mönch Adalbert (gest. 981), ein eklatanter Fehlgriff. Denn er hatte kein Interesse an der Mission und war tief enttäuscht, daß der Erzbischof keinen besseren Posten für ihn hatte. Halbherzig machte er sich auf die Reise, die eigentlich nur scheitern konnte. So kam es denn auch. Schon 962 meldete Adalbert seine erfolglose Rückkehr, immer noch klagend, daß Wilhelm ihm die beschwerliche Fahrt eingebrockt habe. Nun darf man nicht ihm allein die Erfolglosigkeit des Unternehmens vorwerfen, denn erstens war Kiev über die Entsendung eines schlichten Bischofs anstelle eines Erzbischofs enttäuscht und sah keinen Grund, sich in die Abhängigkeit von Magdeburg zu begeben. Und zweitens war Olga zu dieser Zeit wohl bereits von ihrem Sohn Svjatoslav (962–972), einem verwegenen Haudegen und heidnischen Kriegshelden, entmachtet worden. Sie ist übrigens seit dem 12. Jahrhundert als Heilige verehrt worden. Damit war der Einfluß des Westreiches auf die Kirche der Rus beendet, bevor er richtig begonnen hatte. Adalbert aber bekam später doch noch den ersehnten besseren Posten, er wurde 968 zum Erzbischof von Magdeburg erhoben.

Die offizielle Annahme des Christentums durch die Rus wurde dann von Olgas Enkel Vladimir (980–1015) vollzogen, der sich 988 in Kiev taufen ließ und bald darauf die Bevölkerung zu Massentaufen im Dnjepr drängte. In das Reich der Legende dürfte die Erzählung gehören, daß er vor seiner Entscheidung Abordnungen zu Vertretern der drei großen Religionen geschickt habe. Im Gegenteil, auch diesmal spielten politische Erwägungen eine entscheidende Rolle. Denn 987 benötigte der Kaiser Basileios II. (976–1025) die militärische Hilfe der Rus. Vladimir war bereit sie zu gewähren, forderte dafür aber die Hand einer byzantinischen Prinzessin. Er sollte sie bekommen, mußte sich zuvor allerdings taufen lassen. So geschah es dann auch. Vladimir erhielt den Taufnamen Basileios und wurde geistlicher Sohn sowie Schwiegersohn des Kaisers. Damit war die Eingliederung des Reiches der Rus in den kirchlichen und politischen Machtbereich von Byzanz endgültig vollzogen. Nun begann der Aufbau der Kirche, die sich durch die Übernahme der slavischen Schriftsprache eine gewisse Eigenständigkeit sichern konnte. Die größte Bedeutung bei der Christianisierung des Volkes kam dem Mönchtum zu. Da der neue Glaube allerdings ›von oben‹ verordnet worden war, erreichte die Predigt des Evangeliums die verstreut siedelnde bäuerliche Bevölkerung erst mit erheblicher Verzögerung, so daß sich heidnische Vorstellungen bis hin zum sogenannten Doppelglauben lange halten konnten. Vor allem Jaroslav der Weise (1019–1054) förderte den Ausbau und machte Kiev nach dem Vorbild Konstantinopels zu einer imposanten Metropole. Schon um 1020 gab es im Gebiet um Kiev mehr als 400 Kirchen. 1225 zerstörten Mongolen die Stadt, 1238 eroberten sie weite Teile des Reiches der Rus.

Insgesamt gesehen konnte in dieser Epoche das Christentum durch die Hinzugewinnung mancher Gebiete weiter verbreitet werden (Karte S. 136), nun jedoch in der Konkurrenz westlicher und östlicher Formen des Glaubens. Zur griechischen und lateinischen Sprache der Liturgie und der heiligen Schriften trat die slavische. Europa wurde nicht einiger unter dem einen Glauben, sondern begann, sich in Nationalitäten und Christenheiten aufzuteilen. Fortan führten nicht mehr alle Wege nach Rom.

7
Der Vorstoß in den Osten

Chronologische Übersicht

919–1024	Herrschaft der sächsischen Kaiser (Liudolfinger)
935–967	Fürst Boleslav I. von Böhmen
936–973	Otto I. der Große König und seit 962 Kaiser (geb. 912)
937	Gründung des Magdeburger Mauritiusklosters
948	Gründung der Missionsbistümer Brandenburg und Havelberg
955	Ottos Sieg über die Ungarn auf dem Lechfeld
960–992	Fürst Mieszko I. von Polen
966	Annahme des Christentums durch Mieszko
968	Gründung des Bistums Posen
968	Gründung des Erzbistums Magdeburg
968–981	Erzbischof Adalbert von Magdeburg

seit 970	Christianisierung der Ungarn
972	Gründung des Bistums Oldenburg (Abodritenmission)
973	Gründung des Bistums Prag
973–983	Kaiser Otto II. (geb. 955)
983–1002	Kaiser Otto III. (geb. 980)
983–997	Bischof Adalbert von Prag (geb. um 956)
983	Zusammenbruch der Mission durch Slavenaufstand
992–1025	König Boleslaw I. Chrobry von Polen (Piastendynastie bis 1370)
997–1038	Vajk-Stephan von Ungarn, König seit 1000/1001 (geb. um 970)
1000	Gründung des Erzbistums Gnesen, Polen autonome Kirchenprovinz
1001	Gründung des Erzbistums Gran, Ungarn autonome Kirchenprovinz
10. Jh.	Integration und Christianisierung des Sorbenlandes
1000–1150	Mission und Kirchenorganisation in Schlesien
1002–1024	Kaiser Heinrich II. (geb. 973)
1004–1009	Missionserzbischof Brun von Querfurt (geb. um 974)
seit 1045	Missionsversuche bei den Abodriten
um 1060	Wiedererrichtung des Bistums Oldenburg, Gründung der Bistümer Ratzeburg und Mecklenburg
1066	Wendenaufstand
12. Jh.	Beginn der Ostkolonisation
12. Jh.	Christianisierung der Pomeranen
1102–1139	Bischof Otto von Bamberg (geb. um 1065), Apostel der Pommern
1124/1125	Gründung des Bistums Lebus für die Mission im mittleren Odergebiet
1125–1137	Lothar von Süpplingenburg (geb. 1075), König und Kaiser
ab 1124	Mission im Gebiet um Stettin
1126–1134	Norbert von Xanten Erzbischof von Magedeburg (geb. 1080/1085)
1134–1170	Markgraf Albrecht der Bär von Brandenburg (geb. um 1100), Kirchenaufbau in der Nordmark
1139–1195	Herzog Heinrich der Löwe von Sachsen und Bayern (geb. ca. 1129/1130), unterwirft Abodriten und Liutizen

1140	Gründung des Bistums Kammin
1147	Wendenkreuzzug gegen Abodriten und Liutizen
1149–1154	Bischof Vicelin von Oldenburg, Missionar, (geb. um 1090)
1154/1160	Neu- bzw. Wiedererrichtung der Bistümer Ratzeburg (1154), Lübeck (um 1160) und Schwerin (1160)
seit 1180	erste Kirchen in Livland
1186–1196	Bischof Meinhard von Üxküll (geb. 1130/1135)
1198/1199	Gründung des Deutschen Ordens
seit 1201	gewaltsame Mission der Letten, Liven, Kuren und Esten durch Albert von Buxhoeveden (gest. 1229)
1202	Gründung des Schwertbrüderordens
1209–1239	Hermann von Salza, Hochmeister des Deutschen Ordens (geb. vor 1179)
1215–1244	Missionsbischof Christian von Preußen
1219/1228	Gründung des Bistums Reval als Suffragan von Lund
1228	Gründung des Ordens von Dobrin
ab 1231	Unterwerfung der Prußen durch den Deutschen Orden
1245/1255	Gründung des baltischen Erzbistums Riga
13./14. Jh.	Kampf des Deutschen Ordens gegen die Litauer
1386	Taufe des litauischen Großfürsten Jagiello, formelle Christianisierung
1387	Errichtung des Bistums Wilna

Die ottonische Mission im Osten

In seinem missionarischen Sendungsbewußtsein folgte Otto der Große einem leuchtenden Vorbild: Karl dem Großen, der seinem Stamm, den Sachsen, einst das Christentum gebracht hatte. In seiner Nachfolge verstand sich der sächsische Herrscher als Führer der Christenheit und wollte wie dieser den Glauben über die Grenzen des Reiches hinaus ausbreiten. Schon bei den Krönungsfeierlichkeiten in Aachen im Jahre 936, so Widukind von Corvey in seiner Sachsengeschichte, sei dieses Regierungsziel deutlich geworden. Denn der Erzbischof Hildebert von Mainz (926–937) habe

Otto das Schwert mit den Worten überreicht: »Empfange dieses Schwert und treibe mit ihm aus alle Widersacher Christi, die Heiden und schlechten Christen, da durch Gottes Willen alle Macht im ganzen Frankenreich dir übertragen ist, zum bleibenden Frieden aller Christen.« Ähnlich äußerte sich der Diplomat Liudprand von Cremona (um 920–970/972), wenn er Otto als »heidnischer Wut Bezwinger, dessen Kraft euch bringt den ersehnten Frieden«, rühmt. Der Friede als höchstes Ziel der Politik ist in jener Zeit oft beschworen worden, vermutlich deshalb, weil man ihn einerseits tatsächlich ersehnte und er andererseits meist ziemlich ferne war. Schon im Reichsinneren herrschten durchaus nicht immer Frieden und Eintracht, aber das ist eine andere Geschichte. Und an der deutschen Ostgrenze sorgten Slaven und Ungarn für beständige Unruhe, so daß hier unbedingt etwas geschehen mußte. Wie die Befriedung der heidnischen Nachbarvölker vonstatten gehen sollte, machen die Zitate allerdings unmißverständlich klar. Friede für das Reich bedeutete für sie erst einmal Krieg. Die Heiden wurden als Barbaren mit minderer Kultur angesehen, denen man mit dem richtigen Glauben den natürlich nur christlich definierten Frieden bringen mußte, und das ging nach dem Verständnis der Zeit am besten durch deren Integration in das Reich. Die Grenze zwischen Krieg und Mission war also fließend. Sie war es schon deshalb, weil seit den Tagen des Kirchenvaters Augustinus die Bekämpfung der Heiden zum Leitbild eines christlichen Königs gehörte. In diesen Bahnen dachte auch Otto, und er wollte seinen Beitrag zur Durchsetzung der Gottesherrschaft auf Erden leisten.

Die Ostmission muß von Anfang seiner Herrschaft an Ottos Pläne mitbestimmt haben, hervorgerufen wohl durch eine gewisse Aufgeschlossenheit den Slaven gegenüber, wozu seine illegitime Ehe mit einer vornehmen Slavin beigetragen haben mag. Vor seiner Krönung lebte Otto einige Zeit an der slavischen Grenze. 937 gründete er dort in Magdeburg das Mauritiuskloster, schon damals mit dem Fernziel, daraus ein für die Ostmission zuständiges Erzbistum zu schaffen. Dabei konnte er an die expansive Politik seines Vaters, König Heinrich I. (919–936), anknüpfen, der 929 durch den Sieg bei Lenzen die ostelbischen Slaven tributpflichtig gemacht hatte. Militärpolitisch ging Otto die Sache durch die Einrichtung von Markgrafschaften (Billunger Mark, Nordmark, Lausitzer und Meißener Mark) an. Die Markgrafen sollten die Unterwerfung der Elbslaven vorantreiben und die benachbarten Bischöfe sich um die Mission kümmern. Durchgreifende Erfolge stellten sich dennoch nicht ein, zumal führende Politiker des Reiches Ottos Pläne nicht gerade begeistert unterstützten. Denn die Herren an der Grenze sahen ihren Vorteil in den ungeheuren Möglichkeiten der Tributleistungen. Wenn aber die Slaven durch Christianisierung zu gleichberechtigten Glaubensgenossen erhoben würden, wären diese Gewinnchancen dahin gewesen. Otto ließ sich jedoch weder in seinem sakralen Herrscherverständnis noch in seiner imperialmissionarischen Politik beirren und trieb seine Pläne 948 durch die Errichtung der Missionsbistümer Brandenburg und Havelberg in der Nordmark voran. Deren Bischöfe Thiedmar (949–967) und Dudo (948–981) sollten das Christentum zu den Elbslaven bis hin nach Vorpommern tragen. Die sich damit verbindenden hochgespannten Erwartungen werden schon daran ablesbar, daß die Stiftungsurkunde für Brandenburg neben dem Markgrafen den päpstlichen Legaten sowie die Erzbischöfe von Mainz, Köln und Hamburg-Bremen als Zeugen aufführt. Die Neugründungen wurden als missionspolitische Maßnahme verstanden, weshalb dann auch im Text die Notwendigkeit betont wurde, dem christlichen Kult im Land der Heiden Raum zu schaffen. Zu durchschlagenden Erfolgen kam es dennoch nicht.

Entscheidend gefördert wurden Ottos Pläne durch seinen grandiosen Sieg auf dem Lechfeld am 10. August 955 über die das Reich durch ihre Raubzüge ständig herausfordernden Ungarn. Das Ansehen des Königs als Retter der Christenheit, das selbst durch die Grausamkeit seiner Slavenzüge nicht geschmälert wurde, steigerte sich gewaltig. Geschickt nutzte er sofort die Situation und verhandelte mit Papst Agapet II. (946–955) über die Errichtung von Magdeburg als Erzbistum für die Slavenmission. Aber auch jetzt fanden Ottos Ziele keine ungeteilte Zustimmung. Widerstand kam ausgerechnet von Ottos eigenem Sohn, dem Erzbischof Wilhelm von Mainz, der nicht so sehr die Mission als vielmehr seinen Einflußbereich im Blick hatte. Er war offenbar hartnäckig, denn obwohl Papst Johannes XII. (955–964) dem Heidenbekämpfer Otto anläßlich seiner Kaiserkrönung in Rom 962 seinen Lieblingswunsch erfüllte, konnte Magdeburg erst nach Wilhelms Tod 968 förmlich als Erzbistum gegründet und Adalbert, der einst in Kiev gescheitert war, unterstellt werden. Neben den bereits bestehenden Bistümern Brandenburg und Havelberg für das Liutizenland nordöstlich von Elbe und Havel wurden ihm die neuen Bistumssitze Merseburg, Zeitz und Meißen für das Sorbenland zwischen Saale und Elbe zugeordnet. Ein weiteres Bistum gründete Otto wohl 972 im ostholsteinischen Oldenburg für die Abodritenmission.

Den hochfliegenden Plänen des Kaisers konnte Magdeburg indes nicht entsprechen. Eine durchdachte Missionsstrategie gab es offensichtlich nicht, und die Slaven wollten lieber frei als christlich sein. Magdeburg geriet in eine Randposition. Die Mission aber endete unter des Kaisers Sohn und Nachfolger, Otto II. (973–983), in einer Katastrophe. Als er nämlich im Juli 982 bei Crotone in Süditalien gegen die Sarazenen eine vernichtende Niederlage erlitt, fühlten sich die von Tributforderungen bedrängten Slaven östlich der Elbe zu einem Aufstand ermutigt. Liutizen und Abodriten zerstörten 983 die Bistümer Brandenburg und Havelberg und machten für Generationen die Ansätze der ottonischen Missionspolitik zunichte (vgl. Quelle 25). Sein Erzbistum hatte Otto der Große erreicht, sein Missionsvorhaben aber war gescheitert. Der von ihm gegebene Impuls zur Ostmission wirkte jedoch weiter.

Die selbständigen Kirchenprovinzen Polen und Ungarn

Auch die Entwicklung des Christentums in Böhmen, Polen und Ungarn vollzog sich in engem Zusammenhang mit der Missions-, Kirchen- und Machtpolitik des Reiches. Um der deutschen Vorherrschaft, die stets Widerstand hervorrief, zu entgehen, wurden jedoch neue Wege gesucht und auch gefunden. Standen bei manchen Heereszügen der Kaiser Otto II. und Otto III. (983–1002), für den zunächst seine Mutter Theophanu (geb. um 960) und nach deren Tod 991 seine Großmutter Adelheid (um 931–999) die Regentschaft führten, der Drang nach Rache für den Aufstand von 983 und die Gier nach Beute im Vordergrund, so setzte sich allmählich doch die Überzeugung durch, daß die Christianisierung neuer Länder nicht unbedingt mit deren Eingliederung in das Reich verbunden sein müsse.

In Böhmen war zu Beginn des 10. Jahrhunderts die Dynastie der Przemysliden, die bis 1306 herrschen sollten, an die Macht gekommen. Ihr Stammvater Borziwoj (gest. um 894) ist vermutlich um 880 von Methodios getauft worden. In den folgenden Auseinandersetzungen zwischen Christen und Heiden starben seine fromme Gattin Ludmila (860–921) und sein Enkel Wenzel I. (921–935) den Märtyrertod und wurden später als Heilige verehrt, was das Ansehen der Familie erheblich steigerte. Unter Boleslav I. (935–967) konnte sich Böhmen der westlichen Übermacht nicht mehr entziehen, er mußte 950 Otto dem Großen die Lehnshuldigung leisten. Gleichwohl bemühte er sich um weitere Bündnisse und verheiratete seine Tochter Dobrava (gest. 977) mit dem Polenfürsten Mieszko (um 960–992), der sich möglicherweise unter ihrem Einfluß 966 zur Taufe entschloß. Auch durch das zur Erzdiözese Mainz gehörende, 973 gegründete Bistum Prag, dessen erster Bischof der Sachse Thietmar (gest. 982) war, wirkte sich positiv auf die Mission in Polen und Ungarn aus. Andererseits führten die Abhängigkeit vom Reich und der offenkundige Zusammenhang von Herrschaftsstabilisierung und Christianisierung dazu, daß sich der Widerstand gegen die neue Religion lange halten konnte. Das bekam insbesondere Bischof Adalbert von Prag (983–997) zu spüren. Der später als Märtyrer sowie Schutzpatron von Böhmen und Polen verehrte Mann entstammte der mächtigen Familie der Slavnikiden, die in politischer Gegnerschaft zu den Przemysliden stand. Deshalb und wegen seines asketischen Reformeifers, der den Gottesstaat auf Erden auch mit politischen Mitteln durchsetzen wollte, mußte er 995 endgültig sein Bistum verlassen. Daraufhin entschloß sich Adalbert zur Mission bei den Pruzzen an der Ostseeküste. In beachtlicher Weise stellte er sich dort mit seinen Mitarbeitern auf die Heiden ein. Als er nämlich merkte, daß diese das äußere Erscheinungsbild der Missionare mit ihren Tonsuren und rasierten Gesichtern irritierte, forderte er, »die Kleidung entsprechend zu ändern, Haare und Bärte wachsen zu lassen, wie es bei den Eingeborenen üblich war«. Aber auch diese Anpassung nützte nichts. Am 23. April 997 erlitt Adalbert vermutlich bei Elbing den Märtyrertod, was bei den Christen Entsetzen und Verehrung zugleich auslöste. Die weitere Durchsetzung des Christentums in Böhmen, das seit dem 11. Jahrhundert als deutsches Reichslehen galt, ging wegen der Abneigung gegen die deutsche Dominanz nur langsam voran.

Die unendliche Geschichte der Verbindung von Mission und Politik setzt sich auch bei der Christianisierung Polens fort. Wie das Ottonenreich, so stand auch das bereits gefestigte Polen in ständiger Auseinandersetzung mit den Slavenstämmen an der Ostsee. Zur Sicherung seines Herrschaftsgebietes lag es daher für den aus der Polen bis 1370 beherrschenden Dynastie der Piasten stammenden Fürsten Mieszko I. nahe, eine distanzierte Freundschaft mit dem mächtigen Nachbarn einzugehen. Voraussetzung dieser Allianz war die wohl 966 vollzogene Taufe, die die allmähliche Christianisierung Polens einleitete (vgl. Quelle 26). So willkommen Mieszko die deutsche Hilfe im Kampf gegen die Slaven war, so sehr war ihm trotzdem an Unabhängigkeit von der Reichskirche gelegen. Der erste Bischof des 968 gegründeten Bistums Posen war daher der aus Böhmen kommende, direkt dem Papst unterstellte Missionsbischof Jordan (968–984). Um der drohenden Unterstellung unter das Erzbistum Magdeburg zu entgehen, griff Mieszko kurz vor seinem Tod zu einem höchst ungewöhnlichen, bislang noch nicht dagewesenem Mittel. Er übereignete nämlich sein Land mitsamt der Herrscherfamilie in einem Rechtsakt Papst Johannes XV. (985–996) und unterstellte sich so dem Schutz Roms. Das war die erste Schenkung eines vollständigen Staatswesens an den Heiligen Stuhl. Konsequenterweise erhielt das polnische Christentum eine lateinische Prägung in einer bis heute besonders engen Bindung an Rom. Diese Aktion hatte zweifelsohne eine Stoßrichtung gegen die imperiale Kirchenpolitik des deutschen Reiches, entsprach im Kern aber dem altbekannten Ziel neu christianisierter Herrscher, sich durch ein Erzbistum Selbständigkeit zu sichern.

Dementsprechend war Mieszkos Sohn und Nachfolger, Boleslaw Chrobry (992–1025), bestrebt, seine Machtposition zu nutzen und die eigenständige polnische Kirchenprovinz auszubauen. Freilich mußte dafür auch das Verhältnis zum deutschen Reich geklärt werden. Willkommene Hilfestellung bot dabei der Märtyrertod Adalberts, von dem sowohl Otto III. wie auch Papst Silvester II. (999–1003) tief beeindruckt waren. Sie verehrten ihn als Heiligen und waren daher mit der Errichtung eines Erzbistums in seinem Grablegeort Gnesen, der polnischen Hauptstadt, einverstanden. Otto III. unternahm sogar eine Wallfahrt zum Grabe seines geistlichen Vaters Adalbert, die im Jahre 1000 zu dem vieldiskutierten ›Akt von Gnesen‹ führte (vgl. Quelle 27). Um diesen Pilgerzug ranken sich manche gelehrte Konstruktionen bis hin zu einem angeblichen Komplott von Boleslaw und dem Papst gegen den Kaiser. Eher wird es so gewesen sein, daß der gerade zwanzigjährige Otto III. in erster Linie aus persönlich-religiösen Gründen das Grab Adalberts aufsuchen wollte und dann die Gelegenheit nutzte, um das politische Verhältnis zu Polen zu regeln. Wie dem auch sei, der Kaiser gründete nach Absprache mit Silvester II. das Erzbistum Gnesen, dem die neuen Bistümer Kolberg, Krakau und Breslau zugeordnet wurden. Damit verbunden war eine politische Rangerhöhung Polens, denn Boleslaw wurde in die ›Familie der Könige‹ erhoben, was durchaus nicht jedem Zeitgenossen zusagte. Unübersehbar ist die Bedeutung des Erzbistums für die staatliche Konsolidierung des Landes. Das eigentlich Überraschende an diesen Ereignissen ist die Abkehr Ottos III. von der imperialmissionarischen Politik seiner Vorgänger, denn das, was diese nach Kräften zu verhindern suchten, förderte er sogar. Damit setzte sich die von Rom schon lange verfolgte Linie durch, jedem Volk eine gewisse Eigenständigkeit zuzugestehen. Entgegen modernen Konstrukten weitgespannter missionspolitischer Konzepte kam es dem Kaiser, der während der Gnesenreise den bezeichnenden Titel *servus Jesu Christi* führte, wohl in der Tat darauf an, das Christentum in Polen zu stabilisieren. Als Schwäche ist ihm deshalb sein Verhalten auch nicht ausgelegt worden, im Gegenteil. Die Buchmalerei des Reichenauer Scriptoriums jedenfalls rühmte ihn durch Prachtbilder, auf denen Roma, Gallia, Germania und nun auch Sclavinia dem Kaiser huldigen (Abb. S. 158).

Bei der Christianisierung Ungarns ging es wieder einmal um eine Entscheidung zwischen Ost und West. Die Raubzüge dieses Nomadenvolkes finno-ugrischen Ursprungs stießen bei ihren Nachbarn derartig auf Widerstand, daß sich vor allem nach der vernichtenden Niederlage auf dem Lechfeld 955 bei der Oberschicht die Meinung durchgesetzt haben mag, der christliche Gott sei doch mächtiger als die eigenen Gottheiten. Byzanz hatte erhebliches Interesse an den Ungarn, weil es Hilfe gegen die Bulgaren brauchte. Vielleicht angelockt durch üppige Geschenke und Ehrun-

Die Provinzen Sclavinia, Germania, Gallia und Roma huldigen Kaiser Otto III. Buchmalerei aus einem Evangeliar, Reichenau, Ende des 10. Jahrhunderts

gen, ließen sich noch vor der Katastrophe von 955 die Ungarnfürsten Bulcsu und Gyula in Konstantinopel taufen. Während Gyula sich in seinem Herrschaftsgebiet tatsächlich um die Christianisierung bemühte, hatte Bulcsu den Glauben nur vorgetäuscht. Denn er dürfte die Ungarn gegen Otto den Großen geführt haben und wurde nach der Niederlage gehängt. Danach fanden auch die Geschenke der Byzantiner ein abruptes Ende, und es kam sogar zu Feindseligkeiten zwischen beiden Ländern. Kontakte nach Rom versandeten ebenfalls, so daß Großfürst Géza (972–997) schließlich sein Land der Mission aus dem Westen öffnete, die jedoch nur schleppend in Gang kam. Die mit der Westorientierung verbundene systematische Christianisierung des Landes erfolgte unter Gézas Sohn und Nachfolger Vajk (997–1038), der nach seiner Taufe den Namen Stephan annahm und seit 1083 als Nationalheiliger verehrt wurde. Von heidnischer und byzantinischer Opposition angestiftete Bruderkriege zeigen, wie schwierig dieses Unterfangen war. Dennoch gelang es Stephan, seine Herrschaft zu stabilisieren und für den Ausbau der Kirchenverfassung zu sorgen. Entscheidende Hilfe leistete dabei Otto III. Im Grunde wiederholten sich jetzt in Ungarn die aus Polen bekannten Vorgänge. Nach einem allerdings späteren Zeugnis, einem Brief von Papst Gregor VII. (1073–1085) aus dem Jahre 1074, soll Stephan sein Reich dem heiligen Petrus übergeben haben. Im Winter 1000/1001 erhoben Otto III. und Papst Silvester ihn zum König und errichteten das Erzbistum Gran (Esztergom). Als erster Erzbischof wurde mit dem deutschstämmigen Astric (Anastasius-Ascherich; gest. vor 1039) ein Schüler Adalberts von Prag eingesetzt. Die altbekannte Verquickung von Mission und Macht zeigte sich in Stephans Bistumspolitik. Um seine zentralistische Herrschaft zu sichern, errichtete er Bistümer überall dort, wo seine Familie, die Arpáden, eine ständige Pfalz besaßen. Überdies setzte er auswärtige Kleriker als Bischöfe ein, um die Kirchenämter dem begehrlichen Zugriff des Adels zu entziehen. Kirchen wurden vor allem an Marktorten gebaut, was sich bis heute in dem ungarischen Wort für Sonntag, *vasarnap*, niederschlägt, denn es bedeutet ›Markttag‹. Auch eine heidnische Reaktion ab 1038 konnte Stephans Werk nicht zerstören, so daß unter Ladislaus I. (1077–1095) das Christentum in Ungarn immer mehr gefestigt werden konnte.

Mit der Begründung der selbständigen christlichen Staaten in Polen und Ungarn rundete sich das Bild des dem Christentum folgenden Europa mehr und mehr ab (Karte S. 136). Ähnlich wie in Skandinavien verbanden sich auch hier staatliche Konsolidierung und nationale Integration des neuen Glaubens zum Aufbau lebendiger Kirchen. Das ältere Konzept der imperialmissionarischen Integration in das Reich ließ sich in dieser Phase der europäischen Geschichte nicht mehr durchsetzen. Die autonomen Kirchenprovinzen Polen und Ungarn richteten sich dagegen stärker nach Rom aus, was im Falle Polens die politische Identität bis in die Gegenwart prägen sollte. Auch wenn sich die innere Christianisierung erst vom 11. Jahrhundert an wirklich durchsetzte, waren beide Staaten als östliche Vorposten des römischen Christentums gegen Byzanz und Rußland fortan Bestandteile des christlichen Abendlandes.

Die Christianisierung der nordöstlichen Slavenstämme

Mit Ausnahme des östlich der Saale gelegenen Sorbenlandes waren sämtliche Missionsversuche der Karolinger und der Ottonen im Gebiet der Elb- und Ostseeslaven gescheitert. Schlimmer noch, der Wendenaufstand von 983 hatte selbst die zaghaften Anfänge erstickt, woran auch die seit 985 nahezu jährlich unternommenen Kriegszüge des Reiches nichts zu ändern vermochten. 1003 schloß König Heinrich II. (1002–1024) in Quedlinburg sogar ein Bündnis mit den Liutizen gegen Polen, in dem er ihrem heidnischen Kult offiziell Duldung gewährte, ein bemerkenswerter Vorgang, der nicht unerheblich zur Stabilisierung der slavischen Herrschaft beitrug. Der Herrscher mußte sich dafür die tadelnde Kritik des Missionserzbischofs Brun von Querfurt (1004–1009) anhören, der in Siebenbürgen sowie am unteren Dnjepr missioniert hatte und im Gebiet der preußischen Jadwinger den Märtyrertod fand. Heinrich solle, so Brun in einem meisterlich komponierten Brief des Jahres 1008, sich nicht mit Heiden verbünden, sondern besser um des Christentums willen mit ihnen Krieg führen und sie zum Glauben nötigen (*compellere intrare*). Der Missionar forderte den König also zu einem Heidenkrieg auf, eine ebenfalls bemerkenswerte Tatsache. Soweit war es jedoch noch nicht. Zunächst nutzten die Liutizen ihre Sonderstellung auf besondere Weise. Im Februar 1018 griffen sie nämlich unter einem Vorwand das abodritische Brudervolk an und stürzten dessen Fürsten Mstislav, der Christ war. Diese zweite Katastrophe nach 983 war das vorläufige Ende der Slavenmission. Die Wenden mußten geradezu die Behauptung ihrer politischen Eigenständigkeit als Sieg ihrer Götter verstehen, an deren Verehrung sie deshalb um so intensiver festhielten.

Diese Situation sollte sich im 12. Jahrhundert grundlegend ändern. Denn mit dem Beginn der Kolonistenbewegung, die aus dem bevölkerungsreichen Westen allmählich in den dünn besiedelten Osten vordrang, wurde auch die Christianisierung wieder gefördert. Getragen von deutschen Fürsten, Ritterorden und Mönchen, wurde dadurch bis zum 15. Jahrhundert der Herrschaftsbereich des Reiches bis weit in den Osten hinein ausgedehnt. Es war dies zugleich die Zeit der Kreuzzüge. Die damit verbundene Mentalität stachelte den Missionseifer gegen die Heiden an, so daß, anders als bei fast allen Missionsunternehmungen zuvor, die Gewaltanwendung nun eine größere Rolle spielte. Außerdem mischten sich wie so häufig christliche mit weniger idealen politischen Motiven. Bei den Wenden hat dieses Verfahren die Attraktivität des Christentums nicht gerade erhöht. Bei der Einschätzung dessen muß man sich indes immer wieder klar machen, daß es sich hier abseits aller wirtschaftlichen und politischen Verbindungen um den Kampf unterschiedlicher Kulturen und religiöser Systeme handelte, dessen Eigendynamik nicht nach den Maßstäben der Aufklärung beurteilt werden kann. Gerade weil nach Auffassung der Kirche die völlig andere Gottesvorstellung der Heiden diese zwangsläufig in die ewige Verdammnis führen mußte, glaubte man, sie nach mehreren friedlichen Versuchen schließlich zum Christentum zwingen zu müssen, und fühlte sich zur Gewalt- oder Schwertmission legitimiert. Oft genug werden auch einfache Rachegelüste eine Rolle gespielt haben, waren doch die Gegenzüge der Wenden überaus brutal. Um so beachtlicher ist es, daß schon in dieser Epoche manch einer die Ansicht vertrat, nur durch individuelle Überzeugungsmission könnten Menschen wirkungsvoll zum christlichen Glauben geführt werden. Zu bedenken ist schließlich, daß durch die Kolonisationsvorgänge ein freiheitlicheres Lebensmodell nach Osten exportiert wurde, das ein höheres Maß an Mobilität und gesellschaftlicher Energie freizusetzen vermochte. Mag dies auch von der einheimischen Bevölkerung zunächst kritisch betrachtet worden sein, setzte sich doch bald der Effekt der Nachahmung durch. Insofern versteht man heute die deutsche Ostsiedlung als Verwestlichung jenes Teils Europas, der sich bislang ohne den Rückgriff auf die römische Tradition entwickeln mußte. Die Annahme des Christentums in seiner lateinischen Form und die Kolonisation sind zwei Etappen auf diesem Weg der Europäisierung, welcher Wirtschaft und Gesellschaft des östlichen Mitteleuropa tiefgreifend veränderte.

Die Wendenverbände bestanden aus Kultgemeinschaften jeweils mehrerer Kleinstämme, deren Entwicklung hier am Beispiel der Abodriten erzählt werden soll. Als im 11. Jahrhundert die Stellung der Liutizen durch innere Streitigkeiten geschwächt war, begann seit etwa 1045 Fürst Gottschalk (gest. 1066) einen zentral gelenkten abodritischen Staat aufzubauen. Der im Lüneburger Kloster St. Michael christlich erzogene Herrscher war an einer Verständigung mit dem Reich interessiert und förderte deshalb nach Kräften die Christianisierung der wendischen Kleinstämme zwischen Trave und Warnow (vgl. Quelle 28). Unterstützt wurde er dabei sowohl von Dänemark wie auch von Erzbischof Adalbert von Hamburg-Bremen. Kirchen und Klöster wurden gebaut und um 1060 Bistümer in Oldenburg wieder und in den wendischen Residenzen Ratzeburg und Mecklenburg neu errichtet. Gottschalk selbst verkündigte als Laienprediger in Mecklenburg das Evangelium. Seine Erfolge waren vielversprechend, aber er bewegte sich auf dünnem Eis. Denn die Liutizen stachelten ständig die von Gottschalk unterschätzte abodritische heidnische Opposition an, die nur durch die Macht Adalberts am Zuschlagen gehindert wurde. Und so bedurfte es nur eines geringen Anlasses, um die Katastrophe herbeizuführen. Er lag in der Reichspolitik. Erzbischof Adalbert war ein ehrgeiziger Mann und meinte wohl, seine vormundschaftliche Regierung für König Heinrich IV. (1056–1106) zu rücksichtsloser Erwerbspolitik nutzen zu können. Das rief den Widerstand der deutschen Fürsten hervor, die auf dem Reichstag zu Tribur 1066 seine Entlassung als Berater des ein Jahr zuvor mündig gewordenen Königs durchsetzten. Adalberts Sturz aber zog Gottschalks Ende nach sich. Die Liutizen zettelten einen Aufstand an, und für mehr als ein Jahrhundert brach das Kirchenwesen in Mecklenburg wieder zusammen (vgl. Quelle 29). Die Rache der Heiden war fürchterlich. Am 7. Juni 1066 wurde Gottschalk mit seinem Gefolge in Lenzen an der Elbe erschlagen, der Priester Yppo wurde auf dem Altar ermordet. Am 19. Juli wurde Ratzeburg eingenommen und der Mönch Answer mit vielen anderen Gläubigen gesteinigt. Ein schreckliches Martyrium erlitt der greise Bischof Johannes von Mecklenburg, der geschlagen und verstümmelt in das Zentralheiligtum Rethra geschleppt und dort enthauptet wurde. Den auf eine Lanze gespießten Kopf brachte man dann dem Gott Zuarasi als Opfer dar. Gottschalks Witwe Sigrid, Tochter des dänischen Königs Sven Estridsen (gest. 1074/1076), wurde ausgepeitscht und nackt aus dem Lande gejagt. Und schließlich wurde auch noch Adalberts Erzsitz Hamburg eingenommen und zerstört. Heinrichs IV. Zug gegen die Wenden im Winter 1068/1069 war in seiner Wirkung nicht besser, galt er doch allein der Rache. Die Brutalität auf beiden Seiten hatte die Ausbreitung des Christentums in Mecklenburg für Jahrzehnte unmöglich gemacht.

Erst im 12. Jahrhundert sollte sich das Blatt wieder wenden. Lothar von Süpplingenburg (1125–1137), der spätere Kaiser Lothar III., eröffnete durch seine Markenpolitik in Holstein und Mecklenburg der Kirche neue Missionsmöglichkeiten. Genutzt wurden sie etwa durch den mit der Leitung des wieder eingerichteten Bistums Oldenburg betrauten Augustiner-Chorherren Vicelin (1149–1154), der als Prediger und Seelsorger erfolgreich das Evangelium verkündigte (vgl. Quelle 30). Markgraf Albrecht der Bär (1134–1170) sorgte für den Aufbau der Kirche in der sächsischen Nordmark und richtete die Bistümer Brandenburg und Havelberg neu ein. In der Ausdehnung seiner Herrschaft konkurrierte er mit dem Welfen Heinrich dem Löwen (1139–1195). Die Neuaufnahme der Missionsarbeit unter den Wenden war also auf einem guten, vor allem aber friedlichen Weg. Dann aber wurden die Verhältnisse wieder verworren, und zwar durch den Wendenkreuzzug des Jahres 1147, den man das törichtste Unternehmen des 12. Jahrhunderts genannt hat. Albrecht und Heinrich waren die Anführer der beiden Heereszüge gegen Liutizen und Abodriten.

Wie konnte es zu dieser Abkehr von dem bisherigen Kurs kommen? Bernhard von Clairvaux (1090–1153) war es, der auf dem Frankfurter Reichstag am 19. März 1147 die Fürsten mit flammenden Worten zum Kreuzzug gegen die Wenden aufrief. Vernichtung oder Bekehrung war die grausame

Alternative, die der Prediger ausgab und die von Papst Eugen III. (1145–1153), wenn auch maßvoller, abgesegnet wurde. Mit ›Vernichtung‹ war natürlich die heidnische Religion, nicht das Volk der Wenden gemeint, aber wer vermochte in einer so aufgeputschten Stimmung schon so klar zu differenzieren? Kaum einer fragte danach, ob das der Missionsarbeit förderlich sein würde, im Gegenteil, begeistert wurde der Plan aufgenommen und rasch in die Tat umgesetzt. Dabei mag es eine Rolle gespielt haben, daß die sächsischen Großen wenig Lust verspürten, sich an dem zweiten Kreuzzug gegen den Islam (1147–1150) zu beteiligen, für dessen Zustandekommen Bernhard eigentlich verantwortlich war. Sie entschuldigten sich mit dem Hinweis, an ihren eigenen Grenzen gegen Heiden kämpfen zu müssen. Das nutzte Bernhard geschickt aus, und auch die Fürsten konnten von dem Arrangement profitieren. Denn nun konnten sie ihre Macht ausdehnen und dafür sogar noch Sündenvergebung erlangen. Um Missionsziele ging es in dem Kreuzzug kaum, sondern vor allem um die Durchsetzung politischer Interessen. Trotz immensen Aufwands scheiterte die Sache dann auch kläglich. Das in das Liutizengebiet einfallende Heer zog eine Spur der Verwüstung bis zur Burg Demmin, konnte sie aber wohl nicht einmal einnehmen und zog sich wieder zurück. Noch schmachvoller war der nördliche Zug. Dort kam nämlich der Mecklenburger Abodritenfürst Niklot (1131–1160) den Kreuzfahrern zuvor und fiel seinerseits in Wagrien ein. Als Niklot sich dann bereit zeigte, mit seinem Volk das Christentum anzunehmen, beeilte man sich, das Kreuzheer aufzulösen. Die paar Taufen, die Niklot vornehmen ließ, waren wertlos. Das ganze Unternehmen hat die Wenden nur für das Christentum unzugänglicher gemacht. Wieder einmal hatte sich gezeigt, daß Mission und Machtpolitik nicht zusammengehören.

Nach 1147 wurde das Christentum bei den Wenden durch die Anwerbung von Siedlern vor allem aus Flandern, Friesland und Westfalen gefördert, und die so entstehenden deutschen Gemeinden wurden zu Trägern der sich zögernd ausbreitenden Mission. Ein leichtes Unterfangen war das nicht, hatten die sächsischen Lehnsherren doch nach wie vor in erster Linie Interesse an Tributzahlungen. Einsichtige Kirchenleute wie Helmold von Bosau (um 1120 – nach 1177) wußten, daß die Wenden deshalb lieber ihren alten Göttern die Treue hielten (vgl. Quelle 31). Man wiederholte also die gleichen Fehler, an denen Jahrhunderte früher schon Karl der Große gescheitert war. Gleichwohl konnten die Bistümer Ratzeburg (1154), Lübeck (um 1160 anstelle von Oldenburg) und Schwerin (1160 anstelle von Mecklenburg) wieder- bzw. neueingerichtet werden. Unterstützt wurde Heinrich der Löwe dabei von dem Abodritenfürsten Pribislav (1167–1178), dem Sohn Niklots, der inzwischen das Christentum angenommen hatte. Pribislav förderte den neuen Glauben nach Kräften, wovon der umsichtige und angesehene Bischof Berno von Schwerin (1155/1160–1190) profitierte. Dieser sorgte für den Bau des 1171 geweihten Schweriner Domes, die Gründung der Zisterzienserklöster Doberan (1171/1186) und Dargun (1172) sowie den Aufbau eines Pfarreinetzes im Bistum Schwerin. Als 1168 von dem dänischen König Waldemar dem Großen (1157–1182; Abb. S. 167) Rügen mit dem berühmten Zentralheiligtum des Gottes Svantevit in Arkona auf Wittow erobert wurde und die Ranen das Christentum annahmen (vgl. Quelle 32), war Berno ebenfalls beteiligt. Auf der zerstörten Kultstätte wurde nach der üblichen Vorgehensweise eine Kirche errichtet. Bei dem Bau des Gotteshauses von Altenkirchen ging man in der Überwindung heidnischer Symbole besonders drastisch vor: Ein grabsteinartiges Halbrelief, das bis heute als Svantevitstein bekannt ist, wurde liegend im unteren Teil der östlichen Außenwand (durch nachträglichen Anbau einer Waffenkammer heute Innenwand) des südlichen Kreuzarmes des romanischen Kirchenschiffes eingemauert (Abb. S. 168). Es zeigt einen bärtigen Mann, der

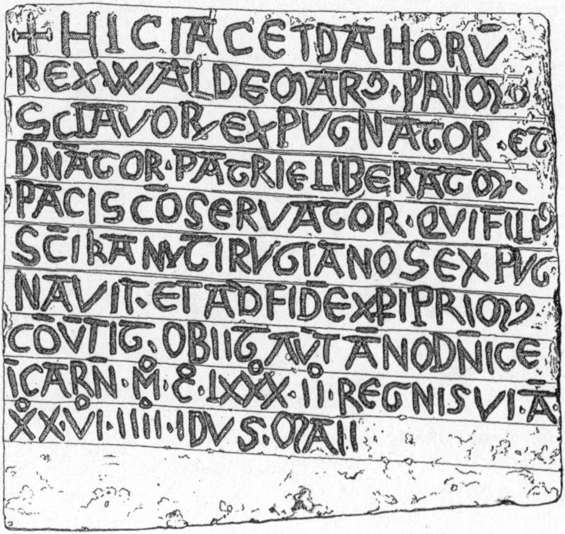

Bleiplatte vom Grab König Waldemars des Großen in Ringsted (Dänemark). Die Übersetzung der lateinischen Inschrift lautet: »Hier ruht der Dänen König Waldemar, erster Bezwinger und Beherrscher der Slaven, Befreier des Vaterlandes, Bewahrer des Friedens. Er, des heiligen Knuts Sohn, bezwang die Bewohner Rügens und bekehrte sie als erster zum Glauben an Christus. Er starb im Jahr des Herrn 1182 in seinem 26. Regierungsjahr, am 12. Mai.«

Der Svantevit-Stein aus der Kirche von Altenkirchen auf Rügen (in eine Wand eingemauert)

mit beiden Händen ein riesiges Füllhorn hält. Da das Füllhorn häufiger als Symbol des Svantevit erscheint, dürfte es sich um ein Götterbild handeln, das möglicherweise als Grabstein für einen heidnischen Priester diente. So wurde jedem Ranen beim Kirchgang deutlich vor Augen geführt, daß seine alten Götter vom Christentum überwunden worden waren.

Um 1200 schließlich war die Slavenmission weitgehend abgeschlossen. Zumindest äußerlich hatten die Wenden das Christentum angenommen. Von einem wirklichen Missionserfolg wird man dennoch nicht sprechen können, lag doch auf der ganzen Entwicklung durch die ständige Verquickung von Reichs- und Kircheninteressen eine innere Tragik. Mit welchen Bandagen dabei gekämpft wurde, zeigt eine charakteristische Bemerkung des dänischen Geschichtsschreibers Saxo Grammaticus (um 1150 – um 1220) über Erzbischof Absalon von Lund (1178–1201, geb. 1128), der 1184 sein Meßgewand ablegte, um in den Krieg der Dänen gegen die Wenden zu ziehen: »Denn nun wünschte er dem Herrgott mit Waffen und nicht mit Gebeten zu dienen. Konnte man ein Opfer denken, das dem lieben Gott besser gefallen würde, als der Tod der Schurken?«

Die Christianisierung der weiteren slavischen Stammesverbände verlief in ähnlichen Bahnen wie bei den Abodriten. Die an der Odermündung bis hin zur Weichsel siedelnden Pomeranen widersetzten sich polnischen Missionsbemühungen, weil sie allzu offensichtlich mit der Absicht der Herrschaftsausdehnung verbunden waren. Sie öffneten sich dagegen der vom deutschen Reich ausgehenden Mission von Bischof Otto von Bamberg (1102–1139), die freilich auf Einladung des polnischen Fürsten Boleslaw III. Krzywousty (›Schiefmund‹; 1107/1108–1138) geschah. 1124/1125 und 1128 unternahm Otto, ein organisatorisch begabter Mann, Missionsreisen zu den Pomeranen, nachdem ihn zuvor die Eitelkeit des zuständigen Erzbischofs Norbert von Magdeburg (1126–1134) an der Predigt im Gebiet um Havelberg gehindert hatte. Er wirkte, anfänglich unter beträchtlichen Schwierigkeiten, im Gebiet um Stettin und baute planvoll eine Kirchenorganisation auf (vgl. Quelle 33). 1140 ist dazu das Bistum Kammin eingerichtet worden. Die Christianisierung verlief friedlich, erreichte aber die Bevölkerung nicht wirklich. So wird berichtet, daß in einer Kirche neben dem christlichen Altar noch ein weiterer zur ›Verehrung der Dämonen‹ stand. Eine durchgreifende Veränderung gelang erst mit der Einwanderung deutscher Siedler im 13. Jahrhundert.

In der Mark Brandenburg wurde die Christianisierung namentlich von Prämonstratensern und Zisterziensern seit 1147 vorangetrieben. Vor allem Norbert von Xanten, stets auf der Suche nach dem richtigen Weg intensiv gelebten Christentums, tat sich als Erzbischof von Magdeburg hier hervor, scheint aber weniger an individuelle Bekehrungsarbeit als vielmehr an die Erweiterung der Magdeburger Machtbasis gedacht zu haben. Für die Mission im mittleren Odergebiet war bereits 1124/1125 das Bistum Lebus errichtet worden. Das Bild des christlichen Europa vervollständigte sich mehr und mehr (Karte S. 136).

Die Mission im Gefolge der Ostkolonisation

Die letzten Bastionen des Heidentums waren die baltischen Völker in dem weitläufigen Gebiet zwischen Weichsel und Finnischem Meerbusen. Auf Esten, Letten, Prußen und Litauer richtete sich das politische Interesse von Deutschen, Polen, Skandinaviern und Russen. Anknüpfungspunkte für Missionsvorhaben gab es kaum, zumal individuelle Bekehrungsversuche im 11./12. Jahrhundert ohne Erfolg geblieben waren. So kam es vom 13. Jahrhundert an zu teilweise in der Form von Kreuzzügen durchgeführten Zwangsbekehrungen, bei denen wieder einmal vollkommen unterschiedliche Kulturen mit ihren religiösen Systemen aufeinanderprallten. Die Mächtigeren siegten und führten das Christentum formal ein, konnten das versteckte Weiterbestehen heidnischen Brauchtums allerdings bei einem solchen Vorgehen nicht verhindern.

Schon im 11./12. Jahrhundert kam es durch Handelsbeziehungen zu ersten Kontakten des Baltikums mit dem Christentum. Durch dänische Missionare konnte so schon 1219/1228 als Suffragan von Lund das Bistum Reval in Estland errichtet werden. Die ersten Kirchen in Livland gehen auf deutsche Kaufleute zurück. Schon 1186 wurde der aus Segeberg kommende Augustinerchorherr Meinhard, der sich weniger als Kirchenpolitiker denn als Nachfolger der Apostel verstand, Bischof für Livland mit Sitz in Üxküll (gest. 1196), wo er die erste Steinkirche im Ostbaltikum erbaute. Ihm gebührt das Verdienst, unabhängig von weltlichen Mächten und in eigener Initiative allein aus dem Drang zur Mission heraus die Bekehrung Livlands eingeleitet zu haben, auch wenn der Abfall vieler getaufter Liven bald den Bestand des Bistums gefährdete. Es wurde 1201 von Bischof Albert von Buxhoeveden (1199–1229) nach Riga verlegt. Dieser ehemalige Leiter der Bremer Domschule ging die Sache überaus planvoll an. Nach Fühlungnahme mit Dänemark, gotländischen Kaufleuten und den Großen des deutschen Reiches besorgte er sich eine Kreuzzugsbulle von Papst Innozenz III. (1198–1216) und zog daraufhin im Sommer 1200 mit Missionaren, Kaufleuten und Kreuzfahrern an die Dünamündung, wo er ein Jahr später Riga gründete. Offensichtlich schwebte ihm vor, eine unabhängige Herrschaft Livland mit Riga als Erzsitz zu schaffen. Dem sollte auch der von dem Zisterziensermönch Theoderich von Treyden (gest. 1219) im Jahre 1202 begründete Schwertbrüderorden (*Fratres milicie Christi de Livonia*) dienen. Bis 1207 unterwarf der Orden das Livengebiet, erhielt ein Drittel davon als Reichslehen und schuf damit den ersten Ordensstaat des Hochmittelalters. Erzbistum wurde Riga trotzdem noch nicht, das gelang erst 1245/1255, aber immerhin schaffte es Albert, daß Riga 1214 aus der Kirchenprovinz Hamburg-Bremen gelöst und direkt dem Papst unterstellt wurde. Dieser hatte übrigens ein lebhaftes Interesse daran, daß die Liven allein durch die Überzeugungskraft des biblischen Wortes bekehrt werden sollten. Das war wohl mehr ein aus dem fernen Rom ausgesprochener frommer Wunsch, denn tatsächlich war die Mission bei Liven, Letten, Kuren und Esten oft genug von Gewalt auf beiden Seiten geprägt. Albert war eben eher Staatsmann als Missionar. Nachdem er seinen Bruder Hermann zu Hilfe gerufen und ihn zum Bischof der Esten mit Sitz in Dorpat erhoben hatte (1219–1248/1254), gelang es den beiden 1225, ihre Bistümer durch König Heinrich VII. (1222–1242) zu Marken des Reiches befördern zu lassen. Hinter den bald auftretenden politischen Auseinandersetzungen verschiedenster Art trat die eigentliche Aufgabe der Christianisierung in den Hintergrund.

Ebenso schwierig und vom politischen Kräftespiel abhängig gestaltete sich die Christianisierung der Stämme der Prußen zwischen Weichsel und Düna. Sie sperrten sich besonders hartnäckig gegen den neuen Glauben, den sie zu Recht mit dem Verlust ihrer Selbständigkeit in Verbindung brachten. Geradezu zwangsläufig kam es deshalb auch in Preußen zur Schwertmission durch die Kreuzfahrer. Zuvor kann hier aber von einem im Endeffekt freilich erfolglosen Mann erzählt werden, der durch seine anfänglich friedliche, auf freiwillige Bekehrung zielende Missionsarbeit das ansonsten eher düstere Bild aufzuhellen vermag.

Es geht um den Missionsbischof Christian von Preußen (1215–1244), der die Missionsversuche der deutschen Zisterzienser aus dem Kloster Lekno fortsetzte. Seine Wirksamkeit vermittelt einen Eindruck von dem methodischen Vorgehen der Missionare. Der sozialen Gliederung der Prußen entsprechend, verkündigte er zuerst den Großen des Stammes das Evangelium und erreichte auch einige von ihnen. Nach der Taufe kümmerte er sich intensiv um die Nacharbeit, also die eigentliche Christianisierung. Dazu gehörte auch die Errichtung von Kirchen und deren wirtschaftliche Absicherung. Christian hat dabei zunächst auf das Eintreiben des Zehnten verzichtet und sich allein auf freiwillige Zuwendungen gestützt. Der nächste Schritt war zur Absicherung der Kirchenorganisation die Errichtung eines Bistums, was ihm bei einem Romaufenthalt im Jahre 1215 gewährt wurde. Besonders mühevoll war, die ethischen Überzeugungen des Christentums bei der Bevölkerung durchzusetzen. Beispielsweise scheint es bei den Prußen möglich gewesen zu sein, daß Familien, denen mehrere Töchter geboren wurden, diese bis auf eine töteten. Christian bemühte sich nun darum, die zur Tötung bestimmten Mädchen zu kaufen. Dazu erwirkte er bei Papst Honorius III. (1216–1227) im Jahre 1218 eine Bulle, in der dieser die

Christen zu Geldspenden für den Loskauf aufforderte. Auch wenn prußische Väter sich nicht so oft auf diese Weise ihrer Töchter – die auch gewinnbringend verkauft werden konnten – entledigt haben dürften, wie es nach der Papstbulle erscheint, ist dies doch ein Beleg für das Bemühen der Missionare um die Durchsetzung höherer Lebensqualität. Schließlich dachte Christian daran, Schulen einzurichten, in denen Prußen zu Missionaren und Priestern ihres Volkes ausgebildet werden sollten. All diese positiven Bemühungen vermochten jedoch keinen endgültigen Erfolg zu bewirken. Vermutlich weil die benachbarten Herrscher Christians Aktivitäten politisch auszunutzen versuchten, nahm der heidnische Widerstand zu. Der Missionar vollzog nun eine Kehrtwende und kam zu der Überzeugung, nur mit Waffengewalt den Glauben bewahren zu können. Christian ersuchte den Papst um Sammlung eines Kreuzheeres und gründete überdies 1228 einen Ritterorden (*Milites Christi de Prussiae de Dobrin*; vgl. Quelle 34). Die Kriegsmission steigerte natürlich die Abneigung der Prußen gegen das Christentum, das dann 1231 durch den Deutschen Orden unter der Führung seines Hochmeisters Hermann von Salza (1209–1239) zwangsweise eingeführt worden ist. Christian wollte dem noch entgegensteuern, konnte sich aber nicht durchsetzen. Gleichwohl ist er ein Beispiel für das mutige Eintreten jener selbständig entscheidenden und handelnden Persönlichkeiten, die mehr für die Christianisierung des Ostens getan haben als die Politik der Großmächte.

Der Deutsche Orden setzte seine Eroberungspolitik systematisch fort. Schon 1226 hatte er durch die ›Goldene Bulle‹ von Rimini von Kaiser Friedrich II. (1194–1250) das Land zum exemten Lehen erhalten. In einem langen und blutigen Krieg, der nichts mit Mission zu tun hatte, wurde bis 1285 der Ordensstaat aufgebaut, gestützt auf die Erschließung des Landes durch deutsche Kolonisation. Für die der Zwangstaufe folgende Bekehrungsarbeit wurde eine Kirchenhierarchie aufgebaut. 1243 errichtete Papst Innozenz IV. (1243–1254) die vier preußischen Bistümer Kulm, Pomesanien, Ermland und Samland, die 1255 Riga unterstellt wurden, das nun zum baltischen Erzbistum aufstieg. Daraus wiederum ergaben sich allerhand machtpolitische Spannungen mit dem seit 1309 in Marienburg residierenden Hochmeister des Deutschen Ordens.

Am hartnäckigsten widersetzten sich die seit etwa 1300 mächtig gewordenen Litauer der christlichen Eroberung. Sie siedelten zwischen Memel und Dnjepr und trennten das preußische vom baltischen Ordensland. Schon wegen dieser exponierten Lage versuchte der Orden immer wieder, in verheerenden Kriegszügen das Land niederzuzwingen. An friedliche Mission wurde dabei kaum gedacht. Litauen expandierte schließlich bis in russisches Gebiet und wurde dadurch sowohl mit lateinischem wie auch mit östlichem Christentum konfrontiert. Als sich der litauische Großfürst Jagiello (1377–1434) zum polnischen König krönen lassen wollte, wurde die Religionsfrage zum Politikum, denn für einen Heiden war diese Position nicht denkbar. So ließ er, der letzte heidnische Machthaber in Europa, sich 1386 taufen und versprach den Wechsel seines Volkes zum römischen Christentum. Die so entstandene Personalunion von Litauen und Polen drängte die deutsche Herrschaft zurück. Die Christianisierung wurde zwar mit der Einrichtung des Bistums Wilna 1387 in Angriff genommen, blieb aber weithin nur formell. Immerhin geht sie auf Jagiello zurück. Seinen alten Gegner, den Deutschen Orden, schlug er 1411 bei Tannenberg vernichtend. In Polen galt er als großer Herrscher, in Litauen aber als Verräter der Nation.

Das letzte heidnische Land Europas wurde demnach nicht durch friedliche Bekehrungsarbeit von Missionaren in das christliche Abendland integriert (Karte S. 136), sondern durch das Machtstreben eines Heiden. Das mutet wie eine Ironie der Geschichte an. Denn zweierlei ist abschließend festzuhalten. Erstens haben sich auch bei der Christianisierung der baltischen Staaten einzelne Missionare hervorgetan, die im friedlichen Geiste des Evangeliums den Glauben verkündigten. Das darf bei dieser so belasteten Geschichte nicht vergessen werden. Aber zweitens waren die verschiedenen Ritterorden und Kreuzfahrer in erster Linie Politiker, Krieger und Kolonialherren, nicht aber Missionare. Das aber hat die Heiden geradezu vom Christentum abgeschreckt und die Wirkungsmöglichkeiten der wirklichen Glaubensboten untergraben.

8

Das Bild des christlichen Europa

Fast ein Jahrtausend hat es gedauert, bis sich das Christentum in ganz Europa durchzusetzen vermochte. Während die Kirche etwa in Rom bereits auf eine Jahrhunderte umspannende Tradition zurückblicken konnte und sich in Paris die Theologen hochkomplizierte Wortgefechte lieferten, kämpften die Missionare im fernen Nordosten noch mit dem polytheistischen Heidentum. Dann aber war es schließlich so weit: Von Lissabon im Westen bis nach Reval im Osten, von Hólar auf Island im Norden bis nach Monreale auf Sizilien im Süden erstreckten sich die Bistümer der römischen Kirche, die tatsächlich ›katholisch‹, eben ›allgemein‹, war (Karte S. 176–178). Denn in ganz Europa wurde nun überall dasselbe Glaubensbekenntnis gesprochen und dasselbe Vaterunser gebetet. Bedenkt man die bescheidenen, in ihrer Existenz ständig bedrohten Anfänge, so ist dies in der Tat eine ungeheuere Entwicklung, was selbst Verächter des Christentums nicht werden bestreiten können. Die Geschichte der Christianisierung ist hier nur in Grundzügen erzählt worden. Aber immerhin ergibt sich daraus ein Bild von der Entstehung des christlichen Europa, das sich in den folgenden Aspekten beschreiben läßt.

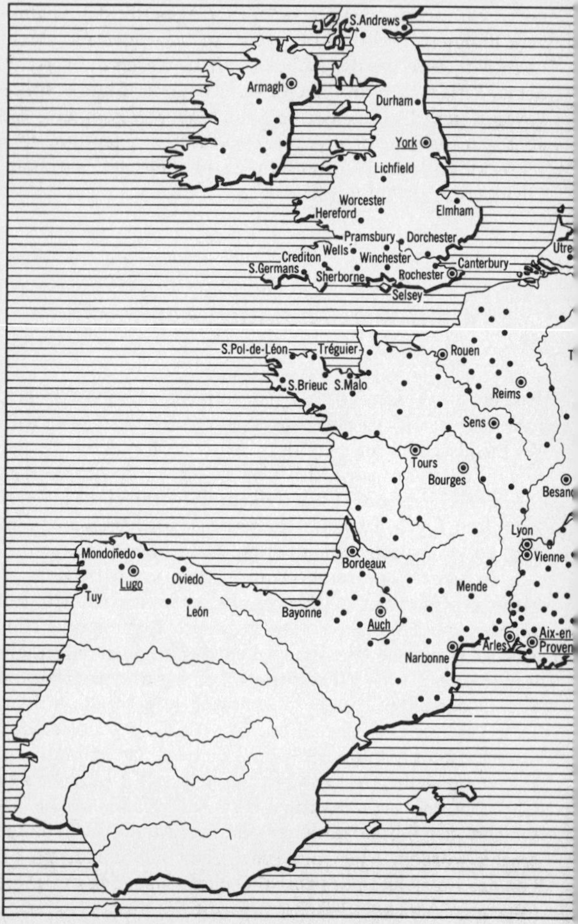
S.Andrews
Armagh
Durham
York
Lichfield
Worcester
Hereford
Elmham
Pramsbury
Dorchester
Wells
Crediton
Winchester
Canterbury
S.Germans
Sherborne
Rochester
Selsey
S.Pol-de-Léon
Tréguier
Rouen
S.Brieuc
S.Malo
Reims
Sens
Tours
Bourges
Lyon
Vienne
Mondoñedo
Lugo
Oviedo
Bordeaux
Tuy
León
Bayonne
Mende
Auch
Arles
Narbonne

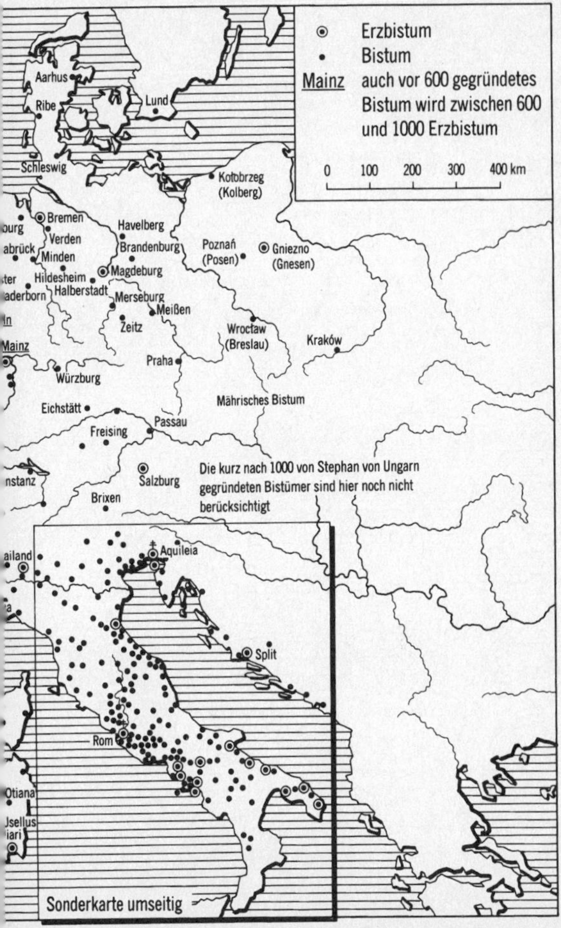

Erzbistum
Bistum
Mainz auch vor 600 gegründetes Bistum wird zwischen 600 und 1000 Erzbistum
0
100
200
300
400 km
Aarhus
Ribe
Lund
Schleswig
Kołobrzeg (Kolberg)
Bremen
Verden
Minden
Havelberg
Brandenburg
Poznań (Posen)
Gniezno (Gnesen)
Hildesheim
Halberstadt
Magdeburg
Merseburg
Meißen
Zeitz
Wrocław (Breslau)
Kraków
Mainz
Würzburg
Praha
Mährisches Bistum
Eichstätt
Freising
Passau
Salzburg
Brixen
Die kurz nach 1000 von Stephan von Ungarn gegründeten Bistümer sind hier noch nicht berücksichtigt
Aquileia
Split
Rom
Sonderkarte umseitig

S. 176–178: Das christliche Europa um 1000

(1) Geographisch betrachtet ist der Landgewinn der Kirche beträchtlich. Im Hochmittelalter war die spätantike Trennlinie zwischen Christen und Heiden, der römische Limes, längst eingeebnet und verschüttet. Die religionsgeographische Zweiteilung Europas zwischen polytheistischem Nordosten und christlichem Westen war aufgehoben und zu einem Gegenstand der Geschichtsschreibung geworden. Die Bewohner aller Himmelsrichtungen des Kontinents verstanden sich nun als christlich. Das freilich ist eine europazentrierte Perspektive, die allzu schnell vergißt, daß ein riesiger Landgürtel von Kleinasien über Palästina bis nach Nordafrika, Entstehungs- und Kernlande der frühen Christenheit, an die islamischen Anhänger Mohammeds verlorengegangen war.

(2) Betrachtet man die praktische Durchführung der Christianisierung, so ist in den durchweg von Kirchenleuten geschriebenen Quellen zwar von manchen Details, relativ wenig jedoch von der Entwicklung örtlicher Gemeinden die Rede. Gerne wüßte man, wie im Frühmittelalter die Bauern, jene stummen Zeugen der Epoche, den neuen Glauben aufgenommen haben und wie sich ihr kirchliches Leben gestaltete. Eher drängt sich der Eindruck auf, Mission sei gleichbedeutend gewesen mit der Errichtung neuer Bistümer und dem Aufbau einer funktionierenden Organisation. Das muß nicht verwundern, denn die Kirche hat sich nun einmal schon in den ersten Jahrhunderten nach Christus von der Gemeinschaft der Gläubigen in eine streng gegliederte Institution verwandelt. Das konnte auch gar nicht anders sein, denn ohne eine gewisse Struktur ist ein solch umfassendes Gebilde wie die Kirche nicht denkbar. Daß der Geist durch das eigendynamische Wuchern der Hierarchie bedrängt werden kann, ist ein anderes Problem.

(3) Mit dem Hochmut der aufgeklärten Neuzeit ist vor allem der frühmittelalterlichen Welt immer wieder die Individualität abgesprochen worden. Erst vom 12./13. Jahrhun-

dert an, so wird behauptet, sei der individuelle Charakter des Menschen entdeckt worden, zuvor habe nur die Gemeinschaft Bedeutung gehabt. Die Geschichte der Christianisierung beweist das Gegenteil. Natürlich hat es Massenübertritte zum Christentum gegeben, freiwillige und erzwungene. Wenn ein ganzer Stamm sich zum Glaubenswechsel entschloß, hatten namentlich die einfachen Leute kaum eine Wahlmöglichkeit. Aber oft genug war es in der Realität gar nicht so, wie sich vor allem in Skandinavien zeigte. Erst recht gilt das für die Ebene der Herrscher, die sich, aus welchen Motiven auch immer, persönlich entscheiden mußten. Vollends deutlich wird die Bedeutung der Individualität, wenn man sich die Rolle bereits bekehrter Herrschergattinnen vergegenwärtigt. Ein weiterer Beleg für dieses Element ist schließlich, daß es einzelne Persönlichkeiten waren, die durch ihr Engagement die Mission vorangetrieben haben. Geschichte ist nun einmal in erster Linie nicht eine Sache der Strukturen, sondern der Personen.

(4) Die Durchführung der Christianisierung war, wie könnte es anders sein, Aufgabe der Kirche, genauer der Kleriker, Mönche und Bischöfe. Das klingt selbstverständlich, ist es aber nicht. Denn in der frühen Christenheit waren es vornehmlich Laien, die für die Ausbreitung des Glaubens gesorgt haben. Die Trennung der Christen in die Masse der Laien und die Elite der religiösen Spezialisten, in Amateure und Profis gleichsam, ist im Mittelalter endgültig festgelegt worden. Gregor der Große, Bonifatius und all die anderen sind Repräsentanten einer neuen kirchlichen Managerelite, die mit großer Selbstverständlichkeit für sich in Anspruch nahmen, die träge Masse der Welt allein in die Richtung lenken zu können, die ihrem Heil am dienlichsten war. Der Preis dafür war ein fest an die Kirchengesetze gebundenes riesiges Laienpublikum, das zwar nicht mehr heidnisch, aber zumindest anfänglich noch längst nicht wirklich christlich war.

(5) Absicht der mittelalterlichen Missionare war es zweifelsohne, die Heiden den Klauen der Teufel und Dämonen zu entreißen und ihnen durch die Taufe das Heil zu bringen. Dafür haben sie unendlich viel eingesetzt, mancher von ihnen sogar sein Leben. Die gesellschaftliche Struktur der germanischen Völker hat es allerdings mit sich gebracht, daß die Mission zuerst nicht auf Dorfplätzen stattfand, das kam jeweils später, sondern in den Herrscherhäusern. Die Stammesfürsten waren aufgrund des germanischen Sakralkönigtums zugleich Könige, Oberpriester und Handelsherren, deshalb mußte bei ihnen angesetzt werden. Daß es dabei zu Interessenkollisionen und unheiligen Allianzen kommen konnte, versteht sich von selbst. Auch heidnisch geprägte Traditionen haben so gleichsam unter der Decke Eingang in die Kirche gefunden. Die Missionare hat das nicht weiter erschüttert, denn erstens kamen sie aus der gleichen Vorstellungswelt, und zweitens war das seit dem unter Konstantin geschlossenen Bündnis von Kirche und Staat normal.

(6) In der frühen Christenheit haben die Gläubigen das Evangelium in unbekümmerter Weise unabhängig von politischen Grenzen überall dort verkündigt, wo sich ihnen die Gelegenheit dazu bot. Das Christentum verstand sich als die eine wahre, für alle Völker gültige Religion. Das änderte sich, als es im späten 4. Jahrhundert zur exklusiven Staatsreligion erhoben wurde. Nun war die Glaubenseinheit auf die Gesamtheit der Völker innerhalb des Imperiums beschränkt. Die außerhalb lebenden Barbaren verstand man fortan als ›Heidenhunde‹, denen nur über die politische Integration in das Reich das Heil zuteil werden könne. Diese in den Wirren der Völkerwanderungszeit nur zeitweilig in den Hintergrund tretende Sicht beherrschte auch das Mittelalter. Herrschaftsausdehnung und Mission wurden deshalb zu zwei Seiten derselben Medaille, was verständlicherweise die Widerstände etlicher Völker gegen diese Form der Christianisierung erheblich verstärkt hat. Nur schwer konn-

ten sich Herrscher und Kirchenführer etwa damit anfreunden, daß in Skandinavien, Polen und Ungarn selbständige Kirchenprovinzen entstanden. Kurzum, es waren oft genug handfeste machtpolitische und wirtschaftliche Interessen, die die Ausbreitung der Kirche gefördert haben. Das hat der Mission nicht immer gut getan.

(7) Diese Verquickung verschiedener, manchmal höchst widersprüchlicher Motive führte zu unterschiedlichen Missionsmethoden. Im Vordergrund stand immer die Verkündigung des Evangeliums, angefangen bei den jeweiligen Herrschern und dann über lange Zeiträume hinweg fortgesetzt bis in das letzte Dorf. Da es stets auch um den Kampf mit dem durchaus lebendigen Polytheismus ging, wurde die Wortverkündigung vielfach begleitet von der sogenannten Tatmission, also der Zerstörung heidnischer Kultstätten. Die Kirchen des Christengottes erbaute man mit Vorliebe auf den Trümmern der Göttertempel. Diverse Zwangsmaßnahmen konnten begleitend hinzutreten. Die reinen Missions- und Heidenkriege gegen die Sachsen in der Karolingerzeit und bei dem Vorstoß nach Osten im Hochmittelalter sind in ihrem dem Geist des Christentums Hohn sprechenden Vorgehen nur durch zeitbedingte Interpretation erklärbar. Das macht sie keinesfalls entschuldbar, aber es spricht immerhin für die Kirche, daß diese Unternehmen schon im Kreuzfeuer der zeitgenössischen Kritik standen. Schon deshalb sollten die Missionare nicht vergessen werden, die unter diesen erschwerten Bedingungen um eine dem Evangelium entsprechende Arbeit bemüht waren. Obschon diese Kreuzzüge beliebter Gegenstand moderner Kirchenkritik sind, verlief die Mission gleichwohl überwiegend in friedlichen Bahnen.

(8) Religiöse Züge, welche auch immer, bestimmten zumal im Frühmittelalter das gesamte Leben der Menschen. Schon deshalb ist die Mission auch als Kampf zwischen vollkommen gegenläufigen Kulturen und ihren Benutzungsre-

geln zu verstehen. Ganz konkret ging es darum, welcher Gott sich als mächtiger erwies und die gewünschte und geglaubte lebenspraktische Effizienz zu bieten hatte. Nützlichkeit rangierte vor Dogmatik. Deshalb stellt sich die Frage, welche Veränderungen die Annahme des Christentums für die Menschen gebracht hat. Muß das abschließende Fazit wegen der Zwangsmaßnahmen und der unglückseligen Allianz von Macht und Mission negativ ausfallen? Durchaus nicht, denn vor allem auf sozialem und ethischem Gebiet hat die Christianisierung erhebliche Vorteile gebracht, Armenfürsorge, Erhöhung der Lebensqualität, kulturellen Ausbau des Landes, Schriftkultur und Maßnahmen zur Friedenssicherung etwa. Manche dieser Errungenschaften sind durch die rasche Verkrustung der Kirche bald wieder gefährdet worden. Warum das Christentum schlußendlich siegreich war, läßt sich mit wissenschaftlichen Kategorien nicht vollkommen erklären. Aber eines ist unübersehbar: Die Mission verlief weitgehend friedlich. Die Menschen haben das Christentum meistens freiwillig angenommen, sie hätten sich also auch anders entscheiden können. Das kann doch nur bedeuten, daß der christliche Glaube im Gegensatz zu ihrem heidnischen Glauben attraktiver war, daß er bessere Hilfen zur Bewältigung des Alltags bot, daß man mit und in ihm besser leben und vor allem auch sterben konnte. Trotz aller Veränderungen und Entstellungen blieb offensichtlich der Kern des Evangeliums erhalten, und das hat die Entwicklung so kommen lassen, wie sie gekommen ist.

(9) Das Christentum am Ende des Mittelalters sah anders aus als das des 6. Jahrhunderts. Die Begegnung der Germanenwelt mit der Kirche hat selbstverständlich nicht nur die Germanen, sondern auch die Kirche in einem vielschichtigen Prozeß gegenseitiger Einflußnahme verändert. So wurden in dieser Zeit beispielsweise die Tarifbuße und das Fegefeuer erfunden sowie der Heiligen- und Reliquienkult etabliert. Das Sakrament der Taufe wurde so sehr aus sich

selbst wirkend verstanden, daß es allein auf seine Anwendung ankam und der Glaube des Betroffenen zweitrangig werden konnte. Theologisch-dogmatische Fragen spielten kaum eine Rolle, im Vordergrund standen ethische Probleme und die lebenspraktische Effizienz des Glaubens. Die Fähigkeit zur Abstraktion ging verloren, die Bilder der Bibel wurden ganz handfest ausgemalt und verstanden. So stellte man sich vor, daß Petrus vor der Himmelstür stand und höchstpersönlich über Einlaß oder Ablehnung entschied. Um Unwürdige zu verjagen, konnte er schon einmal mit seinen Schlüsseln kräftig zuschlagen. Vieles von dem, was man im Mittelalter glaubte, hat mit der biblischen Botschaft nur noch wenig zu tun. So konnten, zum Teil als Echo auf die heidnische Vergangenheit, neben die kirchlichen Riten auch magische Praktiken treten.

(10) Das Erscheinungsbild des Christentums hat sich demnach im Laufe des Mittelalters verändert, was freilich nicht unbedingt ein Ergebnis der Mission, sondern eher der schon etablierten Kirche war. Das wiederum sollte Folgen haben. Im Spätmittelalter hatten die Menschen immer stärker den Eindruck, die Kirche biete ihnen lediglich Maßnahmen der Heilsversicherung an, nicht aber solche der eigentlich ersehnten Heilsgewißheit. Daraus entstand im 14. und 15. Jahrhundert eine zunehmend unruhige Frömmigkeit. Sie äußerte sich in einer Vielzahl von Pilgerfahrten ins Heilige Land, nach Rom und zu neu entstehenden Wallfahrtsorten, in der schnellen Ausbreitung neuer Mönchsorden sowie in den Bruderschaften und Laienbewegungen, die frühchristliche Ideale verwirklichen wollten. Die Furcht der Gläubigen vor dem irdischen Wirken von Dämonen und Teufeln nahm sichtbar zu, was wiederum zu den Aufgeregtheiten der grimmigen Verfolgung von magischen Praktikern und häretischen Abweichlern führte. Die in alledem liegende Spannung trieb im Spätmittelalter erst merkwürdige Blüten, wurde den Menschen dann bewußt und begründete somit den

Erfolg der Reformation. Als sie die Glaubenseinheit zerbrach, war die mittelalterliche Leitvorstellung des einen Glaubens in dem einen europäischen Reich schon längst Geschichte. Es nahte jedoch die Zeit, in der die Menschen mehr als früher die Möglichkeit zur persönlichen Entscheidung in Glaubensdingen hatten. Eine solche Situation herbeizuführen war immer das eigentliche Ziel der Mission, auch im Mittelalter.

Aus Sicht der Kirche ist die Christianisierung Europas im Mittelalter zweifelsohne eine grandiose Leistung. Die vielen Glaubensboten, die berühmten wie die unbekannteren, haben sich dafür in einer selbstlosen Weise eingesetzt, die Respekt verdient. Die Kirche selbst hat deren Arbeit gelegentlich erschwert, vor allem dann, wenn sie vergaß, daß ihr Reich nicht von dieser Welt ist und sie sich mit den von ihrem Gottesgnadentum überzeugten Herrschern auf eine Stufe stellte. Wie immer man die mittelalterliche Mission heute auch einschätzen mag, erste Aufgabe des Historikers ist es nicht, Werturteile zu fällen, sondern ihre Geschichte nach den Quellen zu erzählen. Und daraus ergibt sich unübersehbar ein Ergebnis: Die Konstituierung Europas hängt in entscheidendem Maße von der Mission ab. Die Christianisierung hat nicht zuletzt in kultureller Hinsicht das Bild Europas nachhaltig geprägt. Durch das Mittelalter ist das Fundament Europas allen Auflösungserscheinungen der Institution Kirche zum Trotz bis heute christlich.

II
Aspekte

1
Zur Quellengrundlage

Ohne die Existenz schriftlicher Quellen wäre es um die Kenntnis der Vergangenheit schlecht bestellt. Das ist ebenso eine Binsenweisheit der Geschichtswissenschaft wie das Faktum, daß dem Forscher die Wirklichkeit in diesen Hinterlassenschaften immer schon in perspektivischer Beurteilung entgegentritt. Sein Wunsch nach Objektivität trifft auf die in Erinnerung gefaßte subjektive Erfahrung einer ihm chronologisch wie emotional fernen Welt. Da überdies seine auf den Quellen fußende Darstellung der Geschichte ihrerseits von verschiedenartigen Bedingungen abhängig ist, wird sie zum Ergebnis eines doppelten nachträglichen Rationalisierungsprozesses.

Die sich daraus ergebenden Schwierigkeiten des Zugangs zu den Quellen hat Otto Gerhard Oexle so beschrieben: »Denn das Problem des Verhältnisses zwischen Wirklichkeit und Wirklichkeitswahrnehmung im Mittelalter ist unmittelbar eingebunden in die Frage nach unseren Wahrnehmungsweisen: wie wir als Menschen, die in der Moderne leben, jene mittelalterlichen Wirklichkeitsdeutungen unsererseits benennen, ordnen und interpretieren wollen. Es sind also drei Ebenen der Reflexion im Spiel: die soziale Wirklichkeit mittelalterlicher Gesellschaft, ihre Wahrnehmung und Deutung bei den Menschen jener vergangenen Jahrhunderte und schließlich unsere Wahrnehmungen und Deutungen jener Wirklichkeit und jener Deutungen« (B0: 1987, 68). Deshalb ist bei der Analyse von Verhaltensmustern in den Quellen mit drei Gegebenheiten zu rechnen: »(1) mit der vorgegebenen sozialen Wirklichkeit, (2) mit dem Bild, das die Menschen sich davon machen, und (3) mit dem Verhalten der Menschen, das aus diesem Bild resultiert, und durch das wiederum Wirklichkeit geschaffen und geprägt wird« (ebd., 70). Demnach vermischen sich in der Erfassung von Wirklichkeit stets Schemata der Erfahrung und der Deutung, so daß eine vollkommene Wirklichkeitsbeschreibung kaum möglich ist. »Das schließt aber eine partielle oder aspektive Erfassung dessen, was ›wirklich‹ ist, keineswegs aus; eine solche partielle Erfassung der ›Wirklichkeit‹ dürfte in irgendeiner Weise wohl immer vorliegen. Und andererseits schaffen solche Schemata Wirklichkeit, bringen sie Wirklichkeit hervor, weil sie durch die Vermittlung eines Sinnes der Wirklichkeit Handeln ermöglichen und zum Handeln anleiten können« (ebd., 71).

Diese Einsichten ziehen eine Neueinschätzung des Quellenbegriffes zwingend nach sich. Die Metapher ›Quelle‹ vermittelt den Eindruck, als ob aus ihr die lautere Wahrheit der Geschichte wie frisches Wasser aus dem Boden quölle. Das ist irreführend, denn zunächst ist sie nichts weiter als beschriebenes Pergament, eine Faktensammlung oder ein isoliertes Erinnerungsbild. Erst Fragestellungen und Interpretationen des Historikers machen die Quelle zur Quelle. Und deshalb schaut dem Geschichtsschreiber, dem mittelalterlichen wie dem heutigen, die jeweilige Gegenwart ständig über die Schulter. Ihre Arbeit ist, wie jüngst Johannes Fried eindrücklich gezeigt hat, immer von Sprache abhängig. »Sprache aber unterwirft die vergegenwärtigte Vergangenheit ihren eigenen Bedingungen und Strukturen, den ihr stets immanenten, doch stets auch fließenden Urteilen. Sie gliedert sie, paßt sie in ihre Aussagemuster ein, stiftet Ordnung durch Organisation des Textes, zeichnet Perspektiven vor, ist Topik, Rhetorik und Literatur, gleichgültig, ob sie Rituale, persönliche oder zur Institution geronnene Erinnerungen, Geschichtsschreibung oder Forschung expliziert, ob sie sich deskriptiv, analytisch, narrativ oder didaktisch gibt« (BO: 1996, 296f.). Daraus ergibt sich nach Fried weiterhin, daß Geschichte als »phantasiebedingtes, vieldeutiges Sprachgebilde [...] widersprüchlichem Verstehen ausgeliefert, diskursabhängig, interpretierbar, durch Scheinobjektivität manipulierbar, geradezu verfälschbar« ist (ebd., 298). Der mittelalterliche Geschichtsschreiber ist also in gewisser Weise der sprachliche Schöpfer der Welt, von der er berichtet, und das gilt in gleicher Weise von dem sich auf ihn stützenden modernen Historiker. Vollkommen entrinnen kann man dieser Falle nicht. Die Subjektivität einer Darstellung vermag allenfalls durch parallele Überlieferung zu einem gewissen Grade objektiviert werden. Der Wissenschaftler wird sein Geschäft daher kaum ohne Phantasie betreiben können, darf freilich nicht zum Phantasten werden.

Alles dies ist bei der Einschätzung der hier benutzten Quellen zu bedenken. Fast durchweg handelt es sich um Erzeugnisse kirchlicher Autoren, die Geschichte als Fortsetzung des biblischen Geschehens, also als Heilsgeschichte verstanden haben. Ihre Bereitschaft zur Aussage über die Vergangenheit wird geprägt von gegenwärtigen Zielen, vor allem von der Darstellung der Durchsetzung des göttlichen Heilsplanes in der Geschichte. Der Authentizitätsgrad der Quellen wird dabei von verschiedenen Faktoren bestimmt, etwa von dem zeitlichen Abstand zum geschilderten Ereignis und der Lebenserfahrung des Autors. So haben beispielsweise Kleriker über die Heidenmission geschrieben, die persönlich nie einem Heiden begegnet sind.

Einen großen Teil der Quellengrundlage bildet hier die hagiographische Literatur, auf die kurz exemplarisch eingegangen werden soll. Ihre Vorzüge hat man inzwischen erkannt und sich längst von jenem älteren, wenig verständnisvollen Etikett ›kirchliche Schwindelliteratur‹ getrennt. Entscheidend dafür war die an sich schlichte Einsicht, daß die Heiligenvita wie jede andere Quelle aus ihrer Entstehungszeit und ihrem Funktionskontext heraus zu begreifen ist und sie in der Regel mehrere Zwecke verfolgte. So ist die Vita im Mittelalter durchaus als Geschichtsschreibung empfunden worden, freilich im Rahmen der Deutungsschemata ihrer Zeit.

Stets ist das auch historische Inhalte vermittelnde biographische Interesse dem theologischen Zweck eindeutig untergeordnet. Eine Lebensbeschreibung will die Heiligkeit ihres Helden verherrlichen, sie ist nie Selbstzweck, sondern verfolgt neben der Entfaltung der göttlichen Weltordnung ein gleichsam pädagogisches Ziel: Sie präsentiert Beispiele, die zur Nachahmung anspornen sollen. Insofern sind die hagiographischen Texte »kirchliche Zweckliteratur, nämlich Literatur zum Zwecke der intensiven Verchristlichung« (Prinz, B0: 1989, 295). Gerade deshalb wird in der modernen Forschung der Wert der hagiographischen Überlieferung betont. In ihrer spezifischen Eigenart gilt sie als hervorragende Quelle für unterschiedlichste Fragestellungen, wie beispielsweise für die Kultentwicklung des Heiligen, die Weltsicht des Verfassers und seiner Zeit, die Sozialgeschichte und natürlich die Geschichte der Christianisierung. Als Erzeugnis der Gebrauchsliteratur interpretiert die Hagiographie das Denken und Handeln eines Menschen aus seiner Heiligkeit heraus. Sie stellt eine in der Retrospektive verankerte Wirklichkeitswahrnehmung des Hagiographen dar. Deshalb ist sie eben nicht wertlos, sondern berichtet von dem, was in der betreffenden Zeit auf der Ebene der Vorstellungen zum Handeln anregte oder anregen sollte. Zumal in einer auf mündlicher Überlieferung basierenden Kultur sind solche Darstellungen immer auch Ausdruck der Identität einer Gemeinschaft.

Innerhalb ihrer Möglichkeiten stellen die Hagiographen das literarische Echo dar auf die Zeit der Konfrontation zwischen den überkommenen heidnischen Lebensformen und dem neuen Anspruch des Christentums sowie der damit verbundenen Veränderung der Gesellschaft. Ihre grundsätzliche Orientierung wird daran deutlich, daß sie die Darstellung der Missionszeit gewissermaßen als Aktualisierung der biblischen Berichte konzipierten. Das ging aus heutiger Sicht gewiß nicht ohne Verzerrungen und Veränderungen ab, wurde von ihnen aber als Realität empfunden und ist daher zunächst zu akzeptieren. Berücksichtigt man diese Eigenarten, so läßt sich durchaus aus den Quellen ein Bild – mehr aber auch nicht – von der Entwicklung der Christianisierung Europas gewinnen.

2
Missionspredigt im Frühmittelalter

Es versteht sich von selbst, daß die Predigt das vornehmste Mittel zur Glaubensausbreitung in der Epoche der Christianisierung darstellt. Diese Feststellung steht allerdings im Gegensatz zu dem, was die Forschung aufgrund des Quellenmaterials meint über sie aussagen zu können. So wird in dem jüngsten Lexikonartikel zum Thema knapp konstatiert: »Direkte Zeugnisse von Missions- und Bekehrungspredigt gibt es keine. Was davon überliefert ist, hat als spätere Bearbeitung zu gelten« (Frank, B0: 1997, 251). Dementsprechend wird in Überblicksartikeln und Handbüchern das Frühmittelalter stets äußerst stiefmütterlich behandelt. Daraus hat man sogar den Schluß gezogen, die Bedeutung des Predigens solle nicht überschätzt werden, und sogar weitergehend die Frage aufgeworfen, ob die wörtliche Verkündigung des Evangeliums überhaupt eine adäquate Kommunikation mit den Heiden ermöglicht habe.

Nun ist es in der Tat zutreffend, daß für das hier exemplarisch behandelte 7. und 8. Jahrhundert Predigtsammlungen absolute Mangelware sind. Da es sie aber zweifelsohne gegeben hat, bietet sich die reiche hagiographische Überlieferung dieser Epoche als anderer Zugang an, denn dort finden sich, obschon oft verdeckt, zahlreiche Hinweise auf Form, Inhalt und Methode der Missionspredigt. Die Quellenlage bleibt freilich problematisch. Wenn überhaupt Predigten oder Teile davon mitgeteilt werden, so scheint dies meist in stereotypen und offensichtlich realitätsfernen Wendungen oder in rekonstruierten Reden zu geschehen. Überraschend ist das aus mehreren Gründen jedoch nicht.

Erstens sind Predigten schon deshalb eine äußerst schwierige Quelle, weil es sie streng genommen nur in indirekter Form geben kann. Selbst wenn ein Missionar sie unwahrscheinlicherweise wortwörtlich aufgeschrieben haben sollte, wird er seinen Text bei der Predigt kaum stur abgelesen haben. Als öffentliche Rede ist sie daher in ihrem mündlichen Charakter immer singulär. Und selbst wenn sie von Zuhörern protokolliert worden wäre, was natürlich nicht geschah, müßte man diesen »Quellenbestand um die verschiedenen Zeugnisse der unmittelbaren und mittelbaren Predigtwirkung ergänzen: Berichte von erlebten Predigten, Analysen ihrer mentalen und sozialen Folgen, nicht zuletzt literarische Reflexe aus der Sicht der Hörer« (Beutel, B0: 1997, 107). So betrachtet sind Predigten geronnene Erinnerung, deren ursprüngliche Situation nicht mehr erreichbar ist.

Zweitens waren die Verfasser des literarischen Echos auf tatsächlich gehaltene Predigten ebenso Kleriker wie ihre Adressaten. Ihre Texte vermittelten denjenigen, die von Berufs wegen wußten, was und wie zu predigen war, den nötigen Stoff zur Vorbereitung eigener Ansprachen und zur Belehrung des Volkes. Dabei haben sie selbstverständlich mit Topoi gearbeitet, die ihre Rezipienten als Kurzformeln verstanden und mit dem gemeinten Inhalt zu füllen wußten.

Drittens entstand der größte Teil der hagiographischen Überlieferung in einer Zeitschicht, der die direkte Missionspredigt in der Regel nur noch durch schriftliche oder mündliche Tradition bekannt war. Diese Texte bieten also nie eine authentische Sicht, ist doch ihre Schilderung der Vergangenheit geprägt von den Vorstellungen ihrer Gegenwart. Da die Predigt jedoch unbestreitbar immer mit dem Werk der Christianisierung verknüpft war, muß die Forschung ihr trotz des erschwerten Zugangs verstärkte Aufmerksamkeit widmen. Entsprechende Ansätze sollen im folgenden skizziert werden.

Bei der Missionspredigt ging es zunächst einmal darum, den polytheistischen Zuhörern die Zuständigkeit und vor allem die Nützlichkeit des Christengottes für sie begreiflich zu machen. In einem zweiten Schritt waren ihnen dann die Kernaussagen des christlichen Glaubens, repräsentiert durch Glaubensbekenntnis und Vaterunser, zu erläutern, um sie zum Empfang der Taufe vorzubereiten. Die Missionare werden sich dabei um Kürze und um eine einfache, bilderreiche Sprache bemüht haben. Eine Differenzierung der Zuhörerschaft, die Rückschlüsse auf den Inhalt der Predigt erlauben würde, ist nach den Quellen kaum möglich. Es ist auch nicht sicher, ob sie in der Praxis tatsächlich so durchgehalten worden ist, wie man sich das aus der Distanz vorstellt. Theoretisch wäre zu trennen zwischen der Missionspredigt vor Heiden, die erstmals mit dem Christentum konfrontiert wurden, der Katechumenatspredigt vor gerade bekehrten Täuflingen und der Christianisierungspredigt vor jüngst getauften Christen und solchen Menschen, die schon vor längerer Zeit bekehrt, aber nicht weiter im Glauben unterwiesen worden waren. Die Quellen folgen einer solchen Aufteilung nicht. Ihrem Darstellungsinteresse gemäß wird meistens nur die bloße Tatsache des Predigens mitgeteilt, allenfalls erweitert um den formelhaften Hinweis, es sei das Evangelium erklärt oder Christus und das Reich Gottes verkündigt worden. Dennoch ist es möglich, die folgenden Predigttypen, bei denen auf Einzelbeispiele verzichtet werden muß (v. Padberg, B0: 1997), voneinander zu unterscheiden. Dabei handelt es sich freilich um eine Rekonstruktion aus verstreutem Material und nicht um eine Systematisierung tatsächlich überlieferter Predigten.

(1) In der summarischen oder allgemeinen Predigt wurden den Zuhörern die Kernaussagen des christlichen Glaubens vorgestellt, vor allem der Inhalt des Glaubensbekenntnisses. Entsprechende Hinweise finden sich häufiger in der Überlieferung. Sie sind aufgrund ihrer Formelhaftigkeit allerdings wenig aussagekräftig. Gleichwohl werden derartige Predigten in der Realität häufig gehalten worden sein.

(2) In der situationsbedingten Predigt knüpften die Missionare geschickt an plötzlich auftauchende Situationen oder Lebensumstände und -erfahrungen der Zuhörer an. Solche Aktualisierungen der christlichen Botschaft erreichten die Lebenswelt der Zuhörer und garantierten Aufmerksamkeit. Wenn auch in den Quellen kaum überliefert, dürften von geschickten Missionaren solche Predigten häufig gehalten worden sein.

(3) Die aufbauende, positive Predigt ist etwa bei Augustin von Canterbury zu beobachten. Bei seiner ersten Begegnung mit König Æthelberht von Kent im Jahre 597 legte er den Akzent auf die gute Nachricht und die ewigen Freuden im Himmel (vgl. Quelle 9). Bei solchen sicherlich oft vorgebrachten Ankündigungen handelte es sich keineswegs nur um Topoi, sondern um den gezielten Einsatz biblischer Aussagen, von denen die Missionare überzeugt waren. Darüber hinaus waren sie gewiß um ein beispielhaftes Leben bemüht. Auf der Basis ›gelebter‹ Predigt vermochten sie dann ihre Zuhörer zu einem tugendhaften Leben in Gottes- und Nächstenliebe anzuhalten. Entscheidend an dieser Predigtweise, die wiederum nur in formelhaften Wendungen mitgeteilt wird, war ihre Legitimierung durch eigenes vorbildliches Handeln.

(4) Die ethische Predigt konzentrierte sich vor allem auf die Vermittlung der entsprechenden, vom Christentum geforderten Verhaltensweisen, so wie diese in ihrer Zeit verstanden wurden. An urchristlichen und heutigen Maßstäben sich orientierend, hat die Forschung an dieser Ausrichtung Kritik geübt und gemeint, bereits in der Missionspredigt der ersten Generation sei der spätere Moralismus anzutreffen. Zwar sind diese Zusammenhänge unbestreitbar, ein Blick in die Anlage der paulinischen Briefe zeigt indes, daß sich die Missionare mit der starken Betonung des ethischen Anspruches des Glaubens im Einklang mit dem Neuen Testament befanden. Daher ist dieser Aspekt in ihren Predigten nicht überraschend. Problematisch wird er allenfalls, wenn er nicht aus der dogmatischen Grundlegung der Gottesgebote entwickelt und überdies der Eindruck vermittelt wird, das Christentum erschöpfe sich in der Beachtung der richtigen, von den Missionaren definierten Verhaltensmaßregeln. Derartige Verzerrungen hat es zweifelsohne gegeben, und sie konnten zumal in breiteren Volksschichten aufgrund einer gewissen Prädisposition des alten Glaubens Wurzeln schlagen. Bei diesen Bemerkungen schwingen jedoch stets Werturteile mit, deren Vergleichsbasis nicht immer adäquat ist. Ermahnungen, Christus gemäß zu wandeln, dürfte es mit entsprechenden konkreten Ausführungen bei der Verkündigung immer gegeben haben. Dahinter stand eine dreifache theologische Überzeugung: Erstens die Auffassung vom Menschen als Ebenbild Gottes, die ihm eine bestimmte Verantwortung auftrage. Durch die Sünde könne er allerdings schuldhaft zum Ebenbild des Teufels werden. Zweitens die Ansicht, daß ein jeder einst vor Gott als dem Richter für seine Taten Strafe oder Belohnung empfangen werde. Für die Glaubensboten beinhaltete das die Pflicht zur Mission und für die Bekehrten die zum tugendhaften Leben. Drittens die Perspektive, für ethisch richtiges Verhalten auf Erden wie im Himmel göttlichen Lohn zu empfangen. Wenn auch nicht in dieser Breite, so gehörte eine solche dogmatische Funda-

mentierung der Predigt durchaus in die unmittelbare Missionssituation.

(5) Die antithetische Predigt entsprach voll und ganz den christlichen Auffassungen vom Polytheismus und begegnet daher häufiger. Sie gab den Missionaren die Möglichkeit der direkten Anknüpfung an den Glauben der Heiden und bot ihnen durch die Aufstellung einer kompromißlosen Alternative überdies die Gelegenheit, sofort zum Zentrum ihrer Botschaft vorzustoßen. In meist gleichklingenden Wendungen wurden dazu die von Menschenhand gefertigten Göttergestalten dem unsichtbaren Schöpfergott gegenübergestellt, der anders als diese richtend und helfend die Geschicke eines jeden Menschen bestimme. Auf die kürzeste Formel hat diese Predigtform Papst Gregor II. 722 in seinem programmatischen Pastoralschreiben an die Altsachsen gebracht: »Rückt ab vom Götzendienst, kommt und betet unseren Herrgott an« (vgl. Quelle 2). Das mag zwar stereotyp klingen, entsprach aber aus der Sicht der Missionare exakt der Realität der Heiden. In diese Gruppe gehören die Predigten Willibrords vor Radbod und Lebuin-Liafwins vor den Sachsen (vgl. Quellen 14 und 17).

Insbesondere die Ansprache Willibrords enthält in apodiktischer Kürze alle Elemente der frühmittelalterlichen Missionspredigt: Abqualifizierung des Polytheismus als Teufelsdienst, verderbliche Folgen des Götzendienstes, Gerichtsandrohung, Gott als allmächtiger Schöpfer, Ruf in den Glauben, Taufaufforderung, neuer Wandel als Wiedergeborener, Verheißung ewigen Lohnes. Auch die ethische Perspektive kommt durch die Betonung der Gerechtigkeit nicht zu kurz. Ermöglicht wird dieses umfassende, dogmatische wie ethische Aspekte berücksichtigende Programm durch die in zahlreichen Gegenüberstellungen exemplifizierte Methode der Antithese. Eine solche Argumentation wird selbst für Zuhörer verständlich gewesen sein, die bislang noch nichts oder nur wenig vom Christentum gehört hatten. Damit war eine Entscheidungssituation herbeigeführt, was dem eigentlichen Ziel der Missionspredigt entsprach. Die herausfordernde Drohgebärde am Schluß ist freilich alles andere als einladend. Bei der Einschätzung dieses Textes ist indes zu beachten, daß er erst rund achtzig Jahre nach dem Ereignis von Alkuin aufgezeichnet worden ist. Das fällt jedoch weniger ins Gewicht, weil Alkuin selbst in Missionsvorhaben engagiert war (vgl. Quelle 20). Es ist denkbar, daß er den Text als eine Art Musterpredigt konzipiert hat.

(6) Die dogmatische Predigt enthält etliche Elemente der zuvor genannten Typen, geht in der Entfaltung dogmatischer Glaubenswahrheiten aber eher argumentativ vor. Ein Beispiel dafür ist ein Brief Papst Bonifatius' V. (619–625) an König Edwin von Northumbrien aus dem Jahre 625, mit dem dieser zum Glaubenswechsel ermuntert werden sollte (vgl. Quelle 13). Betont wird der Schöpfergedanke und die daraus resultierende Anbetungspflicht des Menschen, verbunden mit der Absage an die nichtigen Götzen. Aus dem Glauben an die Trinität erwachse der Wille zur Beseitigung des Heidentums und der Gehorsam dem Evangelium gegenüber, was wiederum irdischen und himmlischen Lohn nach sich ziehen werde. Die Kernbotschaft faßte Bonifatius V. in einem Satz zusammen: »Kommt also zur Erkenntnis dessen, der Euch erschuf, der Euch den Geist des Lebens einhauchte, der für Eure Erlösung seinen eingeborenen Sohn sandte, damit er Euch der Erbsünde entreiße und Euch, die Ihr der Macht der teuflischen Bosheit und Verderbtheit entrissen seid, mit himmlischem Lohn beschenke« (Beda II 10 – B 3, 169). Solche Predigten richteten sich natürlich an Zuhörer oder Leser, die über einige intellektuelle Kapazitäten verfügten.

In der unmittelbaren Missionssituation mußten diese Zusammenhänge in einfacherer Form dargeboten werden. Wahrscheinlich benutzten die Missionare dafür dogmatische Anleitungen, die inhaltlich der Briefpredigt von Bonifatius V. entsprachen. Solche Mustervorlagen könnten auch hinter dem ähnlich aufgebauten Brief Papst Gregors II. an die Altsachsen stehen (vgl. Quelle 2). Er zeigt, daß der Papst ebenso wie die Missionare in der Predigt dem Wort der Heiligen Schrift selbst die entscheidende und unmittelbarste Bedeutung zumaßen. Die Themen, die Bonifatius V. mit vielen Worten argumentativ entfaltete, werden hier weitaus knapper, im Grunde aber auch präziser durch eine Serie von Bibelzitaten angesprochen. Die ebenfalls mit biblischen Anklängen arbeitenden Zwischentexte verbinden diese nicht nur geschickt, in ihnen gelingt Gregor II. überdies die notwendige Aktualisierung durch Eingehen auf die Situation der Briefadressaten, gipfelnd in einem Bekehrungsaufruf. Auch wenn dieses Schreiben den Altsachsen kaum öffentlich vorgelesen worden sein wird, konnte es in der Hand von Missionaren als Mustervorlage für Predigten dienen.

Die Christianisierung war ein Prozeß ohne Ende, deshalb dürften die hier vorgelegten Beobachtungen mehr oder weniger für das gesamte Mittelalter gelten. Es hat sich gezeigt, daß im Gegensatz zu der Meinung, die Predigten seien wenig originär gewesen und hätten vor allem moralische Pflichten sowie die Macht des neuen Gottes herausgestellt, das sich bietende Bild erheblich differenzierter ist.

3
Die Verwendung der Bibel in der Mission

Die Bibel als Offenbarung des göttlichen Heilsplanes hatte im Mittelalter ganz selbstverständlich höchstes Ansehen. Dem Buch der Bücher wurde eine manchmal schon numinos zu nennende Verehrung dargebracht, wovon die zahlreichen, aus den kostbarsten Materialien gefertigten Prachtcodices ein eindeutiges Zeugnis ablegen. In unbezweifelter Einheit mit der Kirche, dem Lehramt, den Schriften der Kirchenväter und der lebendigen Tradition hatte die Bibel »kraft ihres Ursprungs und ihrer Schriftlichkeit die Funktion, die Wahrheit des kirchlichen Glaubens zu verbürgen und die Gestaltung des sittlichen Lebens und der christlichen Frömmigkeit zu bestimmen« (Karpp, B0: 1980, 59). Im Frühmittelalter war die Auslegung der Heiligen Schrift mit Hilfe von Glossen und Kommentaren, meist in Form von Katenen, sowohl Zentrum der Theologie wie auch aller Bildung und Wissenschaft. Das galt ebenso natürlich für die Mission, in der die Bibel und die sie erklärende Literatur unabdingbare Arbeitsmittel der Glaubensboten waren.

Wie aber, so muß ganz praktisch gefragt werden, sah das im Alltagsleben eines Missionars aus? Mit seiner Begleitung führte er ein Reisedasein ohne festen Wohnsitz, in den einfachen Dingen des Lebens auf fremde Unterstützung angewiesen. Die Mitnahme einer umfangreichen theologischen Bibliothek ist dabei kaum denkbar. Von Bonifatius, der hier als Beispiel dienen mag, ist bekannt, daß er auf seinen Missionsreisen eine Handbücherei von 20 bis 25 Werken mit sich führte, was für damalige Verhältnisse als beachtlich anzusehen ist. Ihr genauer Bestand läßt sich heute natürlich nicht mehr zuverlässig rekonstruieren. Dazu gehörten sicherlich Teile der Bibel, liturgische Werke (Sakramentar, Lektionar, Passionale, vielleicht ein Psalter; möglicherweise auch Responsoriale, Homiliar, Collectar), Kommentare zur Heiligen Schrift (Römerbrief, 1. Korintherbrief, zu anderen paulinischen Briefen, Sprüche Salomos), Werke der Kirchenväter sowie kanonistische und hagiographische Literatur. Daß es sich dabei um eine eindeutig theologisch qualifizierte Bibliothek handelt, ist selbstverständlich. Sie enthielt, was Bonifatius »als Priester, Prediger, Missionar, Bischof und als Reformer der kirchlichen Ordnungen brauchte: Liturgische Bücher, homiletische Schriften als Hilfsmittel der Predigt,

Werke, die das seelsorgerliche und bischöfliche Wirken vorbildhaft darstellten, kanonistische Literatur, die ihm als Oberhirten und in der Reform der fränkischen Kirche in kirchenrechtlichen Fragen maßgebende Antwort gab, ferner Teile der Hl. Schrift, schließlich die Traktate zur Hl. Schrift« (Schüling, B3: 1962/63, 337). Die Reisebibliothek des Bonifatius war die eines Missionspraktikers und Kirchenreformers mit wissenschaftlichem Hintergrund, der gerade in dieser Kombination Botschafter der angelsächsischen lateinischen Kultur auf dem Kontinent war.

Spielten demnach im persönlichen Glaubensleben und in der Arbeit des Bonifatius Bücher eine zentrale Rolle, so galt dies in besonderem Maße für die Bibel. Er hat sich selbst einmal als ›Liebhaber der Schönheit‹ der heiligen Schrift bezeichnet und sich dementsprechend während seines ganzen Lebens um ihr Verständnis bemüht. Sie war ihm Quelle der Kraft für ein entsagungsvolles und spannungsreiches Leben und Grundlage seiner missionarischen und kirchenreformerischen Arbeit. In seinen Briefen, und von dort kann auf die Verwendungsmöglichkeit in seinen Predigten geschlossen werden, zitiert Bonifatius immer wieder die Bibel. Die Bücher des Alten und Neuen Testamentes benutzt er dabei in recht unterschiedlicher Dichte. Während Bonifatius aus den meisten neutestamentlichen Schriften zitiert, stellen aus dem Alten Testament die Psalmen, die Sprüche Salomos, Jesaja und Ezechiel sowie die außerkanonischen Bücher Jesus Sirach und das Buch der Weisheit das größte Kontingent an Zitaten. Aus mehreren alttestamentlichen Schriften findet sich nur jeweils ein Zitat, in solchen Fällen könnte es sich natürlich auch um ein Sekundärzitat aus anderen Büchern handeln. Für diese Vorlageform kämen vor allem die im Besitz des Bonifatius befindlichen exegetischen Kommentare in Betracht. Wahrscheinlich hat er mit Sammelhandschriften einzelner Bibelteile gearbeitet. Neben einem Codex der Lehrbücher könnte es sich um einen Psalter, verschiedene Einzelausgaben, ein Evangeliar und eine Sammlung der neutestamentlichen Briefe gehandelt haben. Insgesamt ergibt sich für Bonifatius ein vertrauter Umgang mit der Heiligen Schrift, was bei einem nach eigener Aussage der Bibel verpflichteten Missionar eigentlich auch nicht anders zu erwarten ist.

Bei den unzähligen anderen Missionaren des Mittelalters mag es ähnlich gewesen sein, vermutlich in der Regel eher dürftiger. Eine einbändige Vollbibel, *bibliotheca* oder *pandectes* genannt, werden sie wohl nicht in ihrem Reisegepäck gehabt haben, denn solche vollständigen Ausgaben waren im Frühmittelalter die Ausnahme. Zwar sind von der von Alkuin erstellten Bibel 45 in Tours entstandene Exemplare nachweisbar, aber die waren so kostbar und im übrigen so unhandlich, daß man sie nicht auf dem Pferderücken in unsichere Heidengebiete zu transportieren wagte. So haben sich die Missionare mit Teilausgaben der Bibel, vor allem aber mit Florilegien, Katenen, also ›Ketten‹ aus Exzerpten anerkannter Kommentare zur Bibel, Kommentaren und Musterpredigten behelfen müssen. Die tatsächliche Bibelkenntnis war selbst bei Klerikern und Mönchen sehr unterschiedlich ausgebildet. Die immer wieder begegnenden Klagen über ungebildete Kirchenleute verdeutlichen die vorhandenen Probleme, die nur allmählich ausgeräumt werden konnten.

Eine große Herausforderung in der alltäglichen Missionsarbeit war die erforderliche Übersetzung der in den drei heiligen Sprachen Hebräisch, Griechisch und Lateinisch vorliegenden Texte in die Volkssprachen. Die anfängliche Scheu vor der Übertragung dieser Sakralsprachen war bald der Einsicht gewichen, daß der Grundbestand an Glaubenswissen den Leuten in ihrer Sprache vermittelt werden müsse. Es war also unerläßlich, sich um die Verwendung der Volkssprachen zu bemühen. Wenn auch für die Meßfeier selbst die lateinische Liturgiesprache galt, so wurden daher doch mehr und mehr kirchliche Gebrauchstexte übertragen. Dabei hatte man vor allem mit fehlenden Entsprechungen selbst für die geläufigsten Glaubensaussagen in den autochthonen Sprachen zu kämpfen. Früh setzte beispielsweise die Arbeit an den Psalmen ein, von denen Handschriften mit Linearübersetzung aus karolingischer Zeit vorliegen. Für die Predigt wurden Bibeltexte mit volkssprachlichen Glossen benutzt. Ihre Verbreitung auf dem Kontinent geht nicht nur auf angelsächsische Vorbilder zurück, sondern weist auf angelsächsisch dominierte Skriptorien wie Mainz, Fulda und Würzburg. Daneben besaßen die angelsächsischen Glaubensboten mit Glossaren versehene kleine Missionshandbücher, die ihnen die Arbeit erleichterten. All diese Probleme waren natürlich in dem Augenblick gelöst, als die Christianisierungsarbeit an einheimische Kräfte überging.

Erwiesen sich die Missionare dadurch gleichsam als für die Entwicklung der Volkssprachigkeit höchst einflußreiche Kulturpolitiker, so blieb dennoch die unmittelbare Benutzung der Bibel als dem Buch der Kirche natürlich auf Mönche und Kleriker beschränkt. Laien bekamen sie, mit Ausnahme der Herrscher, nicht in die Hände. Sowohl die gerade bekehrten Heiden wie auch schon lange der Kirche zugehörige einfache Christen waren also ohne die Möglichkeit der Nachprüfung darauf angewiesen, das zu glauben, was man ihnen als Glaubensinhalt vorsetzte. Sie begegneten dem Wort Gottes in der Predigt und in der Liturgie des Gottesdienstes, vielleicht auch in bildlichen Darstellungen und in einem gewissen Elementarunterricht. Wegen nicht vorhandener Schreib- und Lesefähigkeit war das auch gar nicht anders möglich. Die Kirche wollte diesen Zustand nicht ändern, empfingen die Leute doch in der Lehre, dem Kult und den Sakramenten die für sie nötige Botschaft. Insofern glaubten die Menschen nicht aus eigener Anschauung, sie glaubten den Glauben der Kirche. Um so mehr kam es daher darauf an, daß die Missionare ihnen aus ihrer Schriftkenntnis heraus den biblischen Weg zum Heil zeigten. Der freie Zugang zur Bibel selbst blieb bis ins Spätmittelalter hinein auf die Kirchenleute beschränkt.

4
Missionsmethodische Konzepte

Handbücher für die methodische Durchführung der Mission, nach denen sich alle Glaubensboten richten konnten, gab es im Frühmittelalter trotz mancher Anleitungen im Detail nicht. Die Missionare mußten sich auf Anregungen durch die Arbeit ihrer Vorläufer, auf allgemeine Instruktionen (vgl. Quelle 11) und im übrigen auf ihren eigenen Ideenreichtum verlassen. Die Quellen selbst berichten nur selten über missionsmethodische Konzepte, kam es ihnen doch allein darauf an, den Vollzug der Evangeliumsverkündigung und vor allem den Sieg des Christentums über die Heiden darzustellen. Dennoch lassen sich einige Punkte erkennen, die natürlich nicht bei jedem Missionsvorhaben in gleicher Weise zu Anwendung gekommen sind.

(1) Seit dem Beginn der durch Papst Gregor den Großen veranlaßten Mission bei den Angelsachsen ist eines dieser charakteristischen Elemente die Romverbundenheit der Missionare, die später von der Verantwortung den zuständigen Erzbischöfen gegenüber abgelöst werden konnte. Diese vor allem von den angelsächischen Glaubensboten mit großer Selbstverständlichkeit auf den Kontinent getragene Orientierung ist von der Forschung seit langem ergründet worden, so daß hier eine Beschränkung auf ihre praktische Umsetzung am Beispiel des Bonifatius möglich ist. Denn das von ihm und zuvor schon von Willibrord vertretene Modell war insofern zukunftsweisend, als es die Gefahr einer partikularkirchlichen Isolierung abwehrte und dem Papsttum die Möglichkeit zur geistig-geistlichen Führung im sich entfaltenden abendländischen Mittelalter verschaffte.

Nach dem Scheitern eines ersten, ohne Rückversicherung unternommenen Missionsversuches in Friesland ging Bonifatius im zweiten Anlauf strategischer vor, indem er nämlich durch einen ersten Rombesuch 718/719 sogleich den Grund für seine anschließende missionarische Wirksamkeit legte. Denn er ließ sich von Papst Gregor II. mit der Glaubensausbreitung in Germanien beauftragen und verpflichtete sich, in allem die Amtsvorschriften Roms zu beachten. Diese Bindung wurde durch spätere Romreisen bekräftigt und vertieft (vgl. Quelle 15). Auch wenn die Päpste in der fernen Tiberstadt die Verhältnisse bei den Germanen nicht immer realistisch einzuschätzen wußten, waren sie seitdem darum bemüht, Bonifatius alle erforderliche Unterstützung zukommen zu lassen. Dadurch vermochte Bonifatius eben nicht nur als angelsächsischer Missionar, sondern zuerst als Abgesandter des Papstes zu agieren. Aus dieser Vollmacht heraus betrieb er die römische Reform der fränkischen Kirche, die durch mehrere Synoden in den vierziger Jahren des 8. Jahrhunderts auf Erfolgskurs gebracht werden konnte.

Die strenge Ausrichtung des Bonifatius nach Rom brachte es mit sich, daß er in einem regen Briefverkehr immer wieder Anfragen an die Päpste richtete. Sie sind ein Spiegel für die Arbeitsbedingungen der Missionare und ihre alltäglichen Sorgen. Behandelt wurden etwa Probleme des Eherechtes, der Abhaltung von Synoden und des Umganges mit falschen Priestern, aber auch so marginal erscheinende Fragen wie die, ob Christen das Fleisch von Hasen und Wildpferden verzehren dürften, wann man Speck essen könne und an wie vielen Stellen der Meßfeier das Kreuzzeichen geschlagen werden solle. Auffallend an diesem Aspekt der Romverbundenheit ist, daß es offenbar keine diesbezüglichen Vorschriften gab und man deshalb genötigt war, in der jeweiligen Situation zu entscheiden. Die Distanz des Papstes zu den Herausforderungen der Glaubensboten war groß, weshalb er lediglich auf Anfragen reagierte und nicht etwa von sich aus tätig wurde. Da aber die Missionare andererseits gehalten waren, den römischen Amtsvorschriften zu genügen, wurden sie immer wieder in Konflikte geführt, die sie nur im Kontakt mit Rom meinten klären zu können. Dazu gehörten etwa die Eigenheiten der römischen Liturgie, die im Unterschied zu der gallikanischen nach der Taufe noch die durch den Bischof zu spendende Firmung verlangte. Erstaunlich ist die Konzentration auf kirchenrechtliche, liturgische und eher alltägliche Probleme und der völlige Verzicht auf die Erörterung missionsmethodischer Fragen. Über die Organisation reformierter oder neu gegründeter Bistümer wurde brieflich entschieden, nicht aber über Form und Inhalt der Mission, die ja dafür erst die Voraussetzungen schaffen mußte.

Für Bonifatius war die als *familiaritas* bezeichnete Bindung an Rom nicht nur ein Gehorsamsakt, sondern vor allem eine geistliche Verpflichtung mit weitreichenden Auswirkungen. Denn er war überzeugt, nur so die Einheit der Kirche bewahren zu können. Das war wohl die Grundüberzeugung der Missionare: Die *unitas* der Kirche als Fundament des Heils und damit als Motivation der Missionsarbeit forderte die übergentile *familiaritas* zwischen den Trägern der Christianisierung. Die so begründete geistliche Verwandtschaft konnte im weiteren Verlauf der Christianisierung auch politische Grenzen überschreiten und den von Rom bewahrten Glauben zum einigenden Band verschiedener europäischer Völker werden lassen.

(2) Die Missionsarbeit bedeutete für ihre einzelnen Träger eine Entwurzelung aus den herkömmlichen Lebensformen von ungeahntem Ausmaß. Im Alltag bedrängten sie Entbehrungen sowie die Ungewißheit von Unterkunft und Versorgung in fremder Umgebung. Ihre Missionsaufgabe stellte sie vor eine Fülle von Herausforderungen (vgl. Quellen 9, 22, 30 und 33). In der Regel kamen sie aus dem kulturellen Reichtum und der zivilisatorischen Höhe der Klöster in Bereiche, denen selbst echohafte Formen der antiken Bildung abhanden gekommen waren. Mangelnde Verkehrsverbindungen und geringe Bevölkerungsdichte erschwerten dar-

über hinaus die Wahrnehmung pastoraler Pflichten wie auch den Aufbau funktionsfähiger Gemeinden. Auf diese Beschwernisse reagierten die Missionare vornehmlich durch die Bewahrung des Herkömmlichen. Sie versuchten also, die ihnen vertrauten Lebensformen in die neue Lage zu integrieren, um sich in ihrer selbst gewählten, entsagungsreichen Existenz eine gewisse Entlastung zu verschaffen. Bei diesem nur allzu verständlichen Verfahren stand die Erhaltung persönlicher Kontakte vornehmlich durch Briefe im Vordergrund. Ihr eigentlicher Wert lag darin, Ratschläge auszutauschen und vor allem durch geistlichen Zuspruch Trost zu geben. Neben Empfehlungsschreiben, Glückwünschen und Hilfsbitten war es gerade dieser Punkt, der in der Fremde eine wirkliche Hilfe bedeutete. Dabei spielte die Diskussion der missionarischen und kirchenreformerischen Arbeitsmethodik eine geringe Rolle, was nicht verwundern muß, war sie doch den Missionaren vertraut. Was sie dringlicher benötigten, war die in persönlicher Zuwendung konkret werdende begleitende und mittragende Unterstützung ihrer Arbeit.

Der Austausch von persönlichen und für den sakramentalen Dienst hilfreichen Geschenken, die Beschaffung von die Ausarbeitung von Missionspredigten erleichternden Büchern, direkte Begegnungen und vor allem der geistliche Zuspruch durch Trostschreiben, alles das war die nicht zu unterschätzende menschliche Basis der missionarischen Wirksamkeit, getragen durch ein Netzwerk persönlicher Kontakte.

(3) Die wohl wichtigste Basis des Zusammenhalts dieser »durch die Pilgerschaft inspirierten Verbrüderungsbewegung« (Schmid/Oexle, B 4: 1974, 85) der Missionare war das Gebet füreinander. Es stellt gleichsam die Innenperspektive der Christianisierung dar und wird durch verschiedene Quellen reich bezeugt. Da das Gebet zu den selbstverständlichsten Lebensformen der Gläubigen gehörte, bedurften die entsprechenden Bitten etwa in Briefen keiner ausführlichen

Begründung. Meist wurden sie nur kurz vorgetragen und das Gebetsziel knapp genannt. Daraus ergibt sich automatisch eine gewisse Standardisierung in den wiederkehrenden Formulierungen, die jedoch genügend Raum für differenzierte Gebetsbitten ließ, aus denen immer eine tiefe Ernsthaftigkeit spricht. Verständlicherweise zielte die überwiegende Zahl der Gebetsanliegen auf die Fürbitte, deren die Missionare wegen der sie drückenden Sündenlast für ihre Arbeit im Kloster oder auf dem Missionsfeld bedurften.

Sie wurde noch intensiviert durch die Verabredung regelrechter Gebetsverbrüderungen einschließlich von Meßfeiern für die Lebenden und die Verstorbenen. Da diese Gebetsbünde nicht nur die jeweiligen Briefpartner, sondern ausdrücklich auch deren Mitarbeiter einschlossen, entstand gleichsam eine umfassende europäische Gebetsbewegung. Die wechselseitige Sorge für das Seelenheil konkretisiert das geistliche Gemeinschaftsbewußtsein der Missionare. Die Gebetshilfe war ihnen dabei der entscheidende Rückhalt, wobei der Erfolg der Missionsarbeit ihre tiefere Zielperspektive darstellt.

(4) Ein weiterer zentraler Aspekt der Missionsmethode war das enge Zusammenwirken der Glaubensboten mit den Herrschern in ihren jeweiligen Arbeitsgebieten. Das konnte aufgrund der Sozialstruktur der germanischen Völker auch gar nicht anders sein (vgl. Quellen 7, 10, 13, 22, 23, 28 und 31). Ein Beispiel dafür ist die Abhängigkeit der römischen Missionare beim Beginn der Mission bei den Angelsachsen von König Æthelberht von Kent. Er gab ihnen die Predigterlaubnis, zunächst nur in Canterbury, dann landesweit, sorgte für den Unterhalt der Mönche und den Kirchenbau und trug schließlich persönlich zur Ausbreitung des Christentums in seinem Herrschaftsbereich und darüber hinaus bei (vgl. Quelle 9). Schon dieses Beispiel zeigt, welche zentrale Bedeutung die Mitwirkung der angelsächsischen Königtümer bei der Mission hatte. Innerhalb ihrer Lebens-

formen und Denkstrukturen haben die Könige unbeschadet ihrer politischen Interessen das Christentum materiell und ideell gefördert sowie ihren eigenen Gesinnungswandel durch ethisches Verhalten und missionarische Laieninitiativen deutlich unter Beweis gestellt.

Die besondere Funktion des Herrschers machte es für die Missionare unumgänglich, die Nähe zum Thron zu suchen. Aus der Kooperation am Anfang der Missionierung ergab sich gleichsam folgerichtig deren Fortsetzung bei der eigentlichen Christianisierungsarbeit. Weitreichende Entscheidungen wie etwa die Einrichtung von Erzdiözesen wurden nicht ohne die Herrscher getroffen, die in zunehmendem Maße auch bei der Besetzung von Bischofsstühlen mitwirkten (vgl. Quelle 27). Im Frühmittelalter wurde diese Tendenz durch die ältere, von Konstantin begründete Tradition und den machtvollen Gestaltungswillen der Karolinger noch verstärkt. Willibrord beispielsweise konnte nur im Einvernehmen mit Pippin in Friesland aktiv werden. Dieser war es auch, der Papst Sergius I. (687–701) veranlaßte, Willibrord 695 zum Erzbischof für das Volk der Friesen zu erheben. Gewiß war seine »Schöpfung, das Bistum Utrecht, unzweifelhaft der erste Ansatzpunkt der großen, die Geschichte des abendländischen Mittelalters bestimmenden Roma-zentrischen Kirchenorganisation nördlich der Alpen« und insofern »etwas grundsätzlich Neues«, das »eigentlich den Umsturz der bis dahin geltenden [...] Kirchenverfassung« (Fritze, B3: 1971, 151) bedeutete. Daneben aber beinhaltete schon seine Fidelität den Karolingern gegenüber durchaus nichtrömische Züge. Willibrords Missionstätigkeit war karolingisch und sollte gerade in Friesland die Eroberung kirchlich stabilisieren. Aus Pippins Sicht konnte ein von Rom autorisierter Erzbischof der eigenen Macht nur förderlich sein. Verhindert werden sollte auf jeden Fall die Möglichkeit kirchlicher Verselbständigung der neuen Provinz, weil sich dahinter politische Eigenständigkeit hätte entwickeln können. So entstand von der Kirchenverfassung her in Friesland ein römisch geprägter Sprengel, in dem der Papst die unmittelbare Hoheit hatte. Tatsächlich aber war Willibrord selbst als Erzbischof ein Gefolgsmann der Karolinger.

In gleicher Weise waren Bonifatius und seine Mitarbeiter genötigt, ihre Vorhaben mit den jeweils zuständigen Herrschern abzustimmen. Insbesondere die bonifatianische Kirchenreform im Frankenreich wäre ohne die Zustimmung und Mitwirkung der Karolinger nicht denkbar gewesen, die geschickt ihre politische Konsolidierung mit den Missionsbemühungen zu verbinden wußten. Sie gaben den Missionaren freilich auch den nötigen Schutz bei ihren Missionsvorhaben. Die Fällung der dem Heidengott Donar geweihten Eiche in Geismar geschah in der Nähe eines fränkischen Stützpunktes, so daß das Gefahrenmoment für Bonifatius nicht allzu groß gewesen sein dürfte (vgl. Quelle 16). Wahrscheinlich wurden solche Aktionen ohnehin mit den Herrschern abgesprochen, zumal es bezeichnend ist für die »Reformära der fränkischen Kirche [...], wie eng ihr Verlauf mit den politischen Entschlüssen der karolingischen Machthaber verflochten war« (Schieffer, B4: 1997, 54). Deshalb ist davon auszugehen, daß trotz unterschiedlicher Motivation die Kooperation von beiden Seiten gewünscht und betrieben wurde. Die Päpste erhoben dagegen keinerlei Einwände, sie haben wie selbstverständlich mit einer solchen Zusammenarbeit auch auf Synodalebene gerechnet und sie nicht zuletzt eigener Einflußmöglichkeiten wegen nach Kräften gefördert. Im Kern waren die Missionare mehr auf die Herrscher angewiesen als umgekehrt, ein Mißverhältnis, dessen sie sich durchaus bewußt waren, an dem sie allerdings nicht viel ändern konnten.

Insgesamt betrachtet fließen in dieser Form der Kooperation von Missionaren und Herrschaftsträgern im Frühmittelalter zwei Traditionsstränge zusammen. Aus der Sicht der Herrscher ist die Wechselbeziehung von Sozialstruktur und Sakralkultur zu bedenken. Sie hatte, besonders in den archaischen Kulturen des Nordens, ein Königtum von sakralem Charakter hervorgebracht, dessen Herkunft nach mythischer Art meist durch Göttergenealogien gesichert wurde. Das verlieh dem König eine Doppelfunktion als Herrscher und Opferherr (vgl. Quellen 9, 13 und 22). In christlicher Umformung entstand aus dieser Vorstellung der Gedanke des Gottesgnadentums. Das Leitbild des geistlichen Herrschers war von der alttestamentlichen Idee des *rex et sacerdos* bestimmt, so daß die Verteidigung der Kirche ebenso wie die Ausbreitung des Glaubens als genuine Herrscheraufgaben angesehen wurden (vgl. Quellen 6, 19 und 28). Für die Könige der Christianisierungsepoche war die Religion der entscheidende Herrschaftsfaktor, weshalb sie es für selbstverständlich und politisch notwendig erachteten, sich ihrer sowohl zu bedienen als auch ihr zu dienen. Der damit verbundene Aspekt der Imperialmission ließ sich im Hochmittelalter nicht immer realisieren, so daß Christianisierung nicht mehr automatisch Integration in das Reich bedeutete, er blieb aber, wie der Vorstoß in den Osten zeigt, bis ins Spätmittelalter lebendig.

Aus der Sicht der Missionare war die Kooperation ebenfalls selbstverständlich. Denn sie lag ganz auf der Linie der Kirche, die seit dem Abklingen der Naherwartung der Parusie Christi von der Mitte des 2. Jahrhunderts an ihr Verhältnis zum Staat im Sinne eines friedlichen Miteinanders neu geordnet hatte, wobei sie auf die hellenistische Vorstellung von der umfassenden Zuständigkeit des Herrschers auf politischem wie religiösem Gebiet zurückgriff. An dieser grundsätzlichen Einstellung hatte sich in der Missionssituation nichts geändert. Für die Förderung der Kirche konnte die Kombination beider Traditionsstränge, erleichtert durch die gleiche ethnische Herkunft von Missionaren und Herrschern, sogar nutzbar gemacht werden. Gleichwohl war herrscherliche Gewalt für die Missionare stets mit einer gewissen Ambivalenz behaftet, weshalb sie sich zuerst ihrem geistlichen Auftrag verpflichtet wußten. Die Kooperation stand daher nicht unter dem Gesetz der Unterordnung, sondern konkretisierte weitgehend das Bemühen um das gemeinsame Ziel der Christianisierung.

(5) Schließlich sind noch die Klöster und ihre Kirchen als Stützpunkte für Mission und Seelsorge zu erwähnen. Als Bindeglied zwischen der christlichen Kultur der Spätantike und der des Mittelalters verdichtete sich in ihnen gleichsam das christliche Programm zur Umgestaltung der Welt. Denn neben ihren missionarischen und kirchlichen Aufgaben waren sie Zentren der Erziehung und Sozialfürsorge, nicht zuletzt deshalb in der Regel verkehrsgünstig gelegen. So nahm die Christianisierung Kents ihren Ausgang von dem Kloster in Canterbury, das ebenso wie die dortige, den Aposteln Petrus und Paulus geweihte Kirche auf Initiative von König Æthelberht entstanden war (vgl. Quellen 8 und 9). Dieses Vorgehen wurde während der gesamten Christianisierung beibehalten, wobei sich der Schwerpunkt allmählich von der eigentlichen Bekehrungsarbeit auf die kirchliche Erziehungstätigkeit verlagerte.

Vor allem das Modell der Kathedralklöster als Zentren des kirchlichen Lebens wurde von den angelsächsischen Missionaren auf den Kontinent übertragen. An die neu errichteten Klöster schlossen sich bald Bischofssitze an, so daß sich Christianisierung und Ausbau der Kirchenorganisation organisch verbanden. Die in Mission und Seelsorge tätigen Mitarbeiter des Bonifatius etwa lebten meist klösterlich, weshalb sein Wirkungsgebiet mit Kleinklöstern überzogen war. Die Aspekte des kontemplativen Klosterlebens einerseits und der Missionspredigt und Seelsorge andererseits dürften dabei kein Gegensatz, sondern wichtige Ergänzungen gewesen sein. So waren die Klöster entscheidende Träger der Christianisierung Europas.

5
Ablauf des Religionswechsels

In ihrer Konzentration auf die triumphierende Mitteilung des Sieges der Christen über die Heiden ist die Aussagefreudigkeit der kirchlichen Autoren bezüglich des detaillierten Ablaufes des Religionswechsels eher gering. Für sie kam es auf den Vollzug des Heils an, deshalb sahen sie meist keinen Sinn darin, ihrem Publikum ausführlicher von den Konflikten in einer solchen Situation zu erzählen. Zum Glück gibt es trotzdem Quellen, die einen Blick hinter die Kulissen erlauben. Einige Schritte der Bekehrung können deshalb skizzenhaft näher betrachtet werden.

(1) Aus der Sicht heidnischer Völker war es in erster Linie die Ankündigung konkreter Hilfe im Alltag, die ihre Bereitschaft zum Glaubenswechsel förderte. Aus der Sicht der Könige war es vor allem die Verheißung von Machtzuwachs und Schlachtenhilfe, die sie zur Bekehrung bewog. Das hatte geradezu vertragsähnlichen Charakter, denn zuerst mußte sich die Macht des Christengottes seinen Wünschen und Bedürfnissen fügen, bevor er ihn zu seinem Gott erwählte (vgl. Quellen 4, 13 und 17). Da die heidnischen Götter zuvor die gleiche Funktion hatten, blieb demnach die Struktur der durch Leistung bestimmten Frömmigkeit vor und nach dem Religionswechsel unverändert. Irdisches Heil und religiöses Denken waren eben stets eng miteinander verflochten, und deshalb beurteilte man die Dinge nach dem Aspekt der Nützlichkeit sowie dem Zusammenhang von Tun und Ergehen.

Die Missionsarbeit war gemäß ihrem Selbstverständnis eine konfrontative Kulturbegegnung, bei der sich die jeweiligen Denkweisen gegenseitig ausschlossen. Von daher lag es nahe, den Heiden den Glaubenswechsel durch den Hinweis auf äußere Aspekte zu erleichtern, wozu sich handgreifliche, den vertrauten Erfahrungsmöglichkeiten angemessene Beweise der Gottesmacht am besten eigneten. Den Glaubensboten, zumal wenn sie dem gleichen ethnischen Horizont entstammten, waren diese Zusammenhänge nicht unbekannt. So paßten sie sich den Verhältnissen an und betonten ihrerseits den bei einer Bekehrung zu erwartenden Nützlichkeitseffekt (vgl. Quellen 22 und 31). Daraus ergab sich eine reduzierte Bedeutung dogmatischer Fragen für den Religionswechsel, wobei der von den Neubekehrten erwartete Lohn von den Missionaren als Nächstenliebe und als Gnadenzuwendung Gottes interpretiert werden konnte.

In der Forschung ist immer wieder hervorgehoben worden, der heidnische Glaube sei allein auf solche äußeren Aspekte konzentriert gewesen. Demgegenüber ist festzuhalten, daß erstens der Glaube der heidnischen Germanen keineswegs nur materiell und zweitens der Glaube der Christen keineswegs nur jenseitig ausgerichtet war. Das als freies göttliches Gnadengeschenk verstandene Heil schloß ebenso die konkrete irdische Hilfe mit ein. Im Alten wie im Neuen Testament gibt es eine Fülle von Beispielen entsprechender Segenszuwendung als Folge des Glaubensgehorsams. Die Kausalität von der Hinwendung zu Gott und irdischem Wohlergehen war demnach Heiden wie Christen bekannt, und deshalb hatte für beide die Erwartung des Lohnes für gute Taten nichts Anstößiges an sich.

(2) Auch wenn die Quellen weitgehend davon schweigen, muß der Glaubenswechsel mit erheblichen gesellschaftlichen Problemen und Orientierungskonflikten verbundenen gewesen sein. Das galt nicht nur für die Herrscher, die sich zuerst individuell entscheiden mußten, sondern ebenso für das ihnen in der Regel kollektiv folgende Volk. Beda hat diese Zusammenhänge in der als Muster-Conversio gestalteten Erzählung von der Bekehrung Edwins von Northumbrien angedeutet (vgl. Quelle 13). Danach ist der neue Glaube

übcr einen längeren Zeitraum hinweg am Königshof gepredigt und diskutiert worden. Edwin selbst hatte lange vor seiner Taufe die Beteiligung am Kultdienst eingestellt. Diese Konstellation hatte, ohne daß Beda dies deutlich ausspricht, konkret zur Folge, daß in Northumbrien der heidnische Opferdienst und die Feier der heiligen Eucharistie mit ihren gegensätzlichen Benutzungsregeln in unmittelbarer Nachbarschaft in einem Konkurrenzverhältnis standen. Das konnte nicht ohne lebhafte Konflikte abgehen. Insbesondere die Ratgeber Edwins werden durch dieses Nebeneinander von Altären in erhebliche Loyalitätsprobleme gestürzt worden sein.

Nun kam scheinbar wegen der von der Einheit der religiösen, politischen und ethnischen Grenzen geprägten Sozialstruktur der germanischen Stämme der von dem Herrscher, der Priesterschaft und den Heeresführern geleiteten Stammesversammlung bei der Entscheidung zum Religionswechsel eine entscheidende Funktion zu. Beda vermittelt den Eindruck, daß Edwin schon früh innerlich von der Notwendigkeit des Glaubenswechsels überzeugt war, ihn aber erst nach Zustimmung seiner Großen und nur zusammen mit ihnen vollziehen wollte. Demzufolge, so Beda, habe der König während einer dramatischen Stammesversammlung von jedem einzelnen seiner Großen und Priester eine öffentliche Stellungnahme zum Christentum verlangt. Dabei stand wohl nicht so sehr das Abwägen der Möglichkeiten im Vordergrund, sondern die für alle sichtbare gemeinsame Bekehrung, die dann zu dem entscheidenden Anstoß für das northumbrische Volk werden sollte. Edwins Haltung präjudizierte die seiner Großen, insbesondere die des nach dem König zweitwichtigsten Kultdieners, des Oberpriesters Coifi, der sich auch schon innerlich von dem alten Götter- und Opferdienst gelöst hatte und konsequenterweise selbst die Zerstörung der nutzlosen Tempel und Altäre anregte und auch vollzog. Der gesamte Ablauf der Ereignisse belegt die selbst über den Voten der Stammesversammlung stehende

Bedeutung des Königs. Die Entwicklung hing offensichtlich von seinem Willen ab, denn in seiner Person verbanden sich säkulare und religiöse Funktion.

Daraus ergibt sich für den Ablauf von Bekehrungen, daß die öffentliche Diskussion des Für und Wider eines Religionswechsels auf Stammesversammlungen für die Legitimation des Herrschers zwar wichtig, aber gleichwohl nicht entscheidend war. Die religiöse Ausrichtung wurde letztlich von dem König bestimmt. Seine Haltung präjudizierte auch die der Priester, der Großen und schließlich des Volkes (vgl. Quellen 5, 9, 13, 26, 28, 31 und 32). Das schließt eine intensive Diskussion des Religionswechsels im engsten Führungskreis nicht aus, was die Quellen allerdings nur andeuten. Die damit verbundene bleibende sakrale Stellung des Königs ist von den Missionaren akzeptiert worden, so daß hier das alttestamentlich geprägte Herrschaftsverständnis der Kirche und das der paganen Geblütsheiligkeit des Sakralkönigtums konvergieren. Demgegenüber war die religiöse Entscheidungsbefugnis des Volkes in Skandinavien (vgl. Quellen 22 und 23) und natürlich bei den königslosen Sachsen und Isländern ungleich größer (vgl. Quellen 17 und 24). Entgegen der oft verkürzten Sicht der Überlieferung kann jedenfalls bei dem Religionswechsel mit einem beachtlichen Maß an Beratungen und an Individualismus gerechnet werden. Das gilt freilich nicht für die sich negativ davon abhebenden Maßnahmen der Zwangschristianisierung (vgl. Quellen 19, 20 und 31), gegen die sich stets Widerstand erhob (vgl. Quellen 25, 29 und 34).

(3) Nach der grundsätzlichen Entscheidung mußte vor der Taufe eigentlich die Glaubensunterweisung folgen, wofür in der frühen Kirche eine beachtliche Zeitspanne vorgesehen war. In den Quellen ist davon nur wenig die Rede, was freilich noch nicht den vollkommenen Ausfall der Sache selbst bedeuten muß. Da Taufen in der Regel Ostern und Pfingsten vorgenommen wurden, ergab sich für die Missio-

nare selbst vor Massentaufen genügend Gelegenheit zur Unterweisung des Volkes (vgl. Quellen 9 und 13). Wahrscheinlich hatte die Reisepredigt auf dem Lande in dieser Zeit die Doppelfunktion von Bekehrung und Unterweisung. Allerdings dürfte der Lehrbestand recht knapp bemessen gewesen sein. Unverzichtbare Bestandteile der Unterweisung vor der Taufe waren die Teufelsabsage und das Glaubensbekenntnis (vgl. Quelle 18). Da in der Regel nur ein Minimalbestand an christlicher Unterweisung vermittelt wurde, hing die Verankerung des neuen Glaubens entscheidend von der folgenden Nacharbeit ab. Sie konnte nur dann zu einem wirklichen Erfolg führen, wenn es gelang, anschließend in der betreffenden Gegend ein Pfarrsystem aufzubauen. Die Taufe war die Entscheidung, der das eigentliche Vertrautwerden mit dem Glauben nachfolgte. Das hat vor allem Alkuin in seiner ausführlichen Erörterung der Taufkatechese bei der Exegese des Missionsbefehls betont (vgl. Quelle 20). Nach den ersten Hinweisen auf den christlichen Glauben sei zu taufen und danach der Gläubige in den Vorschriften des Evangeliums zu unterrichten. Die Trennung von Einführung in die Glaubensgrundlagen und ethisch-dogmatischer Lehre vor und nach der Taufe war demnach die vorherrschende Praxis der frühmittelalterlichen Missionsarbeit.

(4) »Der Herrschaftswechsel, um den es in der Bekehrung geht, vollzieht und manifestiert sich in der Taufe« (Kretschmar, B0: 1970, 305). Sie war daher die alles entscheidende Zielmarke der missionarischen Bemühungen der Christianisierungszeit. Dementsprechend steht ihr Vollzug, ob als Massentaufe oder als individuelle Taufspendung, immer im Mittelpunkt der Berichte. Über den jeweiligen konkreten Ablauf und die theologische Sinngebung dagegen erfährt man in der erzählenden Überlieferung praktisch nichts, lapidar wird lediglich mitgeteilt, daß getauft wurde. Wie bei dem Tauftermin galt auch hier die offizielle Anweisung an die Missionare, den kirchlichen Geboten Folge zu leisten

(vgl. Quelle 15). Nach dem Urteil der Forschung sind »Ritualisierung und Unfähigkeit zu theologischer Reflexion [...] die hervorstechenden Züge in der Taufgeschichte des frühen Mittelalters« (Angenendt, B0: 1984, 46). Daher nimmt es nicht wunder, daß die Erwähnung der Taufspendung meist nur von formelhaften theologischen Wendungen begleitet wird. Dazu gehörte auf jeden Fall die Loslösung vom Teufel, ohne die eine Eingliederung in Christus nicht möglich erschien (vgl. Quelle 18). Neben dem Glaubensbekenntnis und dem Vaterunser zählt die Teufelsabsage zu den wenigen volkssprachigen Liturgieteilen. Da sie alle in den Kontext der Taufe gehören und wohl von jedem Taufbewerber einzeln gesprochen werden mußten, stellen sie auch bei Massentaufen trotz ihrer Formelhaftigkeit ein gewisses individuelles Element dar. Aus der Sicht der Missionare wurde an den Täuflingen ein Herrschaftswechsel vollzogen. Aus dem Machtbereich der Dämonen und des Satans gingen sie in das durch die Kirche repräsentierte Reich Christi über. Ob die Bekehrten das Taufereignis genauso empfanden, läßt sich nicht erweisen, denn darüber schweigen die Quellen. Darauf kam es den Missionaren und den von ihren Taten berichtenden Autoren auch nicht an. Für sie war allein wichtig, daß jede Taufe eine Erfüllung des Missionsbefehls Christi darstellte.

6
Soziale Veränderungen durch Christianisierung

Für den Erfolg der Christianisierung war natürlich entscheidend, ob nur der Name des angerufenen Gottes ausgetauscht worden war oder ob sich Denken und Handeln der Bekehrten aus Sicht der Kirche tatsächlich veränderten. Dem Ideal nach bedeutete der Glaubenswechsel einen radikalen Bruch mit der bisherigen Tradition. Das ging natürlich nicht von heute auf morgen, denn in die neue Tradition und Kultur mußten die Menschen erst hineinwachsen. Eine solche Entwicklung brauchte Zeit und Geduld, ist doch die Christianisierung ein Prozeß ohne Ende. Daraus ergab sich zwangsläufig für einen gewissen Zeitraum das Neben- und Ineinander von heidnischen und christlichen Formen und Überzeugungen, also das typische Bild einer Mischkultur. Mit solchen Übergangsepochen ist überall dort in Europa zu rechnen, wo die Mission erfolgreich vorangetrieben werden konnte. Das bedeutet ferner, daß, immer aus dem Blickwinkel der Kirche betrachtet, über fast ein Jahrtausend hinweg zwischen einzelnen Teilen Europas ein erhebliches Kulturgefälle bestand. Allmählich konnten sich indes mit zunehmender Verchristlichung aller Lebensbereiche die kirchlichen Deutungsschemata durchsetzen, oftmals allerdings nur in der Verschmelzung mit archaischen Traditionssträngen. Ein Beispiel dafür ist das Verschwinden heidnischer Bestattungsformen mit ihren Grabbeigaben. Jetzt übernahm die Kirche die Sorge für das Heil der Seelen und lenkte die materielle Versorgung der Toten in andere, nunmehr sozialfürsorgliche Bahnen. So wuchs der neuen Religion in einem vielschichtigen Prozeß mehr und mehr Kraft zur Regulierung des Alltags zu. Die von der Christianisierung erzählenden Quellen thematisieren solche Zusammenhänge nur selten, lassen aber immerhin das Veränderungspotential des christlichen Glaubens erkennen. Es schlägt sich in einem Mentalitätswandel nieder, der insbesondere das soziale Verhalten beeinflußte. Einige Aspekte davon sollen im folgenden kurz angedeutet werden.

(1) Die Auswirkungen des neuen Glaubens werden zuerst deutlich in verschiedenen Formen der Sozialfürsorge, namentlich der konkreten Hilfestellung für Bedürftige, Arme und Kranke. »In einer Zeit, in der der Hunger für die Mehr-

zahl der Menschen fast ein ständiger Lebensbegleiter war, konnte man die allgemeine Bedeutung des Heils der Heiligen kaum sinnfälliger dartun« (Prinz, B0: 1989, 308). In der Armenpflege zeigte sich daher in herausragender Weise die lebensbewahrende Verantwortung der Kirche für ihre Glieder. Entsprechendes Handeln war für die Missionare konstitutiver Ausdruck ihres Glaubens und damit selbstverständlich, trat ihnen doch gemäß der Botschaft des Evangeliums in den Armen Christus selbst gegenüber. Armenfürsorge, die sich nicht so sehr auf die flächendeckende Beseitigung eines sozialen Mißstandes als vielmehr auf die Linderung individueller Not konzentrierte, war daher der Prüfstein vorbildlichen christlichen Handelns. Das Ausgeliefertsein der Gesellschaft an Naturereignisse, Krankheit und Tod mit den allgegenwärtigen Folgen Bedürftigkeit und Armut wurde demnach von den Missionaren nicht als Schicksalsschlag akzeptiert, sondern vom Beginn ihres Auftretens an als Appell an ihre Barmherzigkeit aufgefaßt. Die Möglichkeit dazu hatten sie durch die päpstliche Vorschrift, ein Viertel ihrer Einkünfte für die Bedürftigen zu verwenden, womit übrigens auf längere Sicht der Aufbau einer kirchlichen Armenpflege intendiert war. Daß das damit verbundene Eintreiben des Zehnten auch zu einer konterkarierenden Last werden konnte, muß allerdings auch festgehalten werden (vgl. Quelle 20). Die praktische Durchführung der Armenfürsorge deutet die Überlieferung nur an. In biblischen Wendungen wird die Versorgung der Hungernden und Leidenden vermerkt, die offensichtlich regelmäßig an die Klosterpforten kamen und dort Nahrung und gelegentlich auch Kleidung erhielten. Zentren dieses sozialen Handelns waren demnach in erster Linie die Klöster, wobei sich Ansätze zur Institutionalisierung der Armenpflege zeigen. Zwar vorerst in bescheidener Weise, aber immerhin erkennbar nahm insgesamt betrachtet die Kirche im rauhen Alltagsleben des Mittelalters diakonische Verantwortung wahr und versuchte dadurch, einen Beitrag zum sozialen Frieden zu leisten und den Neubekehrten die heilsame Zugewandtheit Gottes darzustellen.

Ein weiteres Gebiet der konkreten Erhöhung der Lebensqualität war die ärztliche Versorgung. Obschon in der therapeutischen Praxis volksheilkundliche und religiös-magische Elemente aus paganen Zeiten eine weiterhin wichtige Rolle spielten, war das Christentum auch auf diesem Felde impulsgebend. Das zeigt sich zuerst daran, daß die Klöster die Zentren medizinischer Praxis und Ausbildung waren, die in der weiteren Entwicklung ein durchorganisiertes Hospitalwesen hervorbrachten. Bestimmend dafür war die Gleichsetzung: Christus als Erlöser ist Christus der Arzt. Heil war in der Perspektive der Ewigkeit weiterhin zuvörderst Rettung von Sünden, das präsentische Wirken Jesu Christi zeigte sich aber auch im irdischen Heilen. Vor diesem Hintergrund ist die Fürsorge für Kranke in der Missionsepoche zu sehen. Vornehmlich in den Klöstern gab es Ärzte, die sich um die medizinische Versorgung der Kleriker und der Bevölkerung kümmerten. Verbunden waren damit vermutlich auch Apotheken, die ebenfalls den Laien zu Verfügung standen. Möglich war dies wohl nur in den größeren Einrichtungen, während in kleineren Klöstern frei praktizierende Ärzte hinzugezogen oder Kranke von diesen dorthin überwiesen wurden. Für die kirchlichen Autoren lag der Akzent ihrer diesbezüglichen Berichterstattung natürlich weniger auf der Kunst der Ärzte als auf dem wundergleichen Eingreifen Gottes durch die Glaubensboten. Für die notleidende Bevölkerung waren theologische Begründungen zweitrangig. Für sie zählte allein die konkrete Hilfe, die sie in den Klöstern als Zentren ärztlicher Versorgung suchten und fanden.

(2) Eine weitere Herausforderung für die Kirche war der auch im christlichen Europa vorhandene Sklavenmarkt, dessen Existenz unbefangen mitgeteilt wird. Während man die Sklaverei als Wirtschaftsfaktor offensichtlich akzeptierte,

war man ähnlich wie in der frühen Kirche darum bemüht, wenigstens das individuelle Los der betroffenen Menschen zu lindern. So haben etwa die Glaubensboten die Möglichkeit des Sklavenfreikaufes zu missionarischen Aktivitäten genutzt, indem sie die Betroffenen zu Missionaren ausbildeten. Ausdrücklich verboten wurde seitens der Kirche, daß Gläubige ihre Sklaven an Heiden verkauften, wo sie schlimmstenfalls geopfert werden konnten. Wer dies tue, solle die gleiche Buße wie ein Mörder auferlegt bekommen. Mit Stolz hat Bonifatius darauf verwiesen, daß die Mönche in Fulda ohne Sklaven allein vom Ertrag eigener Arbeit lebten. Diese Linie verfolgte die Kirche intensiv weiter, so daß sie Eingang in die von den weltlichen Herrschern promulgierten Kapitularien fand. Insgesamt gesehen hat die Kirche die Sklaverei zwar nicht an sich verurteilt, sie war aber in mehrfacher Hinsicht darum bemüht, »das Los der Sklaven zu verbessern. Sie hat sie vor willkürlicher Tötung und Mißhandlung geschützt; sie hat die Sklavenehe anerkannt; sie hat den Verkauf von christlichen Sklaven ins (heidnische) Ausland verboten; und sie hat die Leistungen der Sklaven in ihren Grundherrschaften fixiert und dadurch der willkürlichen Ausbeutung Schranken gesetzt« (Hoffmann, B0: 1986, 21).

(3) Auch in wirtschaftlicher Hinsicht hatte die Christianisierung Auswirkungen. Im Frühmittelalter bekamen die Randzonen Alteuropas durch die Mission Anschluß an das in spätantiker Tradition stehende christliche Abendland und sein Wirtschaftsleben. Der Fernhandel, der sich allerdings durch religiös bestimmte Grenzen nie wirklich in der Abwickelung seiner Geschäfte hatte stören lassen, erhielt neue Impulse. Dazu trug ein von den Quellen nur mittelbar angesprochener Faktor bei. Die überregionalen Kultorte des germanischen Polytheismus, die etwa in Schweden bis ins 11. Jahrhundert hinein existierten (vgl. Quelle 23), erfüllten parallel die Funktionen von Heiligtümern, Herrschaftssitzen

und Fernhandelsplätzen. Darüber hinaus waren sie wegen des Devotionalienverkaufs etwa in der Gestalt von Götterbildern ein wichtiger wirtschaftlicher Faktor. Diese multifunktionale Bedeutung übernahmen seit der Christianisierung die Kathedralstädte. Außerdem, und das war entscheidend, verlagerten sich die geographischen Punkte religiöser Anbetung von den Hainen und Quellorten direkt in die Dörfer und Städte, so daß allmählich ein flächendeckendes Netz von Kirchen und Klöstern entstand. Sie waren insofern ein beachtliches Element des Wirtschaftslebens, als jeder dieser kirchlichen Stützpunkte befristete Arbeitsplätze für die Errichtung der Bauten und dauernde für den täglichen Unterhalt schuf, Warenimport sicherte, landwirtschaftliche Versorgung forderte und überdies innovativ auf die Umgebung wirken konnte. Der Aufbau einer kirchlichen Organisationsstruktur war demnach an sich schon ein Wirtschaftsfaktor ersten Ranges, welcher den der archaischen Religionsausübung bei weitem übertraf.

Das gilt vor allem für jene Klöster, die nicht nur als kleine Eremitenkolonien ihr Existenzminimum absicherten, sondern sich zu landwirtschaftlichen Großbetrieben entwickelten. Das begann mit der Auswahl eines geeigneten, meist verkehrsgünstig gelegenen Platzes sowie der Rodung und Urbarmachung des Geländes zur Errichtung der Klostergebäude und der Anlage der für die wirtschaftliche Versorgung erforderlichen landwirtschaftlichen Flächen, wozu zahlreiche Mithelfer vonnöten waren (vgl. Quelle 8). So leisteten die Rodungsklöster eine doppelte Aufgabe: sie förderten sowohl die Verchristlichung des Landes außerhalb der Städte als auch den Landesausbau. Auf diese Weise »wurde der Mönch bei der Bodenmelioration, als Gärtner, Arzt und Schriftkundiger selbst der erste und oft einzige Träger kulturellen Fortschritts, eine Wandlung, die nicht in der bewußten Absicht monastischer Gesetzgeber gelegen hatte, sich aber infolge der andersartigen Lebensumstände und durch die materiellen Erfolge der christlichen Arbeitsethik gleichsam von selbst einstellte« (Prinz, B2: 1988, 539). Ganz nebenbei wurden die Klöster dadurch zu Wirtschaftsorganismen ersten Ranges. Überhaupt entwickelte sich die Kirche durch Schenkungen und testamentarische Verfügungen zu einer der größten Grundbesitzerinnen, die ihre agrartechnischen und handelswirtschaftlichen Kenntnisse optimal einzusetzen wußte.

Nicht zu vergessen ist in diesem Zusammenhang der Kirchenbau, der in den Missionsgebieten zum konjunkturellen Aufblühen der Handwerkerstände geführt haben wird. Das gilt weniger für die kleinen Landpfarreien mit ihren bescheidenen Holzbauten als vielmehr für die steinernen Kathedralen und die großen Klöster, die allmählich als Zeugnisse der fortschreitenden Etablierung der Kirche entstanden. Sie werden über Generationen hin große Scharen von Handwerkern an die jeweiligen Bischöfe und Äbte als Bauherren gebunden haben, konnten diese doch die Fülle der zu bewältigenden Erd-, Holz- und Steinarbeiten sowie die künstlerische Ausgestaltung nicht mit eigenen Kräften decken. An den großen Bauhütten zogen sie darüber hinaus die Folgekonjunktur der Versorgungswirtschaft nach sich, so daß die entsprechenden Orte Bevölkerungswachstum verzeichnen konnten und für Handelsbeziehungen attraktiver wurden.

Diese wirtschaftlichen und agrartechnischen Innovationen der Missionare hatten weitreichende Folgen. »Es ist sehr fraglich, ob der gewaltige Impetus, der hinter dem mittelalterlichen Landesausbau seit dem 7. Jahrhundert spürbar wird, ohne das Beispiel rodender und zugleich missionierender Mönche möglich gewesen wäre. Die christliche Neuwertung der Arbeit, praktiziert am Beispiel der klösterlichen Rodungsgrundherrschaften, war damit ein Teil der weiter in die Tiefe gehenden Christianisierung, das christlich-monastische Arbeitsethos wirkte sich unmittelbar als kulturelle Pionierleistung aus« (Prinz, B2: 1988, 538).

(4) Zum sichtbaren Veränderungspotential der Christianisierung gehörten jene Wandlungsprozesse im ethischen und gesellschaftlichen Bereich, die im Vergleich mit den heidnischen Lebensformen ein neues Verhältnis zum Nächsten anbahnten. Für die Kirche war dies ein zentraler Aspekt, denn sie interpretierte den Glauben nicht als individuelle Erfahrung der Innerlichkeit, sondern gerade in ihrer Betonung des Lohngedankens als Zugewandtheit zum anderen Menschen und als rechtes Handeln. Für sie verstand es sich daher von selbst, daß von der Taufe eine Veränderung der ethischen Maßstäbe ausgehen mußte. Der Aufbau entsprechender Verhaltensnormen im Zuge der Verkirchlichung des Alltagslebens erstreckte sich allerdings über mehrere Generationen. Oft genug wurde er indes durch kontraproduktives Verhalten von Herrschern wie Kirchenleuten erheblich behindert (vgl. Quellen 20, 31 und 33).

Die Wertschätzung der menschlichen Existenz war ein wirkungsvolles Ergebnis der Verkündigung des Evangeliums. Sie zeigte sich in dem Bemühen der Kirche um die friedliche Beilegung von üblicherweise blutig ausgetragenen Konflikten und einem beginnenden Rechtsschutz des Lebens überhaupt. Hervorgerufen wurde dieses freilich nur allmählich durchsetzbare Abgehen von den herkömmlichen Verhaltensmustern durch das Bekenntnis zu dem neuen Glauben. So führte die Kirche einen intensiven Kampf gegen Abtreibung und Kindestötung, von Bonifatius einmal als schreckliches Verbrechen und Mord bezeichnet. Nach germanischer Rechtsauffassung war ein noch ungeborenes oder gerade geborenes Kind ausschließliches Eigentum der Gemeinschaft, die über sein Leben verfügen konnte. Auf den Einfluß der Kirche ist es zurückzuführen, wenn in den revidierten Volksrechten des 8. Jahrhunderts die Abtreibung unter Strafe gestellt wurde. Im Gegensatz zur heidnischen Auffassung galt nämlich nach der christlichen Glaubenslehre »ein Kind nur bedingt als Eigentum der Familie, sondern es ›gehörte‹ als individuelles Geschöpf Gottes ebenso der Gemeinschaft aller wie auch Gott selbst. Als von Gott geschaffenes und beseeltes Lebewesen durfte demnach auch kein ungeborenes Kind getötet werden. Wenngleich es bezüglich des genauen Zeitpunktes der Beseelung Widersprüche in der kirchlichen Dogmatik gab, so galt doch die Abtreibung letztlich im Einklang mit christlichen ethischen Werten und Glaubensinhalten schlechthin als Mord und mußte als solcher gesetzlich verboten bzw. bestraft werden« (Niederhellmann, BO: 1983, 138). Es werden vor allem soziale Indikationen gewesen sein, die dieses Eintreten der Kirche für den Schutz der schwächsten Glieder der Gesellschaft in der Folgezeit immer wieder mit der Alltagsrealität kollidieren ließen.

(5) Die fortschreitende Verkirchlichung des Alltagslebens zeigte sich schließlich in der allmählichen Durchsetzung der kirchlichen Ehegesetzgebung. Gerade hier trug die Kirche zur rechtlichen Gleichordnung von Mann und Frau ebenso wie zu deren besserem Rechtsschutz bei. Schwer zu vermitteln waren indes die von der Kirche vertretenen Ehehindernisse. Die in den Quellen erkennbar werdende Diskrepanz zwischen Anspruch und Wirklichkeit belegt jedoch, daß die Missionare die Fragen des kanonischen Eherechts flexibel handhabten, um den Erfolg ihrer Arbeit nicht durch dogmatische Engführung zu verhindern. Generell gilt jedenfalls, daß die aus den germanischen Volksrechten bekannte patriarchalische Struktur durch das christliche Personenverständnis abgeschwächt wurde. Zumindest in Ansätzen ist in der Überlieferung gegenüber den paganen Sozialformen eine Verbesserung der Stellung der Frau, die Betonung der lebenslangen Treue in der Ehe und der Schutz der Kinder zu beobachten, was sicher einer Erhöhung der Lebensqualität der Menschen gleichkam und sich auf den Erfolg der Mission auswirkte.

(6) Das gilt schließlich auch für die Bemühungen um den Aufbau eines Bildungswesens. Es konzentrierte sich auf die

kirchliche Nachwuchsförderung und die Erziehung der Oberschicht, was sich aus dem Ziel einer möglichst raschen und umfassenden Christianisierung des Lebens, für die die Mitwirkung der Aristokratie unerläßlich war, erklärt. Für diese verband sich die Vermittlung mediterran geprägter Bildungselemente der Buchreligion mit der Bewahrung mündlich überlieferter Traditionen adliger Selbstvergewisserung, was ihren Vertretern eine relativ eigenständige Entwicklung sakralen Bewußtseins ermöglichte. Die einfache Bevölkerung ist von diesen Aktivitäten eher unberührt geblieben. »Es ist nicht leicht, die Barriere der klerikalen Welt und ihres fast ausschließlichen Monopols der schriftlichen Überlieferung zu überspringen, um ein Bild von jenen 90 Prozent der Bevölkerung – vom Adel bis zum Leibeigenen – zu gewinnen, die im Grunde die überwältigende Wirklichkeit des Mittelalters ausmachen und die erst viel später buchstäblich ›zu Wort‹ kommen« (Prinz, B0: 1989, 286f.). Die Bildung der illiteraten Laienwelt verlief indirekt über die Kleriker, wenn diese, was keineswegs selbstverständlich war, ihrerseits dazu fähig waren. Wie dem auch sei, in unterschiedlicher Intensität bedeutete Mission zumal im Frühmittelalter Anschluß an das römische Bildungserbe.

Das Veränderungspotential der Christianisierung ist insgesamt als recht umfassend anzusehen. Die Quellen berichten davon nur in Ansätzen, weil ihren Autoren der Vollzug der Mission wichtiger war als die Reaktionen oder gar die Motive der Bevölkerung. Gleichwohl ist der allmähliche Prozeß der Anpassung an die neuen Deutungsschemata nachvollziehbar zu erkennen. In der Übergangsepoche wirkten jedenfalls die gemeinschaftsstiftende Kraft des Glaubens und die Maßnahmen zur Erhöhung der Lebensqualität werbend, so daß sich im Laufe von Generationen selbst tiefersitzende Vorstellungen veränderten.

III
Quellen

Da die nur eine kleine Auswahl präsentierenden Quellentexte durch Querverweise eng mit der Darstellung verknüpft sind, erübrigen sich längere Einführungen. Zitiert werden gängige Übersetzungen aus dem Lateinischen (mit Ausnahme der Quellen 18 und 24), die gelegentlich geringfügig verbessert sind. Kürzungen werden durch Auslassungszeichen vermerkt.

Verzeichnet ist jeweils die Druckvorlage, der die Übersetzung entnommen ist (D), sowie eine zugängliche Publikation der Originalquelle (O), unter Angabe des entsprechenden Abschnitts der Bibliographie (B), in der sich der Titel – jeweils unter »Quellen« – ausführlich verzeichnet findet, sowie der Seitenzahl.

1
Martin von Tours als Missionar, nach seiner 396–397 von Sulpicius Severus verfaßten Lebensbeschreibung
(Zu S. 31)

Ein anderes Mal wollte Martin in einem Dorf namens Levroux den Tempel zerstören, den abergläubische Verehrung überaus reich ausgestattet hatte. Doch viele Heiden widersetzten sich ihm und vertrieben ihn sogar mit Gewalt. Deshalb zog er sich in die Nachbarschaft zurück. Drei Tage lang trug er das Bußkleid und bestreute sich mit Asche. Unter Fasten und beständigem Gebet flehte er zu Gott, Gottes Macht möge jenen Tempel vernichten, da ihn Menschenhand nicht zerstören könne. Da standen plötzlich zwei Engel vor ihm mit Schild und Lanze gleich himmlischen Kriegern. Sie erklärten, sie seien von Gott gesandt, um das Heidenvolk zu vertreiben und Martin zu beschützen, damit ihn niemand aufhalte, wenn er den Tempel zerstöre. Er solle deshalb zurückkehren, um in frommem Eifer das angefangene Werk zu vollenden. Zum Dorf zurückgekehrt, riß er den Tempel bis zu den Fundamenten ein. Die Heidenschar schaute zu und war sprachlos. Die Altäre und Götzenbilder machte Martin zu Staub. Als die Bauern das mitangesehen hatten, begriffen sie, daß eine göttliche Macht sie gelähmt und ganz verwirrt hatte, damit sie sich nicht mit Gewalt Martin widersetzten. Daraufhin glaubten fast alle an Jesus Christus. Mit lauter Stimme bekannten sie öffentlich, Martins Gott sei zu verehren. Die Götter aber müsse man aufgeben, sie seien ja nicht fähig, wirklich zu helfen.

D: Frühes Mönchtum im Abendland II (B1, 37f.).
O: Vie de S. Martin, c. 14 (B1, 284).

2

Papst Gregor II. fordert in einem Brief aus dem Jahre 722 die Altsachsen zur Aufgabe ihres Heidentums auf

(Zu S. 32)

Papst Gregor an das gesamte Volk in der Provinz der Altsachsen. [...] Dies sage ich aber, weil das Reich Gottes nahe ist [Lk. 21,31], so daß Euch niemand mehr durch seine hochtrabende Rede verführe, in irgendwelchem Metall Euer Heil zu suchen, indem Ihr von Menschenhand gemachte Bilder anbetet, die aus Gold, Silber, Erz, Stein oder sonst einem Stoff gemacht sind. Solche Truggottheiten wurden von den Heiden ehedem als Götter bezeichnet, aber in ihnen wohnen bekanntlich Dämonen, ›denn alle Götter der Heiden sind‹, wie die Schrift sagt, ›Dämonen, aber der Herr unser Gott hat den Himmel geschaffen‹ [Ps. 95,5]. Wer aber unter Euch unseren Herrn Jesus Christus angenommen hat, der soll in ihm wandeln, ›eingewurzelt, aufgebaut und gefestigt im Glauben, überströmend in Danksagung. Sehet zu, daß Euch keiner mehr täuscht durch Weltweisheit und eitlen Trug‹ [Kol. 2,6–8]. Denn die Kinder der Finsternis sind schlauer als die Kinder des Lichts [Lk. 16,8]. Rückt ab, Söhne, vom Götzendienst, kommt und betet unseren Herrgott an, ›der den Himmel und die Erde gemacht hat, das Meer und alles, was darinnen ist‹ [Ps. 145,6]; dann wird Euer Angesicht nicht erröten [Jes. 29,22]. Denn nur einer ist der Herr über Menschen, Vögel, Vierfüßler und Fische: er ist gepriesen in alle Ewigkeit. Ziehet also den alten Menschen aus und ziehet den neuen Christus an, indem Ihr alles ablegt: Zorn, Ärger, Bosheit, Lästerung, unkeusches Reden laßt nicht aus Eurem Munde kommen [Kol. 3,8–10]. Rückt ab vom Götzendienst, denn bereits neigt sich der Tag zum Abend [Lk. 24,29]. Seid nicht müßig, vielmehr schafft ein gutes Werk, damit Christus in Euch wohne. Und ›was Ihr tut in Worten oder Werken, das tut im Namen unseres Herrn Jesus Christus, indem Ihr Gott und dem Vater durch ihn dankt‹ [Kol. 3,17], die Denkart des Heidentums von Euch weist und wißt, daß Ihr einen Herrn im Himmel habt. ›Anhaltend im Gebet‹ [Röm. 12,12] erhebt Euer Herz zu ihm; ›denn groß ist der Herr unser Gott und hoch zu rühmen, schrecklicher als alle Götter‹ [Ps. 95,4]: ›er will, daß alle Menschen gerettet werden und zur Erkenntnis der Wahrheit gelangen‹ [1. Tim. 2,4]. Das aber gebe ich Euch, Brüder, zu bedenken: wer von Euch sich Christus zuwenden will, den hindert auf keinen Fall, zwingt ihn nicht, Schnitzbilder anzubeten, weil Christus selbst der Herr lebt mit Gott dem allmächtigen Vater in der Einheit des heiligen Geistes in alle Ewigkeit. Amen. […]

D: Briefe des Bonifatius, Nr. 21 (B3, 75–77).
O: Bonifatii et Lulli epistolae, Nr. 21 (B3, 35f.).

3

Der Göttertempel von Altuppsala, beschrieben von Adam von Bremen in seiner Geschichte der Hamburgischen Kirche

(Zu S. 35, 124)

Dieses Volk [die Schweden] besitzt einen besonders angesehenen Tempel in Uppsala, nicht weit vom Ort Sigtuna und von Birka entfernt. In diesem ganz aus Gold gefertigten Tempel verehrt das Volk die Statuen dreier Götter, und zwar so, daß als mächtigster von ihnen in der Mitte der Dreisitzanlage Thor seinen hohen Thron hat. Den Platz rechts und links von ihm nehmen Wodan und Frikko [Freyr] ein. Man gibt ihnen folgende Deutung: »Thor«, so heißt es, »herrscht in der Luft; er gebietet Donner und Blitzen, Wind und Regen, Sonnenschein und Frucht. Der Zweite, Wodan [Odin], die Wut, führt Kriege und verleiht dem Menschen die Kraft gegen seine Feinde. Frikko, der Dritte, schenkt den Menschen Frieden und Lust«. Daher versehen sie sein Bild auch mit einem ungeheuren männlichen Glied. Wodan dagegen stellen sie bewaffnet dar, wie die unsrigen Mars. Thor endlich gleicht durch sein Zepter offensichtlich dem Jupiter. Außerdem verehren sie zu Göttern erhobene Menschen, die sie für große Taten mit der Unsterblichkeit beschenken.

D: Adam von Bremen, IV26 (B5, 471).

O: Magistri Adam Bremensis Gesta Hammaburgensis ecclesiae pontificum, IV 26 (B5, 257ff.).

4

Chlodwig erfährt göttliche Hilfe in der Schlacht gegen die Alemannen 496/497, erzählt in den um 575 abgeschlossenen Geschichtenbüchern des Gregor von Tours

(Zu S. 48)

Die Königin [Chrodechilde] aber ließ nicht ab, in ihn zu dringen, daß er den wahren Gott erkenne und ablasse von den Götzen. Aber auf keine Weise konnte er zum Glauben bekehrt werden, bis er endlich einst mit den Alemannen in einen Krieg geriet, in dem ihn die Not zwang zu bekennen, was sein Herz vordem verleugnet hatte. Als die beiden Heere zusammenstießen, kam es zu einem gewaltigen Blutbad, und Chlodwigs Heer war nahe daran, völlig vernichtet zu werden. Als er das sah, erhob er seine Augen zum Himmel, sein Herz wurde gerührt, seine Augen füllten sich mit Tränen und er sprach: »Jesus Christus, Chrodechilde verkündet, du seiest der Sohn des lebendigen Gottes. Man sagt, du gebest Hilfe den Bedrängten und Sieg den auf dich Hoffenden. Dich flehe ich demütig an um deinen mächtigen Beistand. Gewährst du mir jetzt den Sieg über diese meine Feinde und erfahre ich so jene Macht, die das Volk, das deinem Namen sich weiht, an dir erprobt zu haben rühmt, so will ich an dich glauben und mich taufen lassen auf deinen Namen. Denn ich habe meine Götter angerufen, aber wie ich erfahre, sind sie weit davon entfernt, mir zu helfen. Daher glaube ich, sie sind ohnmächtig, da sie denen nicht helfen, die ihnen dienen. Dich nun rufe ich an, und ich verlange, an dich zu glauben, nur entreiße mich aus der Hand meiner Widersacher.« Und da er solches gesprochen hatte, wandten die Alemannen sich und fingen an zu fliehen. Als sie aber ihren König getötet sahen, unterwarfen sie sich Chlodwig und sprachen: »Laß, wir bitten dich, nicht noch mehr des Volkes umkommen, wir sind ja dein.« Da tat er dem Kampfe Einhalt, ermahnte das Volk und kehrte in Frieden heim. Der Königin erzählte er, wie er Christi Namen angerufen und so den Sieg gewonnen habe.

D: Gregor von Tours, II 30 (B 2, 117).
O: Gregorii Turonensis Libri historiarum, II 30 (B 2, 75 f.).

5
Chlodwigs Taufe 498 in Reims, berichtet von Gregor von Tours

(Zu S. 53)

Mit bunten Decken wurden nun die Straßen behängt, mit weißen Vorhängen die Kirchen geschmückt, die Taufkirche in Ordnung gebracht, Wohlgerüche verbreiteten sich, es schimmerten hell die duftenden Kerzen, und das ganze Heiligtum der Taufkirche wurde von himmlischem Wohlgeruch erfüllt; und solche Gnade ließ Gott denen zuteil werden, die damals gegenwärtig waren, daß sie meinten, sie seien in die Wohlgerüche des Paradieses versetzt. Zuerst verlangte der König vom Bischof getauft zu werden. Er ging, ein neuer Konstantin, zum Taufbade hin, sich rein zu waschen von dem alten Aussatz und sich von den schmutzigen Flecken, die er von alters her gehabt, im frischen Wasser zu reinigen. Als er aber zur Taufe hintrat, redete ihn der Heilige Gottes mit beredtem Munde so an: »Beuge still deinen Nacken, Sicamber [Franke], verehre, was du verfolgtest, verfolge, was du verehrtest.« Es war nämlich der heilige Bischof Remigius ein Mann von hoher Wissenschaft und besonders in der Kunst der Rhetorik erfahren, aber auch durch Heiligkeit zeichnete er sich so aus, daß er an Wundertaten dem heiligen Silvester gleichkam. [...] Also bekannte der König den allmächtigen Gott als den dreieinigen, und ließ sich taufen im Namen des Vaters, des Sohnes und des heiligen Geistes, und wurde gesalbt mit dem heiligen Öl unter dem Zeichen des Kreuzes Christi. Von seinem Heer aber wurden mehr als dreitausend getauft.

D: Gregor von Tours, II 31 (B 2, 119).
O: Gregorii Turonensis Libri historiarum, II 31 (B 2, 77).

6
Glückwunschbrief des Avitus von Vienne an Chlodwig
(Zu S. 54)

[...] Es hat für unsere Zeit die göttliche Vorsehung einen Mann der Entscheidung gefunden! Indem Ihr für Euch wählt, gebt Ihr das Urteil für alle; so ist Euer Glaube – Unser Sieg.

Es pflegen die meisten in einem solchen Fall, wenn Mahnung der Priester oder Zuspruch irgendwelcher Genossen sie dahin bringt, daß sie im Glauben Gesundung suchen, [...] die Gewohnheiten ihres Geschlechtes und den Brauch von vatersher entgegenzusetzen. So stellen sie zum Verderben ihre Scham über ihr Heil, und indem sie ihren Eltern in Bewahrung des Unglaubens unnütze Verehrung erweisen, bekennen sie, daß sie eigentlich gar nicht wissen, worum die Wahl geht. [...] Ihr, dem von dem ganzen uralten Stammbaum der bloße Adel genug ist, Ihr habt gewollt, daß alles, was den Gipfel der Hoheit irgend zu zieren vermag, für Eure Nachkommenschaft bei Euch den Ausgang nehme. [...]

Freue sich immerhin Griechenland an einem Fürsten unseres Gesetzes: aber nicht mehr, als ob es allein solch große Gnadengabe verdiente! Deren Helle verklärt auch hier die Erde, und dem Abendland erschimmert Licht an einem längst glanzvollen König. Der Durchbruch davon geschah passend zur Weihnacht: folgerecht sollte Euch an dem Tage das Taufbild zum Heile wiedergebären, an welchem die Welt zu ihrer Erlösung die Geburt des Himmelsherrn empfing. Wie also der Geburtstag des Herrn gefeiert ist, sei es auch der Eure; an welchem Ihr für Christus, an welchem Christus für die Welt entsprungen; an welchem Ihr Eure Seele an Gott, Euer Leben für die Gegenwart, Euren Ruhm der Nachwelt geweiht habt. [...]

Nur eines wünschen wir vermehrt: wenn nun Gott Euren Stamm durch Euch ganz und gar zu dem Seinen machen wird, so streut aus dem reichen Schatz Eures Herzens die Glaubenssaat auch unter die ferner wohnenden Stämme, die bisher in natürlicher Unwissenheit leben und nicht durch Keime von Irrlehren verdorben sind. Frisch und ohne Scheu vertretet, auch durch eigens entsendete Botschafter, die Sache Gottes, der die Eure so hoch erhöht hat: auf daß all die Heidenvölker draußen vorerst um des christlichen Gebetes willen Euch dienen und während sie noch getrenntes Eigentum zu behalten scheinen, doch eher dem Stamme als dem Herrscher nach geschieden seien.

D: von den Steinen, Chlodwigs Übergang zum Christentum (B2, 65–68).
O: Alcimi Ecdicii Aviti Viennensis episcopi Opera, Nr. 46 (B2, 75f.).

7
Huldigungsadresse der fränkischen Bischöfe an Chlodwig anläßlich der Reichssynode 511 in Orléans

(Zu S. 57)

Ihrem Herrn Chlodwig, dem Sohn der katholischen Kirche, dem ruhmreichsten König, [entbieten] alle Bischöfe [ihren Gruß], die nach seinem Befehl zum Konzil gekommen sind. Weil Euch eine solche Fürsorge für den ruhmvollen Gottesglauben zum Dienst an der katholischen Religion führt, daß Ihr in priesterlicher Gesinnung die Bischöfe zusammentreten ließt, damit sie über das Notwendige beraten, antworten wir mit folgender Entscheidung gemäß der Befragung durch Eure Huld und gemäß den Tagesordnungspunkten, die Ihr uns gabt. Denn wenn das, was wir beschlossen haben, sich auch nach Eurem Urteil als das Richtige erweist, wird durch die höchste Autorität der Zustimmung eines so mächtigen Königs und Herrn das Votum dieser Bischöfe unumstößlich bekräftigt.

D: Übersetzung: Lutz E. von Padberg.
O: Concilium Aurelianense (B2, 2).

8
Columban errichtet um 590 das Kloster Luxeuil, berichtet in seiner bis 642 von Jonas von Bobbio abgefaßten Lebensbeschreibung
(Zu S. 67)

Als die Gemeinschaft Mönche in übergroßer Zahl besaß, beabsichtigte er, in jener einsamen Gegend einen Platz zu suchen, der sich noch besser für eine Klostergründung eignen würde, und fand schließlich [...] ein altes Lager, das einstmals stark befestigt gewesen war und in alter Zeit den Namen Luxeuil geführt hatte. [...] in den benachbarten Waldschluchten lagen noch immer überall die steinernen Bildnisse herum, die die Heiden in alter Zeit in törichter Verehrung und auf abergläubische Weise verehrt und bei denen sie ihre verdammenswerten Opferzeremonien abgehalten hatten. Jetzt aber trieben sich dort nur wilde Tiere und Bestien herum, eine große Schar von Bären, Auerochsen und Wölfen. Dort ließ sich der hervorragende Mann nieder und erbaute ein Kloster, auf dessen Ruf hin das Volk bald von überall her herbeiströmte und sich einem frommen Lebenswandel weihen wollte, so daß die Mönche bald so zahlreich geworden waren, daß sie nicht länger in nur einem Kloster bleiben konnten. Denn auch die Söhne der Adligen eilten von überall hierher, die Verlockungen der Welt und den trügerischen Glanz irdischen Reichtums zu verachten und dadurch den ewigen Lohn zu erringen. Als der heilige Columban nun merkte, daß es durch diese große Menge Volkes [...] nur Schwierigkeiten geben könnte [...], baute er ein zweites Kloster und gab ihm den Namen Fontaines. Als Äbte stellte er Männer an die Spitze, deren Frömmigkeit unzweifelhaft war. So hatte sich an diesen Orten eine Schar von Mönchen zusammengefunden, bei denen allen er sich bald hier und bald dort aufhielt und denen er voll des Heiligen Geistes eine Regel gab, an die sie sich halten sollten.

D: Jonas erstes Buch vom Leben Columbans, Kap. 10 (B3, 429ff.).
O: Vita Columbani, c. 10 (B3, 76).

9

Der Beginn der Angelsachsenmission 597 in Kent, berichtet von Beda in seiner 731 abgeschlossenen Kirchengeschichte des englischen Volkes
(Zu S. 75)

[I 25] Tage später kam dann der König auf die Insel, blieb unter freiem Himmel stehen und befahl Augustin, mit den Gefährten dorthin zu seiner Versammlung zu kommen. Er war nämlich, einem alten Aberglauben folgend, darauf bedacht, daß sie nicht in einem Haus zu ihm kamen, damit sie, wenn sie irgendwelche Zauberkraft hatten, ihn nicht bei seinem Eintreten täuschten und überwältigten. Aber sie kamen nicht mit dämonischer, sondern göttlicher Kraft ausgestattet, sie trugen ein silbernes Kreuz als Standarte und das auf eine Tafel gemalte Bild des Herrn und Erlösers, sie sangen Gebete und baten den Herrn um das ewige Heil für sich und diejenigen, deretwegen und zu denen sie gekommen waren. Und als sie sich auf Geheiß des Königs hinsetzten und ihm zusammen mit allen seinen Gefährten, die anwesend waren, das Wort des Lebens predigten, antwortete er und sagte: »Schön sind zwar die Worte und Versprechungen, die ihr vorbringt; aber weil sie neu und ungewiß sind, kann ich ihnen nicht meine Zustimmung geben unter Aufgabe der Dinge, denen ich so lange Zeit mit dem ganzen Volk der Engländer gedient habe. Aber weil ihr von weither als Fremde gekommen seid und, wie ich bemerkt zu haben glaube, das, was ihr für wahr und sehr gut haltet, auch uns mitteilen wollt, wollen wir euch nicht hinderlich sein; ja, wir bemühen uns sogar, euch mit wohlwollender Gastfreundschaft aufzunehmen und das zu eurem Lebensunterhalt Nötige zu geben, und wir untersagen nicht, daß ihr alle, die ihr könnt, zum Glauben eurer Religion durch die Predigt bringt.« [...]

[I 26] Sobald sie die ihnen überlassene Bleibe [in Canterbury] betreten hatten, begannen sie das apostolische Leben der frühen Kirche nachzuahmen, nämlich indem sie sich beharrlich Gebeten, Vigilien und Fasten hingaben, das Wort des Lebens denen verkündeten, welchen sie konnten, alle Dinge dieser Welt als etwas Nachteiliges verachteten, nur das, was für den Lebensunterhalt notwendig schien, von denen annahmen, die sie unterrichteten, indem sie in allem gemäß dem lebten, was sie selbst lehrten, indem sie bereit waren, alle Widerwärtigkeiten zu ertragen und auch für die Wahrheit, die sie verkündeten, zu sterben. Kurz, ziemlich viele glaubten und wurden getauft, da sie die Einfachheit des unschuldigen Lebens und den Reiz ihrer himmlischen Lehre bewunderten. [...]

Und als auch er [Æthelberht] unter anderen, entzückt vom ganz reinen Leben der Heiligen und von ihren sehr schönen Versprechen, die sie durch das Vollbringen vieler Wunder auch als wahr bekräftigten, glaubte und getauft wurde, begannen täglich mehr zusammenzuströmen, um das Wort zu hören und sich nach Aufgabe des heidnischen Ritus der Einheit der heiligen Kirche Christi durch den Glauben anzuschließen. Es wird berichtet, daß der König zwar über deren Glauben und Bekehrung erfreut war, aber dennoch niemanden zum Christentum zwang, sondern die Gläubigen nur mit innigerer Zuneigung, sozusagen als Mitbürger des himmlischen Reiches, bedachte. Er hatte nämlich von den Lehrern und Urhebern seines Heils gelernt, daß der Dienst für Christus freiwillig, nicht erzwungen sein müsse. Und er zögerte nicht, diesen seinen Lehrern auch einen ihrem Stand gemäßen Sitz in seiner Hauptstadt Canterbury zu schenken und gleichzeitig notwendigen Besitz verschiedener Art zu geben.

D/O: Beda, 125f. (B3, 80–83).

10

Papst Gregor fordert König Æthelberht von Kent in einem Brief vom 22. Juni 601 zur Intensivierung der Mission auf

(Zu S. 74)

[...] beeile Dich, den christlichen Glauben bei den Dir untertanen Völkern zu verbreiten; vergrößere den Eifer Deiner Rechtschaffenheit bei ihrer Bekehrung; verfolge die Götzenverehrung; zerstöre die Gebäude der Heiligtümer; stärke die Sitten der Untertanen aus großer Lauterkeit des Lebens durch Ermahnung, Schrecken, Schmeichelei, Zurechtweisung und Vorführen von Beispielen guter Werke, damit Du im Himmel den Belohner findest, dessen Namen und Kenntnis Du auf Erden verbreitet hast. [...] So brachte nämlich einst der sehr fromme Kaiser Konstantin den römischen Staat von den törichten Götzenkulten ab, unterstellte ihn und sich selbst dem allmächtigen Gott, unserem Herrn Jesus Christus, und bekehrte sich mit den untergebenen Völkern von ganzem Herzen zu ihm. [...] Und deshalb möge sich jetzt Eure Herrlichkeit beeilen, die Kenntnis des einen Gottes, des Vaters und des Sohnes und des Heiligen Geistes, den ihr unterstellten Königen und Völkern einzupflanzen, damit sie sowohl die alten Könige ihres Volkes an Lob und Verdienst übertrifft, als auch bei den eigenen Sünden um so sicherer vor dem schrecklichen Gericht des allmächtigen Gottes wird, je mehr sie die fremden Sünden von ihren Untertanen nimmt.

D/O: Beda, 132, (B3, 116f.).

11

Brief von Papst Gregor an Abt Mellitus vom 18. Juli 601 zur Missionsmethode
(Zu S. 75)

[... Gregor betont,] daß die Heiligtümer der Götzen bei diesem Volk keineswegs zerstört werden sollen, daß aber die Götzenbilder, die sich darin befinden, zerstört werden sollen, daß Wasser geweiht und in diesen Heiligtümern versprengt, daß Altäre gebaut, Reliquien niedergelegt werden. Denn wenn diese Heiligtümer gut gebaut sind, müssen sie notwendigerweise vom Dämonenkult in die Verehrung des wahren Gottes verwandelt werden, damit dieses Volk, wenn es sieht, daß diese seine Heiligtümer nicht zerstört werden, den Irrglauben aus dem Herzen verbannt und, den wahren Gott erkennend und bewundernd, mit mehr Zutrauen an den Orten zusammenkommt, an die es gewöhnt ist. Und da sie viele Rinder als Opfer für die Dämonen zu schlachten pflegen, muß für sie auch daraus eine andere Feier werden: daß sie sich am Tage der Weihe oder am Tage der heiligen Märtyrer, deren Reliquien dort niedergelegt sind, Hütten aus Baumzweigen um diejenigen Kirchen bauen, die aus den Heiligtümern entstanden sind, und den Festtag mit frommen Festmahlen begehen und nicht mehr Tiere dem Teufel opfern und zum Lobe Gottes für ihr Essen Tiere schlachten und dem Geber der Dinge für ihre Sättigung Dank sagen, damit sie, wenn ihnen äußerlich einige Freuden erhalten bleiben, den inneren Freuden leichter zustimmen können. Denn zweifellos ist es unmöglich, schwerfälligem Verstand alles auf einmal wegzunehmen, da ja auch derjenige, der den höchsten Gipfel besteigen möchte, Schritt für Schritt und nicht in Sprüngen nach oben kommt.

D/O: Beda, 130 (B3, 110–113).

12
Der heidnisch-christliche Doppeltempel von König Raedwald von Ostanglien nach dem Bericht Bedas
(Zu S. 75)

[...] Raedwald war zwar schon längst in Kent mit den Sakramenten des christlichen Glaubens vertraut geworden, aber vergebens, denn bei der Rückkehr nach Hause wurde er von seiner Gemahlin und einigen falschen Lehrern verführt; und von der Aufrichtigkeit des Glaubens abgebracht, war es für ihn nachher schlimmer als vorher, so daß er nach der Art der alten Samariter sowohl Christus als auch den Göttern zu dienen schien, denen er vorher diente, und er im gleichen Tempel sowohl einen Altar für das Opfer Christi als auch einen kleinen Altar für die Opferungen an die Teufel hatte.

D/O: Beda, II 15 (B 3, 186–189).

13
Einführung des Christentums in Northumbrien 627 durch König Edwin nach dem Bericht Bedas
(Zu S. 77)

[II 9: Beda berichtet zunächst von einem vom König der Westsachsen angestifteten Mordanschlag auf Edwin am Ostertag.] In der gleichen hochheiligen Nacht des Osterfestes des Herrn gebar die Königin dem König eine Tochter mit Namen Eanflaed; und während der König in Anwesenheit des Bischofs Paulinus seinen Göttern für die ihm geborene Tochter dankte, begann der Bischof hingegen, dem Herrn Christus Dank zu sagen und gegenüber dem König zu versichern, daß er durch seine Gebete bei ihm erreichte, daß die Königin unverletzt und ohne ernsthaften Schmerz Nachwuchs gebar. Durch dessen Worte erfreut, versprach der König, er werde von den Götzen ablassen und Christus dienen, wenn er ihm Leben und Sieg im Kampf gegen den König schenke, von dem jener Mörder, der ihn verwundet hatte, geschickt wurde; und als Pfand für die Erfüllung des Versprechens übergab er seine Tochter dem Bischof Paulinus, damit sie Christus geweiht würde; sie wurde am heiligen Pfingsttag als erste aus dem Stamm der Northumbrier mit elf anderen ihres Gefolges getauft.

Um diese Zeit zog der König [...] gegen den Stamm der Westsachsen und [...] kehrte als Sieger in sein Vaterland zurück und wollte nicht sofort und unüberlegt die Sakramente des christlichen Glaubens empfangen, wenngleich er den Götzen nicht mehr diente, seitdem er versprochen hatte, daß er Christus dienen werde; vielmehr war er zuerst eifrig darauf bedacht, je nach den Umständen sowohl vom verehrungswürdigen Paulinus die Glaubenslehre zu erlernen, als auch mit seinen Großen [...] zu beraten, was nach ihrer Meinung in dieser Angelegenheit zu tun sei. Da er von Natur aus ein sehr kluger Mann war, bedachte er auch selbst, oft lange allein sitzend, den Mund zwar geschlossen, im Innersten seines Herzens aber viel mit sich beratend, was er tun solle, welche Religion zu beachten sei.

[II 13] Der König antwortete, daß er gewiß den Glauben [...] annehmen wolle und müsse; er sagte aber, daß er noch einmal mit seinen befreundeten Großen und Witan darüber sprechen müsse, damit, wenn auch sie in dieser Sache seiner Ansicht wären, alle zusammen im Quell des Lebens Christus geweiht würden. [...] er wollte von jedem einzelnen wissen, wie ihm die bis dahin nicht vernommene Lehre und die neue Verehrung der Gottheit, die gepredigt wurde, erschien.

Sofort antwortete ihm Coifi, der erste seiner Priester: »Sieh doch, König, wie das ist, was uns eben verkündet wird; ich aber gestehe Dir ganz aufrichtig, was ich bestimmt erkannt habe, daß jene Religion, der wir bis jetzt angehangen haben, überhaupt keine Kraft, keinen Nutzen hat. Keiner der Deinen hat sich nämlich gründlicher als ich der Verehrung unserer Götter hingegeben; und dennoch gibt es viele, die von Dir größere Wohltaten und höhere Würden empfangen und mehr Erfolg haben in allem, was sie sich zu tun und zu erreichen vornehmen. Wenn aber die Götter etwas vermöchten, würden sie mir eher helfen, der ich mich bemühte, ihnen besser zu dienen. Daraus ergibt sich, daß wir, wenn Du das Neue, das uns nun gepredigt wird, nach erfolgter Prüfung für besser und stärker hältst, uns beeilen, es ohne Zögern zu übernehmen.«

[...] Coifi fügte noch hinzu [...]: »Schon längst habe ich eingesehen, daß das, was wir verehren, nichts ist, weil ich nämlich um so weniger fand, je eifriger ich in diesem Kult die Wahrheit suchte. Nun aber bekenne ich offen, daß in dieser Predigt jene Wahrheit strahlt, die uns die Gaben des Lebensheils und der ewigen Seligkeit zu bringen vermag. Daher schlage ich vor, König, daß wir die Tempel und Altäre, die wir ohne Nutzen geweiht haben, schnell der Verdammung und dem Feuer übergeben.« Kurz, der König gab dem seligen Paulinus öffentlich die Zustimmung zur Verkündung des Evangeliums und bekannte, nachdem er dem Götzendienst entsagt hatte, daß er den Glauben an Christus annehme. Als er den oben erwähnten Oberpriester seiner Religion fragte, wer die Altäre und Tempel der Götzen mit den Einfriedungen, von denen sie umgeben waren, als erster entweihen sollte, antwortete jener: »Ich; wer ist denn tauglicher, das, was ich aus Torheit verehrt habe, jetzt als Vorbild für alle zu zerstören, als ich selbst durch die mir vom wahren Gott gegebene Weisheit?« [...] Und sobald er sich dem Heiligtum näherte, zögerte er nicht, dieses durch Einstoßen seiner Lanze zu entweihen; und hocherfreut über die Erkenntnis der Verehrung des wahren Gottes befahl er den Begleitern, das Heiligtum mit allen seinen Einfriedungen zu zerstören und zu verbrennen. [...]

[II 14] So empfing König Edwin mit allen Edlen seines Stammes und dem größten Teil des Volkes den Glauben und die Taufe der heiligen Wiedergeburt [...]. Er wurde [...] getauft in der Kirche des heiligen Apostels Petrus [in York], die er dort selbst aus Holz in schneller Arbeit gebaut hatte, als er Katechetenunterricht erhielt und für den Empfang der Taufe vorbereitet wurde. In dieser Stadt gab er auch seinem Lehrer und Bischof Paulinus einen Bischofssitz. Sobald er die Taufe erhalten hatte, ließ er unter Anleitung dieses Paulinus an der gleichen Stelle eine größere und erhabenere Kirche aus Stein bauen. [...] So groß soll damals die Glaubensleidenschaft und der Wunsch nach der Heilstaufe beim Stamm der Northumbrier gewesen sein, daß Paulinus, als er einmal mit dem König und der Königin zur Königshalle kam, die Yeavering hieß, dort 36 Tage mit ihnen blieb und sich der Aufgabe des Glaubensunterrichts und des Taufens widmete. Während all der Tage machte er von morgens bis abends nichts anderes, als das aus allen Weilern und Orten dort zusammenströmende Volk in der Heilsbotschaft Christi zu unterrichten und die Unterrichteten im Fluß Glen, der ganz nahe war, im Bad der Vergebung zu reinigen.

D/O: Beda, II 9, II 13f. (B3, 162–165, 180–187).

14

Missionspredigt Willibrords, gehalten vor 714 vor dem Friesenherzog Radbod, rekonstruiert von Alkuin in seiner um 790 verfaßten Vita des Heiligen
(Zu S. 82)

Nicht ein Gott ist es, den du verehrst, sondern der Teufel, der dich, o König, in den schlimmsten Irrwahn verwickelt hat, um deine Seele dem ewigen Feuer zu übergeben. Denn es ist nämlich kein Gott außer dem Einen, der Himmel und Erde erschaffen hat, das Meer und alles, was darin ist. Wer diesen in wahrem Glauben verehrt, wird das ewige Leben haben. Das bezeuge ich dir heute als sein Diener, damit du dich von der Lügenhaftigkeit des alten Irrglaubens, dem deine Vorfahren anhingen, endlich abwendest und, glaubend an den einen allmächtigen Gott, unseren Herrn Jesus Christus, im Quell des Lebens getauft, du alle deine Sünden abwäschst und, alle Bosheit und Ungerechtigkeit fortwerfend, du dann als neuer Mensch lebst in aller Nüchternheit, Gerechtigkeit und Heiligkeit. Dies tuend, wirst du mit Gott und seinen Heiligen die ewige Herrlichkeit besitzen. Wenn du aber mich, der ich dir den Weg des Heils zeige, verachtest, so wisse mit Sicherheit, daß du die ewige Pein und die Flammen der Hölle mit dem Teufel, dem du gehorchst, erleiden wirst.

D: Wattenbach: Das Leben des hl. Willibrord, c. 11 (B3, 15f.). – Reischmann: Willibrord, c. 11 (B3, 63–65).
O: Vita sancti Willibrordi, c. 11 (B3, 125).

15

Papst Gregor II. erteilt Bonifatius am 15. Mai 719 eine allgemeine Missionsvollmacht für die germanischen Völker
(Zu S. 82)

[...] Da wir nun erfahren, daß Du von Kind auf in der heiligen Schrift unterrichtet worden bist und daß Du herangereift im Blick auf die Liebe Gottes zur Mehrung des Dir vom Himmel anvertrauten Pfundes Deine Begabung dahin richtest, daß Du die Gnade der Kenntnis des göttlichen Wortes in unablässiger Bemühung auf das Werk heilbringender Predigt verwendest, um ungläubigen Völkern das Geheimnis des Glaubens bekannt zu machen, so freuen wir uns mit Dir Deines Glaubens und wollen Mithelfer werden an Deinem Gnadenvollzug. Weil Du also in bescheidener Voraussicht die gottselige Absicht Deines erwähnten Vorhabens dem heiligen Stuhl zur Beratung zugeführt hast [...] und indem Du gemäß der Entscheidung des Hauptes Dich demütig seiner Leitung unterstellst, [...] gebieten wir, daß Du dem

Wort der Gnade Gottes, weil Du von dem heilbringenden Feuer, das der Herr auf die Erde zu werfen gekommen ist, erleuchtet erscheinst, bei allen im Irrtum des Unglaubens befangenen Völkern, zu denen Du unter Gottes Geleit gelangen kannst, den Dienst am Reich Gottes unter Anrufung des Namens Christi unseres Herrn und Gottes, von der Weisheit angestiftet darstellst und im Geist der Tugend, der Liebe und der Nüchternheit die Verkündigung beider Testamente bei den unkundigen Gemütern in angemessener Weise verbreitest. Was die Lehre von dem Sakrament [der Taufe] anbetrifft, an die Du Dich zu halten bemüht sein sollst bei der Aufnahme derer, die unter Gottes Führung gläubig werden wollen, so wünschen wir, daß Du die Amtsvorschriften unseres heiligen apostolischen Stuhles, die Dir zu Deiner Unterrichtung bereits ausgehändigt worden sind, achtest. Wenn Du aber siehst, daß Dir für die übernommene Tätigkeit etwas fehlt, so wirst Du uns davon nach Möglichkeit Nachricht geben.

D: Briefe des Bonifatius, Nr. 12 (B3, 46f.).
O: Bonifatii epistolae, Nr. 12 (B3, 17f.).

16

Bonifatius fällt 723 die Donareiche in Geismar, erzählt in seiner um 760 von dem Mainzer Priester Willibald verfaßten Lebensbeschreibung
(Zu S. 84)

Damals aber empfingen viele Hessen, die den katholischen Glauben angenommen und durch die siebenfältige Gnade des Geistes gestärkt waren, die Handauflegung; andere aber, deren Geist noch nicht erstarkt, verweigerten des reinen Glaubens unverletzbare Wahrheiten zu empfangen; einige auch opferten heimlich Bäumen und Quellen, andere taten dies ganz offen; einige wiederum betrieben teils offen, teils im geheimen Seherei und Wahrsagerei, Losdeuten und Zauberwahn; andere dagegen befaßten sich mit Amuletten und Zeichendeuterei und pflegten die verschiedensten Opferbräuche, andere dagegen, die schon gesunderen Sinnes waren und allem heidnischen Götzendiest entsagt hatten, taten nichts von alledem. Mit deren Rat und Hilfe unternahm er [Bonifatius] es, eine ungeheuere Eiche, die mit ihrem alten heidnischen Namen die Jupitereiche genannt wurde, in einem Orte, der Geismar hieß, im Beisein der ihn umgebenden Knechte Gottes zu fällen. Als er nun in der Zuversicht seines standhaften Geistes den Baum zu fällen begonnen hatte, verwünschte ihn die große Menge der anwesenden Heiden als einen Feind ihrer Götter lebhaft in ihrem Inneren. Als er jedoch nur ein wenig den Baum angehauen hatte, wurde sofort die gewaltige Masse der Eiche von höherem göttlichen Wehen geschüttelt und stürzte mit gebrochener Krone zur Erde, und wie durch höheren Winkes Kraft barst sie sofort in vier Teile, und vier ungeheuer große Strünke von gleicher Länge stellten sich, ohne daß die umstehenden Brüder etwas dazu durch Mitarbeit getan, dem Auge dar. Als dies die vorher fluchenden Heiden gesehen, wurden sie umgewandelt, ließen von ihrem früheren Lästern ab, priesen Gott und glaubten an ihn. Darauf aber erbaute der hochheilige Bischof, nachdem er sich mit den Brüdern beraten, aus dem Holzwerk dieses Baumes ein Bethaus und weihte es zu Ehren des heiligen Apostels Petrus.

D: Willibalds Leben des Bonifatius, Kap. 6 (B3, 494f.).
O: Vita Bonifatii, c. 6 (B3, 30ff.).

17

Missionspredigt Lebuin-Liafwins, gehalten um 770 auf der sächsischen Stammesversammlung in Marklô, rekonstruiert von einem unbekannten Verfasser in seiner um 850 entstandenen Lebensbeschreibung
(Zu S. 92)

Hört, hört! Ich bin ein Bote des allmächtigen Gottes, sein Gebot überbringe ich euch Sachsen. [...] Das ist die Botschaft Gottes, des Königs des Himmels und der Erde, und seines Sohnes Jesus Christus an euch: Wenn ihr die Seinen sein und das tun wollt, was er euch durch seine Diener aufträgt, wird er euch soviel Gutes erweisen, wie ihr es nie zuvor gehört habt. [...] So wie ihr, Sachsen, bis jetzt keinen König über euch gehabt habt, wird es auch in Zukunft keinen König geben, der euch beherrschen und sich unterwerfen kann. Wenn ihr aber nicht die Seinen werden wollt, hört seinen Spruch an euch: Im Nachbarland steht ein König bereit, in euer Land einzudringen, es zu plündern und zu verwüsten, in vielen Kriegen euch aufzureiben, in die Verbannung zu schleppen, zu enterben und zu töten und euer Erbteil zu geben, wem er will; ihm und seinen Nachkommen werdet ihr dann unterworfen sein.

D: Das alte Leben Lebuins, Kap. 6 (B4, 388f.).
O: Vita Lebuini, c. 6 (B4, 794).

18

Altsächsisches Taufgelöbnis, entstanden um 780, vermutlich von einem angelsächsischen Missionar aus dem Lateinischen übersetzt, hier im Originalwortlaut abgedruckt
(Zu S. 94)

Forsàchistû diabolae? et respondet: ec forsacho diabolae.
end allum diobolgelde? respondet: end ec forsacho allum diobolgeldae.

end allum dioboles uuercum? respondet: end ec forsacho allum dioboles uuercum and uuordum, Thunaer ende Uuôden ende Saxnôte ende allum thêm unholdum thê hira genôtas sint.

Gelôbistû in got alamehtigan fadaer? ec gelôbo in got alamehtigan fadaer.

Gelôbistû in Crist godes suno? ec gelôbo in Crist gotes suno.

Gelôbistû in hâlogan gâst? ec gelôbo in hâlogan gâst.

D/O: Briefe des Bonifatius (B3, 448f.).

19
Die Sachsenkriege nach Einhards Darstellung in seiner um 825 verfaßten Vita Karls des Großen

(Zu S. 97)

Nach Beendigung dieses Krieges [gegen die Langobarden] wurde der sächsische, der nur unterbrochen schien, wieder aufgenommen, der langwierigste, grausamste und für das Frankenvolk anstrengendste, den es je geführt hat. Denn die Sachsen, die wie fast alle Völker auf dem Boden Germaniens wild von Natur, dem Götzendienst ergeben und gegen unsere Religion feindselig waren, hielten es nicht für unehrenhaft, göttliches und menschliches Recht zu schänden und zu übertreten. Dazu kamen noch besondere Umstände, die jeden Tag eine Störung des Friedens verursachen konnten: die Grenze zwischen uns und den Sachsen verlief fast überall in der Ebene, mit Ausnahme weniger Stellen, wo größere Waldungen oder Bergrücken das beiderseitige Gebiet klar trennen; hier nahm denn Totschlag, Raub und Brandstiftung auf beiden Seiten kein Ende. Das erbitterte die Franken so, daß sie nicht mehr bloß Gleiches mit Gleichem heimgeben, sondern offen Krieg mit ihnen führen wollten. Der Krieg wurde also begonnen und von beiden Seiten mit großer Erbitterung, jedoch mehr zum Nachteil der Sachsen als der Franken, dreiunddreißig Jahre lang ununterbrochen fortgeführt. Er hätte früher zu Ende gebracht werden können, wenn das die Treulosigkeit der Sachsen zugelassen hätte. [...] Unter der Bedingung aber, die vom Könige gestellt, von den Sachsen angenommen ward, nahm der Krieg, der sich so viele Jahre hingezogen hatte, ein Ende, daß sie dem heidnischen Götzendienst und den heimischen Religionsbräuchen entsagten, die Sakramente des christlichen Glaubens annahmen und mit den Franken zu einem Volke sich verbanden.

D: Einhards Leben Karls des Großen, Kap. 7 (B4, 172–177).
O: Einhardi Vita Karoli Magni, c. 7 (B4, 9f.).

20

Alkuin in einem Brief aus dem Jahre 796 zur Freiwilligkeit des Glaubens und zur Missionsmethode
(Zu S. 100)

[...] Wie der heilige Augustinus sagt, ist der Glaube eine Sache der Freiwilligkeit, nicht des Zwanges. Man kann den Menschen zum Glauben ziehen, aber nicht zwingen. Er kann gezwungen werden zur Taufe, aber das ist kein Fortschritt im Glauben; höchstens das Kind kann, wie durch fremde Sünde strafbar, so auch durch fremdes Bekenntnis erlöst werden. Ein Mann fortgeschrittenen Alters aber soll für sich bekennen, was er glaubt und wünscht. Wer fälschlich den Glauben bekennt, der wird in Wahrheit das Heil nicht haben. Daher müssen die Prediger der Heidenvölker mit friedlichen und klugen Worten den Glauben lehren. Der Herr kennt die Seinen und öffnet das Herz, wem er will, damit sie erkennen, was von dem Lehrer gesagt wird. Aber auch nach Annahme des Glaubens und der Taufe muß man den schwächeren Seelen mildere Gebote geben. [...] Das heißt, schwerere Vorschriften soll man jenen geben, die lange Zeit ihren Sinn im Gesetz des Herrn geübt haben. Wie Milch dem zarten Kindesalter zukommt, so muß man milde Vorschriften dem ungebildeten Volk geben, das noch im Anfang des Glaubens steht. [...] Ja sogar Paulus selbst, der Prediger der Heiden, rühmt sich, von seiner Hände Arbeit zu leben. [...] Niemand sollte von Habgier veranlaßt das Wort Gottes verkünden, sondern nur von der Liebe Christi gestärkt. So hat er selbst im Evangelium seinen Jüngern die Vorschrift gegeben: Umsonst habt ihr es empfangen, umsonst sollt ihr es geben. Wenn man das sanfte Joch Christi und seine leichte Last dem störrischen Sachsenvolk mit solcher Beharrlichkeit predigen würde, mit der man die Zehnten eintreibt und strengste Bußen für kleine Vergehen gegen das Edikt fordert, dann würden sie vielleicht das Sakrament der Taufe nicht verabscheuen. Sollen doch endlich die Lehrer des Glaubens von den Beispielen der Apostel lernen; sie sollen Prediger sein, nicht Plünderer!

D: Die Kirche im Karolingerreich (B4, 96–99).
O: Alcvini epistolae, Nr. 111 (B4, 159–162).

21

Die Taufe des Dänenkönigs Harald Klak 826, berichtet von Rimbert in seiner zwischen 865 und 876 verfaßten Lebensbeschreibung Ansgars
(Zu S. 111)

Danach geschah es, daß der dänische Teilkönig Harald vom Haß und der Feindschaft anderer Könige des Landes aus seiner Herrschaft vertrieben wurde. Er suchte deshalb den erlauchtesten Kaiser Ludwig auf mit der Bitte, ihn mit seiner Hilfe zur Rückgewinnung der Herrschaft zu würdigen. Der hat von ihm während dieses Aufenthalts teils selbst, teils durch andere die Annahme des Christentums verlangt; natürlich nur, wenn sie beide den einen Gott verehrten, könne ein engeres Verhältnis zwischen ihnen zustande kommen; dann erst werde auch die Christenheit ihm und den Seinen bereitwillig beistehen; so bekehrte er ihn nach Gottes gnädiger Fügung schließlich zum wahren Glauben, hob den Täufling eigenhändig aus dem heiligen Bade und nahm ihn als geistlichen Sohn an.

D: Rimbert: Leben Ansgars, Kap. 7 (B5, 30f.).
O: Vita Anskarii, c. 7 (B5, 26).

22

Ansgars zweite Reise nach Birka 852/853, erzählt von Rimbert
(Zu S. 122)

[Kap. 26] Nach etwa zwanzigtägiger Seefahrt erreichte Ansgar auf seiner Reise Birka. Hier fand er König und Volksmenge in tiefem Irrglauben befangen. Gerade damals trat dort ein Mann auf und verkündete vom Teufel getrieben [...], er habe an einer Versammlung der Götter teilgenommen [...] und sei von ihnen mit folgender Botschaft an König und Volk gesandt: »Lange habt ihr unsere Gunst besessen und dauernd durch unseren Beistand das Land, da ihr wohnt, mit reichem Erntesegen in Frieden und Gedeihen innegehabt. Ihr habt uns Opfer und schuldige Gelübde dargebracht und euer Dienst war uns lieb. Jetzt aber entzieht ihr uns die gewohnten Opfer und bietet nur noch lässig freiwillige Gelübde dar; mehr noch mißfällt uns aber, daß ihr einen fremden Gott über uns erhebt. Wenn euch an unserer Gunst liegt, dann vermehrt die unterlassenen Opfer und leistet größere Gelübde! Nehmt den Kult des fremden Gottes, dessen Lehre uns feindlich ist, nicht bei euch auf und wendet euch seinem Dienst nicht zu! Doch falls ihr mehr Götter wünscht, und wir euch nicht mehr genügen, dann wollen wir einstimmig euren früheren König Erik in unseren Kreis aufnehmen; er soll einer in der Zahl der Götter sein«. Die öffentliche Bekanntmachung dieser Teufelsbotschaft hatte bei der Ankunft des Herrn Bischofs alle Gemüter verwirrt, arger Irrwahn und Unsicherheit beunruhigten die Menschen. Zu Ehren dieses längst verstorbenen Königs errichteten sie einen Tempel und boten ihm wie einem Gott Gelübde und Opfer dar.

[... Ansgar bittet daraufhin den König um Predigterlaubnis und erhält folgende Antwort:] »Nun sind aber die früheren Priester hier nicht auf königlichen Befehl, sondern durch eine Volksempörung verjagt worden. Deshalb darf ich eine Bestätigung eurer Legation vor einer Losbefragung unserer Götter und der Erforschung des Volkswillens hierüber nicht wagen. Dein Abgesandter soll mich zur nächsten Thingversammlung begleiten; ich will beim Volk für dich sprechen. Gewähren die Götter deinem Wunsche ihre Zustimmung, so soll deine Bitte erfüllt werden. Andernfalls will ich dir auch Nachricht geben«. [...]

[Kap. 27. Bei der Thingversammlung wird die Sache beraten:] Sie beschlossen, durch Losorakel den Willen der Götter hierüber zu erkunden. Sie gingen also nach ihrem Brauch auf einen freien Platz und warfen die Lose. Heraus fiel ein Los, das besagte, mit Gottes Willen solle der christliche Glaube dort begründet werden. [... Als das Volk dies hörte,] wurden sie uneinig und stritten sich, waren sie doch vorher durch ihren Irrglauben verwirrt worden. Während dieses Lärmens erhob sich inmitten des Volkes ein alter Mann und sprach: »König und Thingversammlung, hört auf mich! Über die Verehrung dieses Gottes wissen schon viele unter uns recht gut, daß er denen, die auf ihn hoffen, große Hilfe gewähren kann. Das haben unser viele schon oft in Gefahren auf See und in mancherlei Nöten erprobt. Weshalb also sollen wir verwerfen, was uns sicherlich notwendig und vorteilhaft ist? Früher sind unsere Männer nach Dorestad gegangen und haben diese Art Glauben freiwillig angenommen, weil sie seine Nützlichkeit einsahen. [...] Wenn wir die

Gnade dieses Gottes uns in vielem nützlich befunden haben, weshalb sollen wir da nicht gern zustimmen, daß seine Diener bei uns weilen? Überlegt euren Entschluß, Männer, und verfehlt euren Vorteil nicht! Wollen unsere Götter uns nicht gewogen sein, dann ist es gut, die Gnade dieses Gottes zu besitzen, denn er kann und will immer und überall denen helfen, die zu ihm rufen«. Auf Grund dieser Rede kam alles Volk überein, für die Zulassung von Priestern und die widerspruchslose Bewilligung aller Dinge einzutreten, die der Dienst der Geheimnisse Christi bei ihnen erfordere. [...]

[Kap. 28] Nun berief der König den Herrn Bischof zu sich und teilte ihm das Geschehene mit. Gestützt auf den einmütig zustimmenden Beschluß aller bewilligte er den Kirchenbau im Lande, die Zulassung von Priestern und stellte jedem aus seinem Volke, der danach verlangte, die ungehinderte Annahme des Christentums frei.

D: Rimbert: Leben Ansgars, Kap. 26–28 (B5, 86–93).
O: Vita Anskarii, c. 26–28 (B5, 56–59).

23

Der Kampf um den Heidentempel von Altuppsala nach 1064, erzählt von Adam von Bremen
(Zu S. 124)

Adalward kam mit glühendem Eifer für die Predigt des Evangeliums nach Schweden und bekehrte schnell alle Bewohner Sigtunas und seiner Umgebung zum christlichen Glauben. Auch verabredete er mit dem hochwürdigsten Bischof Egino von Schonen einen gemeinsamen Besuch jenes Heidentempels in Uppsala, um Christus dort vielleicht eine Frucht ihrer Arbeit darbringen zu können; willig wollten sie alle Arten von Martern auf sich nehmen, um die Zerstörung dieses Gebäudes zu erreichen, das Mittelpunkt des barbarischen Irrglaubens ist. Wäre es erst einmal niedergerissen oder besser noch verbrannt, dann würde das die Bekehrung des ganzen Volkes nach sich ziehen. Als aber der sehr fromme König Stenkil vernahm, unter dem Volke gehe ein Gerücht von solchen Absichten der Bekenner Gottes um, brachte er sie besonnen von diesem Vorhaben ab und erklärte, man werde sie sofort mit dem Tode bestrafen, ihn selbst aus dem Reich vertreiben, weil er Frevler ins Land geholt habe, und wahrscheinlich würden alle jetzt Gläubigen ins Heidentum zurückfallen [...]. Diesen Vorstellungen des Königs fügten sich die Bischöfe, bereisten aber alle Götenstädte, zerbrachen die Götzenbilder und gewannen daraufhin viele tausend Heiden zum Christentum.

D: Adam von Bremen, IV 30 (B 5, 474 f.).
O: Magistri Adam Bremensis Gesta Hammaburgensis ecclesiae pontificum, IV 30 (B 5, 262 f.).

24

Die Entscheidung der Isländer für das Christentum auf der Thingversammlung des Jahres 1000, unter Verwendung mündlicher Tradition berichtet von Ari in seinem nach 1122 entstandenen »Isländerbuch«

(Zu S. 132)

[Nach dem Streit zwischen Heiden und Christen wurde Thorgeir die Entscheidung überlassen:] Aber am nächsten Morgen richtete er sich auf und ließ ansagen, die Leute sollten zum Gesetzesfelsen gehen. Und als die Männer dorthin kamen, da hub er seine Rede an und sagte, es bedünke ihn, daß ihre Verhältnisse in eine unhaltbare Lage geraten seien, wenn nicht alle ein und dasselbe Gesetz hier im Lande haben sollten. Er stellte den Männern in mannigfacher Weise vor, daß man es dahin nicht kommen lassen dürfe, und sagte, das würde zu einer solchen Zwietracht führen, daß gewiß zu erwarten sei, daß Mord und Totschlag unter den Landsleuten entstehen würde, wodurch das Land veröden würde. [...] »Nun aber scheint es mir rätlich«, sagte er, »daß wir nicht die bestimmen lassen, die sich am feindlichsten gegenüberstehen, sondern lieber einen Ausgleich zwischen ihnen suchen, so daß beide Teile in etwas ihren Willen bekommen, alle aber ein Gesetz und einen Glauben haben. Es wird sich bewahrheiten, daß, wenn wir den Gesetzesverband zerreißen, wir auch den Frieden zerreißen.« Er schloß seine Rede mit dem Erfolg, daß beide Teile zugestanden, daß alle ein Gesetz haben sollten, welches er für gut befinden würde, ihnen vorzutragen. So wurde nun dies als Gesetz verkündet, daß alle, die hierzulande noch ungetauft wären, Christen werden und die Taufe annehmen sollten; aber für die Kindesaussetzung und das Pferdefleischessen sollten noch die alten Gesetze gelten. Opfern sollte man heimlich, wenn man wollte, doch bei Strafe des Lebensringszauns [dreijährige Landesverweisung], wenn Zeugen dafür beigebracht würden. Doch schon nach wenigen Jahren wurde dieser heidnische Brauch abgeschafft gleich den anderen.

D: Aris Isländerbuch, Kap. 7 (B5, 51f.). (Übersetzung aus dem Altnordischen.)
O: Islendingabók, c. 7 (B5, 13–17).

25

Der Slavenaufstand von 983 im Echo der bis 1018 geschriebenen Chronik des Thietmar von Merseburg
(Zu S. 153)

[III 17] Völker, die nach Annahme des Christentums unseren Königen und Kaisern zu Tribut und Diensten verpflichtet waren, griffen, bedrückt durch die Überheblichkeit Herzog Dietrichs [Markgraf der sächsischen Nordmark], in einmütigem Entschluß zu den Waffen. [...] Die Schandtaten begannen am 29. Juni [983] mit der Ermordung der Besatzung von Havelberg und der Zerstörung des dortigen Bischofssitzes. Drei Tage später überfiel beim Läuten der Prim ein Haufe slavischer Empörer das dreißig Jahre vor Magdeburg errichtete Bistum Brandenburg; sein dritter Bischof Folkmar hatte zuvor fliehen können, während an diesem Tage sein Schirmer Dietrich mit seinen Kriegern nur mit Mühe entkam. Die dortigen Priester wurden gefangen [...]. Alle Kostbarkeiten der Kirche wurden geraubt und das Blut Vieler elendiglich vergossen. An Stelle Christi und seines Fischers, des hochwürdigsten Petrus, wurden fortan verschiedene Kulte teuflischen Aberglaubens gefeiert; und nicht nur Heiden, sondern auch Christen lobten diese traurige Wendung!

[III 18] In dieser Zeit wurde die Kirche zu Zeitz [...] genommen und ausgeraubt; ihr erster Bischof Hugo mußte fliehen. Dann verwüsteten [Slaven] das Kloster des heiligen Märtyrers Laurentius in der Burg Calbe und setzten den Unsrigen wie flüchtigen Hirschen nach, denn aufgrund unserer Missetaten hatten wir Angst, sie aber guten Mut. Der Abodritenherzog Mistui verbrannte den ehemaligen Bischofssitz Hamburg und legte ihn wüst.

D: Thietmar von Merseburg, III 17f. (B 7, 104f.).
O: Thietmari Merseburgensis episcopi Chronicon, III 17f. (B 7, 118ff.).

26
Die Taufe des Polenfürsten Mieszko 966, berichtet von Thietmar
(Zu S. 155)

Hatte sie [Dobrava] sich um die Bekehrung ihres Gemahls [Mieszko] bemüht, so erhörte sie ihr Schöpfer in seiner Güte: Seine unendliche Güte brachte den eifrigen Verfolger zur Besinnung, die häufigen Mahnungen der geliebten Frau ließen ihn das Gift des angeborenen Unglaubens ausspeien, und in der heiligen Taufe wusch er das Erbübel unserer Herkunft ab. Und fortan folgten ihrem geliebten Haupt und Herrn die bis dahin zurückhaltenden Glieder seines Volkes und scharten sich im hochzeitlichen Kleide zu den übrigen Jüngern Christi. Ihr erster Bischof Jordan mühte sich sehr um sie, indem der eifrige Mann durch Wort und Werk sie zur Mitarbeit am Weinberg des Herrn lud. Da freuten sich mit Recht gemeinsam die Gatten, der Mann und die edle Frau, und alle, die ihnen unterstanden, waren froh ihrer Vermählung in Christus.

D: Thietmar von Merseburg, IV56 (B7, 172f.).
O: Thietmari Merseburgensis episcopi Chronicon, IV56 (B7, 194f.).

27

Der Akt von Gnesen im Jahre 1000 im Echo der 1285/1287 entstandenen polnischen Chronik
(Zu S. 156)

[Otto III. sagte:] »Einen so bedeutenden und mächtigen Mann wie irgendeinen anderen Fürsten Herzog oder Graf zu nennen, wäre unwürdig, sondern man muß ihn auf einen königlichen Thron erheben und mit der Krone zieren.« Und er nahm die kaiserliche Krone vom eigenen Haupt und setzte sie zum Zeichen des Freundesbündnisses dem Haupte des Boleslaw auf und übergab ihm als Triumphpanier einen Nagel vom Kreuz des Herrn und die Lanze des heiligen Mauritius als Geschenk. Boleslaw gab ihm dafür den Arm des heiligen Adalbert zurück. Und sie waren an dem Tage in solcher Freundschaft vereint, daß der Kaiser ihn zum Bruder und Helfer der Herrschaft machte und Freund und Verbündeten des römischen Volkes nannte. Obendrein übertrug er ihm auch noch alle kirchlichen Reichsrechte im ganzen polnischen Königreich und in allen Gebieten, die er unterworfen hatte oder noch unterwerfen würde. Diese Rechte übergab er seiner und seiner Nachfolger Gewalt, und der römische Papst Silvester bestätigte den Vertrag durch ein kirchliches Diplom. So wurde auf die glanzvollste Weise Boleslaw vom Kaiser erhoben und zum König gemacht.

D: Geschichte in Quellen: Mittelalter, Nr. 201 (B0, 211f.).
O: Chronica Polonorum, I6 (B7, 429).

28

Gottschalks Bemühungen um die Christianisierung der Abodriten seit 1045, berichtet von Helmold von Bosau in seiner 1173 abgeschlossenen Slavenchronik

(Zu S. 163)

Nach dem Tode König Knuts [1042] kehrte Gottschalk nun in das Land seiner Väter zurück, und da er sein Erbe von einigen Gewaltherrschern besetzt fand, beschloß er darum zu kämpfen und gewann, vom Siege geleitet, Eigentum und Herrschaft uneingeschränkt wieder. Sogleich aber richtete er sein Herz darauf, sich vor Gott Ruhm und Ehre zu erwerben, und bemühte sich, die Slavenvölker, denen das einst angenommene Christentum schon in Vergessenheit geraten war, anzuhalten zur Annahme des Glaubens und zur Fürsorge für die Kirche. Und das Werk Gottes gedieh in seinen Händen so sehr, daß eine endlose Menge von Heiden zur Gnade der Taufe zusammenströmte. Auch die einst zerstörten Kirchen wurden überall im Lande der Wagrier, Polaben und Abodriten wieder aufgebaut, und schon erging der Ruf in alle Lande nach Priestern und Dienern des Wortes, welche die unwissenden Gemüter der Heiden mit den Glaubenslehren erfüllen sollten. Da frohlockten die Gläubigen über das Gedeihen der jungen Pflanzung, und es kam dahin, daß die Landesteile voller Kirchen, die Kirchen aber voller Priester waren. [...]

Alle Völker der Slaven, die zum Oldenburger Bezirk gehörten, hielten also fromm am christlichen Glauben fest, während der ganzen Zeit, solange Gottschalk lebte. Wahrhaftig soll dieser hingebungsvolle Mann in solchem Eifer für die göttliche Religion entbrannt sein, daß er häufig selbst in der Kirche Worte der Ermahnung an das Volk richtete, in dem Wunsche nämlich, in slavischer Sprache deutlicher auszudrücken, was von den Bischöfen und Priestern dunkel und geheimnisvoll geredet wurde. Ohne Zweifel hat sich im ganzen Slavenlande niemals jemand so machtvoll und so entflammt von christlichem Glauben erhoben.

D: Helmold von Bosau, Kap. 20 (B 7, 98–101).
O: Helmoldi presbyteri Bozoviensis Cronica Slavorum, c. 20 (B 7, 41 f.).

29

Der Liutizenaufstand von 1066, berichtet von Adam von Bremen
(Zu S. 163)

Der greise Bischof Johannes und die übrigen Christen in der Burg Mecklenburg wurden als Gefangene für die Siegesfeier aufgespart. Für sein Bekenntnis zu Christus erhielt er Stockschläge und wurde dann zum Hohn in den verschiedenen Slavenorten herumgeführt; da man ihm Christi Sache nicht abspenstig machen konnte, hieb man ihm Hände und Füße ab und warf seinen Leib auf die Gasse; sein Haupt aber wurde abgeschnitten; die Heiden spießten es als Siegeszeichen auf einen Spieß und opferten es ihrem Gott Redigost; das geschah am 10. November [1066] in der slavischen Hauptburg Rethra. [...] Die siegreichen Scharen verheerten das ganze Hamburger Land mit Feuer und Schwert. Fast alle

Bewohner Stormarns wurden erschlagen oder gefangen weggeschleppt, die Burg Hamburg gründlich zerstört, und als Spott auf unseren Erlöser verstümmelten die Heiden sogar Kreuze. [...] So fielen alle Slaven während dieses allgemeinen Aufstandes wieder ins Heidentum zurück und alle, die am Glauben festhielten, waren erschlagen.

D: Adam von Bremen, III 51 (B 5, 390–393).
O: Magistri Adam Bremensis Gesta Hammaburgensis ecclesiae pontificum, III 51 (B 5, 193 ff.).

30

Vicelins Missionsarbeit um 1150 im Bistum Oldenburg, berichtet von Helmold von Bosau

(Zu S. 164)

So schickte er [Vicelin] sich denn an, unter dem ungeschlachten und verkehrten Volk, in dem Lande des Schrekkens und der wüsten Einöde zu wohnen, und empfahl sich um so dringender dem Schutze Gottes, je mehr er von menschlicher Hilfe verlassen war. Der Herr aber ließ ihn Gnade finden vor den Augen dieses Volkes. Sobald er nämlich die Herrlichkeit Gottes, die Freuden der zukünftigen Welt und die Auferstehung des Fleisches zu predigen begann, wurde das rohe Volk von der neuen, unbekannten Lehre wie durch ein Wunder im Innersten ergriffen; die Schatten der Sünde verflüchtigten sich vor dem leuchtenden Strahl der Gnade Gottes. Kurz, es ist kaum zu glauben, in welchen Scharen das Volk damals sein Heil in der Buße suchte; und [laut] erscholl das Wort von Vicelins Predigt im ganzen Lande der Nordelbinger. Er begann voll frommen Eifers die umliegenden Kirchen zu besuchen, den Gemeinden Gottes Wort darzureichen, Irrende zurechtzuweisen, Uneinige zu versöhnen und daneben Haine und alle gotteslästerlichen Bräuche zu vertilgen. Als sich der Ruf seiner

Heiligkeit verbreitete, kamen viele zu ihm vom Kleriker- wie vom Laienstande [...]. Diese verbanden sich durch heilige Eide und beschlossen, ein eheloses Leben zu führen, in Gebet und Fasten zu verharren, fromme Werke zu tun, Kranke zu besuchen, Darbende zu nähren und für ihr wie ihrer Nächsten Seelenheil zu sorgen. Vor allem aber waren sie um die Bekehrung der Slaven bemüht und beteten zu Gott, daß diesen die Glaubenspforte recht bald geöffnet werde. [...]

D: Helmold von Bosau, Kap. 47 (B7, 182–185).
O: Helmoldi presbyteri Bozoviensis Cronica Slavorum, c. 47 (B7, 93f.).

31

Beeinträchtigung der Mission bei den Abodriten um 1150 durch Tributforderungen, berichtet von Helmold von Bosau
(Zu S. 166)

Am folgenden Sonntag [wohl 15. Januar 1156] kam die ganze Landgemeinde auf dem Markt von Lübeck zusammen; der Bischof [Gerold von Oldenburg] erschien und hielt eine mahnende Rede an das Volk, die Götzen zu lassen und den einen Gott zu verehren, der im Himmel ist, die Taufe zu empfangen und den schlimmen Taten, dem Raub und dem Mord an Christen zu entsagen. Als er zu Ende gesprochen hatte, sagte Pribislav, aufgefordert von den Übrigen: »Deine Worte, ehrwürdiger Bischof, sind Worte Gottes und dienen zu unserem Heil. Wie aber sollen wir, in solchen Übeln befangen, diesen Weg antreten? Damit du unsere traurige Lage begreifen kannst, höre meine Worte geduldig an; das Volk, das du vor dir siehst, ist dein Volk, und wir legen dir zu Recht unsere Not vor. Bei dir wird es dann stehen, mit uns Mitleid zu haben. Unsere [deutschen] Lehnsherren gehen nämlich mit solcher Strenge gegen uns vor, daß uns vor

Steuern und härtester Knechtschaft der Tod besser als das Leben erscheint. [...] täglich werden wir gepreßt und bedrängt bis aufs Äußerste. Wie sollen wir uns denn diesem neuen Glauben öffnen, daß wir Kirchen bauen und die Taufe empfangen, wenn uns täglich Vertreibung droht? Hätten wir doch einen Ort, zu dem wir flüchten könnten. Doch gehen wir über die Trave, so herrscht dort gleiches Elend, und kommen wir an die Peene, so steht es da ebenso. Was bleibt uns also, als daß wir das Land verlassen, aufs Meer fahren und in den Wogen wohnen? Welche Schuld trifft uns, wenn wir landesvertrieben die See unsicher machen und von Dänen oder Kaufleuten, die das Meer befahren, unseren Unterhalt nehmen? Wird das nicht die Schuld der Fürsten sein, die uns dazu treiben?«

Darauf erwiderte der Bischof: »Daß unsere Fürsten bisher euer Volk mißhandelt haben, ist nicht zu verwundern; sie glauben eben nicht ernstlich zu sündigen, wenn es gegen Götzendiener und Gottlose geschieht. Kehrt lieber zum christlichen Glauben zurück und unterwerft euch eurem Schöpfer, vor dem sich beugen müssen die stolzen Herren! Leben nicht die Sachsen und die übrigen Völker, die den Christennamen führen, ruhig und zufrieden mit ihren verbrieften Rechten? Ihr allein habt euch abgesondert; wie ihr von der Religion aller anderen abweicht, so seid ihr allen zur Plünderung preisgegeben.« Da sagte Pribislav: »Wenn es dem Herrn Herzog und dir richtig scheint, daß wir eines Glaubens mit dem Grafen sind, so sollte man uns auch die Rechte der Sachsen an Gütern und Einkünften geben; dann werden wir gern Christen sein, Kirchen bauen und unseren Zehnt zahlen.«

D: Helmold von Bosau, Kap. 84 (B7, 290–293).

O: Helmoldi presbyteri Bozoviensis Cronica Slavorum, c. 84 (B7, 160ff.).

32

Die Christianisierung Rügens ab 1168, berichtet von Helmold von Bosau
(Zu S. 166)

[... König Waldemar von Dänemark] ließ das uralte Götzenbild des Svantevit herbeibringen, das von allen Slavenvölkern verehrt wurde, befahl, ihm einen Strick um den Hals zu legen, es vor den Augen der Slaven mitten durch das Heer zu schleifen, es in Stücke zu hauen und ins Feuer zu werfen. Er zerstörte auch das Heiligtum mit seinem ganzen Kult und plünderte den reichen Schatz. Dann befahl er, sie sollten von dem Irrglauben lassen, in dem sie geboren waren, und den Dienst des wahren Gottes annehmen. Er stiftete Geld zum Bau von Kirchen, und es wurden zwölf im Lande der Rugianer errichtet; Priester wurden eingesetzt, die für das Volk sorgen sollten, soweit es den Gottesdienst anging, und dabei waren die Bischöfe Absalon von Roskilde und Berno von Mecklenburg anwesend. [...] Fürst der Rugianer war zu dieser Zeit Jaromir, ein edler Mann; nachdem er die Verehrung des wahren Gottes und den rechten Glauben kennengelernt hatte, eilte er sogleich zur Taufe und befahl den Seinen allen, sich mit ihm zugleich durch das heilige Wasser erneuern zu lassen. Er selbst war, einmal Christ geworden, so fest im Glauben und beharrlich in der Predigt, daß man ihn geradezu als einen von Christus berufenen zweiten Paulus ansehen konnte. Er wirkte anstelle eines Apostels und bekehrte das rohe und in tierischer Wildheit zügellose Volk teils durch beständige Predigt, teils durch Drohungen von seiner ursprünglichen Wildheit [innerlich] zum neuen Glauben.

D: Helmold von Bosau, Kap. 108 (B7, 372f.).
O: Helmoldi presbyteri Bozoviensis Cronica Slavorum, c. 108 (B7, 212).

33
Otto von Bambergs Missionsreise 1124/1125 zu den Pomeranen, erzählt in seiner 1140/1146 entstandenen Prüfeninger Vita
(Zu S. 169)

[...] Mit seinen Begleitern reiste er [Otto von Bamberg] zu Schiff von Magdeburg aus die Elbe hinab bis in die Gegend der Burg Havelberg. Obwohl er eine außerordentlich große Zahl von Heiden traf, kam er doch nicht zur Predigt, weil der mächtige und beredte Erzbischof Norbert von Magdeburg meinte, die Anwohner dort gehörten zu seiner Diözese. Er hintertrieb Ottos Predigt mit undurchsichtigen Mitteln. Als dieser von seinen Genossen aufgefordert wurde, trotzdem zu missionieren, verzichtete er darauf, um Frieden und Eintracht zu wahren und nicht wie ein Schnitter auf fremdem Felde zu ernten. [In Stettin] hielt er sich neun Wochen ununterbrochen auf und predigte dauernd. Aber die verhärtete Heidenschaft wollte das Evangelium weder hören noch annehmen. Jeden Sonnabend trat er im Priestergewand zur Predigt vor die Menge, um so schon durch sein Äußeres den Worten höhere Autorität zu verschaffen, um gleichsam durch den Eindruck seines weißen Gewandes die wilden Herzen der Heiden zu besänftigen. Aber das rohe Volk verharrte in seiner Verstocktheit, griff nach seiner Weise zu Stöcken und Steinen, um sie gegen den heiligen Mann zu schlagen und zu schleudern. Als er eines Tages, den Bischofsstab in der Hand, predigte und sich viel Widerspruch erhob, warf einer einen Stein und verletzte ihn tüchtig an der Hand, wobei der Stab stark beschädigt wurde. [...] Der Bischof wußte kaum noch aus und ein. Sollte er predigen? Die Heiden konnten ihn kaum noch sehen oder von Christus hören. Sollte er aufhören? Doch es verpflichtete ihn sein Amt, die Not des Nächsten und Christi Barmherzigkeit. [...]

D: Geschichte in Quellen: Mittelalter, Nr. 558 (B0, 626).
O: Die Prüfeninger Vita des Bischofs Otto von Bamberg, III4, II3 (B7, 80ff., 50f.).

34

Die Gründung des Ritterordens von Dobrin 1228, berichtet in der 1326 abgeschlossenen Chronik des Preußenlandes des Peter von Dusburg

(Zu S. 173)

Als der Herzog [Konrad von Masovien] also sah, daß sein Land so jammervoll litt, daß er es nicht verteidigen konnte, setzte er auf Rat des Bruders Christian, des Bischofs Preußens, und einiger Adliger zum Schutze seines Landes die sogenannten Ritterbrüder Christi mit weißem Mantel, rotem Schwert und Stern ein, die damals in Livland gewesen waren und viele Länder der Heiden dem christlichen Glauben machtvoll unterworfen hatten; und der Bischof kleidete einen achtbaren Mann namens Bruno und mit ihm vierzehn andere zu diesem Orden ein. Darauf erbaute der Herzog den Brüdern eine Burg namens Dobrin, nach der sie später Brüder von Dobrin genannt wurden, und gab ihnen ein Allod oder Eigengut im Land Kujawien, das Szadlowice hieß. Der Herzog und die Brüder kamen dahin überein, daß sie das Land der Ungläubigen, das sie mit Hilfe des Herrn in Zukunft unterwerfen würden, zu gleichen Teilen unter sich aufteilen wollten. Als die Prußen das vernommen hatten, wurden sie noch stärker gereizt; mit zahlreicher bewaffneter Mannschaft griffen sie die Burg Dobrin mehrfach an und waren den Brüdern so feindlich gesonnen, daß kaum jemand von ihnen außerhalb der Befestigungen der Burg zu erscheinen wagte. Schließlich kam es sogar so weit, daß schon fünf oder vier Prußen es wagten, selbst in der Nähe der Burg ihre Raubzüge auszuführen.

D/O: Peter von Dusburg, II4 (B7, 58–61).

Bibliographie

Die folgende Zusammenstellung strebt nicht nach Vollständigkeit, sondern verzeichnet jene Titel, die der Darstellung in Teil I zugrunde liegen, auf die bei der Erörterung einzelner Aspekte des Themas in Teil II Bezug genommen wird und denen die zitierten Quellen in Teil III entnommen sind. Sie soll überdies Interessierten bei der Weiterarbeit helfen.

Epochenübergreifende Arbeiten werden jeweils nur einmal angeführt. Zur Entlastung des Umfangs werden die Aufsätze aus den zitierten Sammelbänden nicht einzeln genannt. Deutsche Übersetzungen lateinischer und altnordischer Quellen sind durch die Sigle *Ü* bezeichnet. Die Sigle *FSGA* steht für die »Freiherr-vom-Stein-Gedächtnisausgabe« (*Ausgewählte Quellen zur deutschen Geschichte des Mittelalters*, begr. von Rudolf Buchner und fortgef. von Franz-Josef Schmale, Darmstadt 1955ff.); die Sigle *MGH* für die *Monumenta Germaniae historica* (Hannover [u.a.] 1826ff.).

0 Quellensammlungen, Gesamtdarstellungen und Sammelwerke

Quellensammlungen und Übersetzungen

Acta Sanctorum. Hrsg. von Jean Bolland [u.a.]. Antwerpen/Brüssel 1643–1940.

Ausgewählte Quellen zur deutschen Geschichte des Mittelalters. Freiherr-vom-Stein-Gedächtnisausgabe (FSGA). Begr. von Rudolf Buchner und fortgef. von Franz-Josef Schmale. Darmstadt 1955ff. [Zweisprachig.]

Christianity and Paganism 350–750. The Conversion of Western Europe. Hrsg. von J.N. Hillgarth. Philadelphia 1986.

Corpus Christianorum. Series latina; Continuatio medievalis. Turnhout 1953ff.

Deutsche Geschichte in Quellen und Darstellung. Bd. 1: Frühes und hohes Mittelalter 750–1250. Hrsg. von Wilfried Hartmann. Stuttgart 1995.

English Historical Documents c. 500–1042. Hrsg. von Dorothy Whitelock. London 1955.
Geschichte in Quellen. Bd. 2: Mittelalter. Hrsg. von Wolfgang Lautemann. München 1970.
Geschichtsschreiber der deutschen Vorzeit. Hrsg. von Georg Heinrich Pertz [u. a.]. Leipzig [u. a.] 1847ff. [Drei Gesamtausgaben.]
Liber Pontificalis. Bd. 1 und 2 hrsg. von Louis Duchesne; Bd. 3 hrsg. von Cyrille Vogel. Paris 1886–92; 1957; Reprogr. Nachdr. 1981. – Engl. Übers.: The Lives of the Eighth-Century Popes; The Book of Pontiffs; The Lives of the Ninth-Century Popes. Hrsg. von Raymond Davis. Liverpool 1992; 1989; 1995. (Translated Texts for Historians. 13; 5; 20.)
Monumenta Germaniae historica (MGH). Hannover [u. a.] 1826ff. [Kritische Edition.]
Patrologiae cursus completus. Series latina. Hrsg. von Jacques-Paul Migne. Paris 1844ff.
Quellen zur germanischen Bekehrungsgeschichte (5.–8. Jahrhundert). Hrsg. von Michael Erbe. Gütersloh 1971.
Sources chrétiennes. Paris 1941ff.
Texte zur germanischen Bekehrungsgeschichte. Hrsg. von Wolfgang Lange. Tübingen 1962.

Gesamtdarstellungen und Sammelwerke

Aland, Kurt: Über den Glaubenswechsel in der Geschichte des Christentums. Berlin 1961.
Angenendt, Arnold: Kaiserherrschaft und Königstaufe. Kaiser, Könige und Päpste als geistliche Patrone in der abendländischen Missionsgeschichte. Berlin / New York 1984.
– Das Frühmittelalter. Die abendländische Christenheit von 400 bis 900. Stuttgart [u. a.] 1990. ²1995.
– Geschichte der Religiosität im Mittelalter. Darmstadt 1997.
Atlas of Medieval Europe. Hrsg. von Angus MacKay und David Ditchburn. London / New York 1997.
Banniard, Michel: Europa. Von der Spätantike bis zum frühen Mittelalter. München/Leipzig 1993. Übers. von Chris E. Paschold. (Frz. Orig.-Ausg. Paris 1989.)
Beutel, Albrecht: Vom Nutzen und Nachteil der Kirchengeschichte.

Begriff und Funktion einer theologischen Kerndisziplin. In: Zeitschrift für Theologie und Kirche 94 (1997) S. 84–110.

Brown, Peter: Die Entstehung des christlichen Europa. Übers. von Peter Hahlbrock. München 1996. (Engl. Orig.-Ausg. Oxford 1995.)

The New Cambridge Medieval History 2: c. 700 – c. 900. Hrsg. von Rosamond McKitterick. Cambridge 1995.

Christianisation et déchristianisation. Angers 1986.

La conversione al christianesimo nell'Europa dell'alto medioevo. Spoleto 1967.

Cristianizzazione ed organizzazione ecclesiastica delle campagne nell'alto medioevo: espansione e resistenze. Spoleto 1982.

Ewig, Eugen: Zum christlichen Königsgedanken im Frühmittelalter. In: Das Königtum. Seine geistigen und rechtlichen Grundlagen. Konstanz 1953. Reprogr. Nachdr. Darmstadt 1973. S. 7–73. – Wiederabgedr. in: E. E.: Spätantikes und fränkisches Gallien. Gesammelte Schriften (1952–1973). Bd. 1. Hrsg. von Hartmut Atsma. Zürich/München 1976. S. 3–72.

Fletcher, Richard: The Conversion of Europe. From Paganism to Christianity 371–1386 AD. London 1997.

Frank, Isnard W.: Predigt VI. Mittelalter. In: Theologische Realenzyklopädie. Bd. 27. Berlin / New York 1997. S. 248–262.

Fried, Johannes: Der Weg in die Geschichte. Die Ursprünge Deutschlands bis 1024. (Propyläen Geschichte Deutschlands. Bd. 1.) Berlin 1994.

– Wissenschaft und Phantasie. Das Beispiel der Geschichte. In: Historische Zeitschrift 263 (1996) S. 291–316.

Gensichen, Hans-Werner: Glaube für die Welt. Theologische Aspekte der Mission. Gütersloh 1971.

Germanische Religionsgeschichte. Quellen und Quellenprobleme. Hrsg. von Heinrich Beck [u. a.]. (Ergänzungsbände zum Reallexikon der germanischen Altertumskunde. Bd. 5.) Berlin / New York 1992.

Geschichte des Christentums. Hrsg. von John McManners. Frankfurt a. M. 1993.

Die Geschichte des Christentums. Bd. 4: Bischöfe, Mönche und Kaiser (642–1054). Hrsg. von Gilbert Dagron [u. a.]. Dt. Ausg. hrsg. von Egon Boshof. Übers. von Christine Boesten-Stengel. Freiburg i. Br. [u. a.] 1994. (Frz. Orig.-Ausg. Paris 1993.)

Hauck, Albert: Kirchengeschichte Deutschlands. 5 Bde. Leipzig 1887. [9]1958.

Hauck, Karl: Von einer spätantiken Randkultur zum karolingischen Europa. In: Frühmittelalterliche Studien 1 (1967) S. 3–93.

Hauschild, Wolf-Dieter: Lehrbuch der Kirchen- und Dogmengeschichte. Bd. 1: Alte Kirche und Mittelalter. Gütersloh 1995.

Hoffmann, Hartmut: Kirche und Sklaverei im frühen Mittelalter. In: Deutsches Archiv für Erforschung des Mittelalters 42 (1986) S. 1–24.

Jones, Prudence / Pennick, Nigel: A History of Pagan Europe. London / New York 1995. [2]1997.

Karpp, Heinrich: Bibel IV. Die Funktion der Bibel in der Kirche. In: Theologische Realenzyklopädie. Bd. 6. Berlin / New York 1980. S. 48–93.

Kirchengeschichte als Missionsgeschichte. Bd. 2,1: Die Kirche des früheren Mittelalters. Hrsg. von Knut Schäferdiek. München 1978.

Kretschmar, Georg: Die Geschichte des Taufgottesdienstes in der alten Kirche. In: Leiturgia. Handbuch des evangelischen Gottesdienstes. Bd. 5: Der Taufgottesdienst. Kassel 1970. S. 1–348.

MacMullen, Ramsay: Christianity and Paganism in the Fourth to Eighth Centuries. Yale 1997.

Niederhellmann, Annette: Arzt und Heilkunde in den frühmittelalterlichen Leges. Eine wort- und sachkundliche Untersuchung. Berlin / New York 1983.

Nock, Arthur D.: Conversion. The Old and the New in Religion from Alexander the Great to Augustine of Hippo. Oxford 1933.

Oexle, Otto Gerhard: Deutungsschemata der sozialen Wirklichkeit im frühen und hohen Mittelalter. Ein Beitrag zur Geschichte des Wissens. In: Mentalitäten im Mittelalter. Methodische und inhaltliche Probleme. Hrsg. von František Graus. Sigmaringen 1987. S. 65–117.

Padberg, Lutz E. v.: Odin oder Christus? Loyalitäts- und Orientierungskonflikte in der frühmittelalterlichen Christianisierungsepoche. In: Archiv für Kulturgeschichte 77 (1995) S. 249–278.

– Topos und Realität in der frühmittelalterlichen Missionspredigt. In: Hagiographica 4 (1997) S. 35–70.

Prinz, Friedrich: Der Heilige und seine Lebenswelt. Überlegungen zum gesellschafts- und kulturgeschichtlichen Aussagewert von Viten und Wundererzählungen. In: F. P.: Mönchtum, Kultur und

Gesellschaft. Beiträge zum Mittelalter. Zum sechzigsten Geburtstag des Autors. Hrsg. von Alfred Haverkamp und Alfred Heit. München 1989. S. 251–268.

Propagande et contre-propagande religieuses. Hrsg. von Jacques Marx. Brüssel 1987.

Rom und Byzanz im Norden. Mission und Glaubenswechsel im Ostseeraum während des 8.–14. Jahrhunderts. Bd. 1. Hrsg. von Michael Müller-Wille. Mainz/Stuttgart 1997. (Akademie der Wissenschaften und der Literatur. Abhandlungen der Geistes- und Sozialwissenschaftlichen Klasse 1997. 3,1.)

Schäferdiek, Knut [u. a.]: Christentum der Bekehrungszeit. In: Reallexikon der germanischen Altertumskunde. Bd. 4. Berlin / New York 1981. S. 501–599.

Schubert, Hans von: Geschichte der christlichen Kirche im Frühmittelalter. Ein Handbuch. Tübingen 1921. Reprogr. Nachdr. Darmstadt 1962.

Schulze, Hans K.: Vom Reich der Franken zum Land der Deutschen. Merowinger und Karolinger. Berlin 1987. (Das Reich und die Deutschen.)

Ström, Åke V. / Biezais, Haralds: Germanische und Baltische Religion. Stuttgart [u. a.] 1975.

Thomson, John A. F.: The Western Church in the Middle Ages. London [u. a.] 1998.

Varieties of Religious Conversion in the Middle Ages. Hrsg. von James Muldoon. Florida 1997.

Wolfram, Herwig: Das Reich und die Germanen. Zwischen Antike und Mittelalter. Berlin 1990. [2]1992. (Das Reich und die Deutschen.)

1 Die Ausgangslage

Quellen

Das frühe Christentum bis zum Ende der Verfolgungen. Hrsg. von Peter Guyot und Richard Klein. Darmstadt 1993; 1994. (Texte zur Forschung 60; 62.) Reprogr. Nachdr. in einem Bd. ebd. 1997.

Frühes Mönchtum im Abendland. Bd. 1: Lebensformen. Bd. 2: Le-

bensgeschichten. Hrsg. von Karl Suso Frank. Zürich/München 1975.
The Goths in the Fourth Century. Hrsg. von Peter Heather und John Matthews. Liverpool 1991. (Translated Texts for Historians. 11.)
Griechische und lateinische Quellen zur Frühgeschichte Mitteleuropas bis zur Mitte des 1. Jahrtausends u.Z. 4 Bde. Hrsg. von Joachim Herrmann. Berlin 1988–92.
Paulus Diaconus. Historia Langobardorum. Hrsg. von Georg Waitz (MGH. Scriptores rerum Germanicarum in usum scholarum. Bd. 48.) Hannover 1878. Reprogr. Nachdr. ebd. 1987.
Ü: Geschichtsschreiber der deutschen Vorzeit. Bd. 15. Leipzig ²1888.
Quellensammlung zur Religionspolitik Konstantins des Großen. Hrsg. von Volkmar Keil. Darmstadt 1989. (Texte zur Forschung. 54.)
Vie de S. Martin. Hrsg. von Jacques Fontaine. Paris 1967.

Literatur

Die Alamannen. Stuttgart 1997. [Ausstellungskatalog.]
Bardy, Gustave: Menschen werden Christen. Das Drama der Bekehrung in den ersten Jahrhunderten. Hrsg. von Josef Blank. Freiburg i. Br. [u. a.] 1988. (Frz. Original-Ausg. Paris 1949.)
Brown, Peter: Autorität und Heiligkeit. Aspekte der Christianisierung des Römischen Reiches. Übers. von Diether Eibach. Stuttgart 1998. (Engl. Orig.-Ausg. Cambridge 1995.)
Dassmann, Ernst: Kirchengeschichte. Bd. 1: Ausbreitung, Leben und Lehre der Kirche in den ersten drei Jahrhunderten. Bd. 2,1: Konstantinische Wende und spätantike Reichskirche. Bd. 2,2: Theologie und innerkirchliches Leben bis zum Ausgang der Spätantike. Stuttgart [u. a.] 1991–98. (Studienbücher Theologie. 10; 11,1; 11,2.)
– Die Anfänge der Kirche in Deutschland. Stuttgart [u. a.] 1993.
Hasenfratz, Hans-Peter: Die religiöse Welt der Germanen. Ritual, Magie, Kult, Mythus. Freiburg i. Br. [u. a.] 1992.
Fox, Robin Lane: Pagans and Christians in the Mediterranean World

from the Second Century AD to the Conversion of Constantine. London 1986.
Germanenprobleme in heutiger Sicht. Hrsg. von Heinrich Beck. (Ergänzungsbände zum Reallexikon der germanischen Altertumskunde. Bd. 1.) Berlin / New York 1986.
Geuenich, Dieter: Geschichte der Alemannen. Stuttgart 1997.
Jarnut, Jörg: Geschichte der Langobarden. Stuttgart 1982.
Kingdoms of the Empire. The Integration of Barbarians in Late Antiquity. Hrsg. von Walter Pohl. (The Transformation of the Roman World. Bd. 1.) Leiden [u. a.] 1997.
Markus, Robert A.: Christianity in the Roman World. London 1974.
Martin, Jochen: Spätantike und Völkerwanderung. (Oldenbourg Grundriß der Geschichte. Bd. 4.) München ^{2}1990. ^{3}1995.
Padberg, Lutz E. v.: Christen und Heiden. Zur Sicht des Heidentums in ausgewählter angelsächsischer und fränkischer Überlieferung des 7. und 8. Jahrhunderts. In: Iconologia sacra. Mythos, Bildkunst und Dichtung in der Religions- und Sozialgeschichte Alteuropas. Festschrift für Karl Hauck zum 75. Geburtstag. Hrsg. von Hagen Keller und Nikolaus Staubach. Berlin / New York 1994. S. 291–312.
Pohl, Walter: Die Awaren. Ein Steppenvolk in Mitteleuropa 567–822. München 1988.
Spätantike und frühes Mittelalter. Hrsg. von Josef Engemann und Christoph B. Rüger. Bonn 1991.
Wolfram, Herwig: Die Goten. Von den Anfängen bis zur Mitte des 6. Jahrhunderts. Entwurf einer historischen Ethnographie. München 1979. ^{3}1990.
– Die Germanen. München 1995.

2 Der Beginn in Reims

Quellen

Alcimi Ecdicii Aviti Viennensis episcopi Opera quae supersunt. Hrsg. von Rudolf Peiper. (MGH. Auctores Antiquissimi. 6,2.) Berlin 1883. Reprogr. Nachdr. 1985.

Concilium Aurelianense. Concilia aevi Merovingici. Hrsg. von Friedrich Maassen. (MGH. Concilia. 1.) Hannover 1893. Reprogr. Nachdr. 1989. S. 1–14.

Gregorii Turonensis Libri historiarum X. Hrsg. von Bruno Krusch und Wilhelm Levison. (MGH. Scriptores rerum Merovingicarum. 1.) Hannover 1937–51. Reprogr. Nachdr. 1992.
Ü: Gregor von Tours. Zehn Bücher Geschichten. Hrsg. von Rudolf Buchner (FSGA 2.) Darmstadt 1977. ²1990.

Gregory of Tours. Life of the Fathers. Hrsg. von Edward James. Liverpool 1985. ²1991. (Translated Texts for Historians. 1.)

Late Merovingian France. History and Hagiography 640–720. Hrsg. von Paul Fouracre und Richard A. Gerberding. Manchester / New York 1996.

Quellen zur Geschichte der Alamannen. Hrsg. von Camilla Dirlmeier [u. a.]. Sigmaringen 1976ff.

Quellen zur Geschichte des 7. und 8. Jahrhunderts. [Fredegar; Liber Historiae Francorum; Vita Lebuini antiqua; Ionae Vitae Columbani liber primus.] Hrsg. von Herwig Wolfram [u. a.]. (FSGA 4a.) Darmstadt 1982. ²1994.

Literatur

Böhme, Horst W.: Adel und Kirche bei den Alamannen der Merowingerzeit. In: Germania 74 (1996) S. 477–507.

Chlodwig und die ›Schlacht bei Zülpich‹. Geschichte und Mythos 496–1996. Hrsg. von Dieter Geuenich [u. a.]. Euskirchen 1996.

Das Christentum im baierischen Raum. Von den Anfängen bis ins 11. Jahrhundert. Hrsg. von Egon Boshof und Hartmut Wolff. Köln [u. a.] 1994.

Clovis, histoire et mémoire. Hrsg. von Michel Rouche. Paris 1997.

Die Franken. Wegbereiter Europas. Mainz 1996. [Ausstellungskatalog.]

Geary, Patrick J.: Die Merowinger. Europa vor Karl dem Großen. Übers. von Ursula Scholz. München 1996. (Engl. Orig.-Ausg. Oxford 1988.)

Heinzelmann, Martin: Gregor von Tours (538–594). ›Zehn Bücher Geschichte‹. Historiographie und Gesellschaftskonzept im 6. Jahrhundert. Darmstadt 1994.

– ›Adel‹ und ›Societas sanctorum‹: Soziale Ordnungen und christliches Weltbild von Augustinus bis zu Gregor von Tours. In: Nobilitas. Funktion und Repräsentation des Adels in Alteuropa. Hrsg. von Otto Gerhard Oexle und Werner Paravicini. Göttingen 1997. S. 216–256.

Hen, Yitzhak: Culture and Religion in Merovingian Gaul AD 481–751. Leiden [u. a.] 1995.

Kaiser, Reinhold: Das römische Erbe und das Merowingerreich. München 1993. ²1997. (Enzyklopädie deutscher Geschichte. 26.)

Prinz, Friedrich: Frühes Mönchtum im Frankenreich. Kultur und Gesellschaft in Gallien, den Rheinlanden und Bayern am Beispiel der monastischen Entwicklung (4. bis 8. Jahrhundert). Darmstadt 1965. ²1988. Nachdr. 1995.

Schwenk, Peter: Frühes Christentum in Baiern. Bemerkungen zur christlichen Kultkontinuität von der Antike zum Frühmittelalter. In: Zeitschrift für bayerische Landesgeschichte 59 (1996) S. 15–37.

Shanzer, Danuta: Dating the Baptism of Clovis. In: Early Medieval Europe 7 (1998) S. 29–57.

Steinen, Wolfram von den: Chlodwigs Übergang zum Christentum. Eine quellenkritische Studie. Darmstadt ²1963. [Zuerst 1932.]

Wenskus, Reinhard: Religion abâtardie. Materialien zum Synkretismus in der vorchristlichen politischen Theologie der Franken. In: Iconologia sacra. Mythos, Bildkunst und Dichtung in der Religions- und Sozialgeschichte Alteuropas. Festschrift für Karl Hauck zum 75. Geburtstag. Hrsg. von Hagen Keller und Nikolaus Staubach. Berlin / New York 1994. S. 179–248.

Wood, Ian N.: The Merovingian Kingdoms 450–751. London / New York 1994.

– Pagan Religions and Superstitions East of the Rhine from the Fifth to the Ninth Century. In: After Empire. Towards an Ethnology of Europe's Barbarians. Hrsg. von G. Ausenda. San Marino 1995. S. 253–279.

3 Von den Randgebieten ins Zentrum Europas

Quellen

Beda der Ehrwürdige. Kirchengeschichte des englischen Volkes [Venerabilis Bedae Historia ecclesiastica gentis Anglorum]. Hrsg. von Günter Spitzbart. Darmstadt 1982. ²1997. (Texte zur Forschung. 34.)

S. Bonifatii et Lulli epistolae. Hrsg. von Michael Tangl. (MGH. Epistolae selectae in usum scholarum. 1.) Berlin 1916. Reprogr. Nachdr. München 1989.
Ü: Briefe des Bonifatius. Hrsg. von Reinhold Rau. (FSGA 4b.) Darmstadt 1968. ²1994.

Das Christentum und die Germanen bis Bonifatius. Hrsg. von Gert Haendler. Berlin 1961. (Quellen. Ausgewählte Texte aus der Geschichte der christlichen Kirche. 16,1.)

Die christliche Frühzeit Deutschlands in den Berichten über ihre Bekehrer. Bd. 1: Die irisch-fränkische Mission. Bd. 2: Die angelsächsische Mission. Hrsg. von Heinrich Timerding. Jena 1929.

Gregor der Große. Regula Pastoralis. Übers. und hrsg. von Joseph Funk. München 1933. (Bibliothek der Kirchenväter. 4,1.) S. 63–267.

The Irish Penitentials. Hrsg. von Ludwig Bieler. Dublin 1963. (Scriptores Latini Hiberniae. 5.)

Libri epistolarum Sancti Patricii episcopi 1. Hrsg. von Ludwig Bieler. Dublin 1952.
Ü: [Autobiographie des hl. Patrick.] Übers. von Walter Berschin. In: Die Iren und Europa im früheren Mittelalter. Bd. 1. Stuttgart 1982. S. 13–25.

Der heilige Pirmin und sein Pastoralbüchlein. Hrsg. von Ursmar Engelmann. Sigmaringen 1959. ²1976.

Vita Bonifatii auctore Willibaldo. Vitae sancti Bonifatii archiepiscopi Moguntini. Hrsg. von Wilhelm Levison. (MGH. Scriptores in usum scholarum. 57.) Hannover/Leipzig 1905. Reprogr. Nachdr. 1977. S. 1–58.
Ü: Willibalds Leben des Bonifatius. Hrsg. von Reinhold Rau. (FSGA 4b.) Darmstadt 1968. ²1994. S. 451–525.

Vita Columbani abbatis auctore Iona. Hrsg. von Bruno Krusch.

(MGH. Scriptores rerum Merovingicarum. 4.) Hannover/Leipzig 1902. Reprogr. Nachdr. 1997. S. 65–108.
Ü: Jonas erstes Buch vom Leben Columbans. Quellen zur Geschichte des 7. und 8. Jahrhunderts. Hrsg. von Herwig Wolfram und Herbert Haupt. (FSGA 4a.) Darmstadt 1982. ²1994. S. 393–497.

[Vita Wilfridi] The Life of Bishop Wilfrid by Eddius Stephanus. Hrsg. von Bertram Colgrave. Cambridge 1927. Reprogr. Nachdr. 1985.

[Vita Willibaldi et Wynnebaldi] Quellen zur Geschichte der Diözese Eichstätt. Bd. 1: Biographien der Gründungszeit. Hrsg. von Andreas Bauch. Eichstätt 1962. ²1984.

Vita sancti Willibrordi archiepiscopi Traiectensis auctore Alcuini. Hrsg. von Wilhelm Levison. (MGH. Scriptores rerum Merovingicarum. 7.) Hannover 1919-20. Reprogr. Nachdr. 1997. S. 81–141.
Ü: Wilhelm Wattenbach. Das Leben des hl. Willibrord. Leipzig ³1941. (Geschichtsschreiber der deutschen Vorzeit. 14.) S. 5–26.
Ü: Hans-Joachim Reischmann: Willibrord – Apostel der Friesen. Sigmaringendorf 1989.

Literatur

The Age of Sutton Hoo. The Seventh Century in North-Western Europe. Hrsg. von Martin Carver. Woodbridge 1992. Reprogr. Nachdr. 1995.

The Anglo-Saxons. Hrsg. von James Campbell. Oxford 1982.

Christianisierung und frühes Christentum im friesisch-sächsischen Küstenraum. Aurich 1980.

Cultural Identity and Cultural Integration. Ireland and Europe in the Early Middle Ages. Hrsg. von Doris Edel. Dublin 1995.

Fritze, Wolfgang H.: Universalis gentium confessio. Formeln, Träger und Wege universal-missionarischen Denkens im 7. Jahrhundert. In: Frühmittelalterliche Studien 3 (1969) S. 78–130.

– Zur Entstehungsgeschichte des Bistums Utrecht. Franken und Friesen 690–734. In: Rheinische Vierteljahrsblätter 35 (1971) S. 107-151.

Die Iren und Europa im früheren Mittelalter. Hrsg. von Heinz Löwe. Stuttgart 1982.

Irland und Europa. Die Kirche im Frühmittelalter. Hrsg. von Próinséas Ní Chatháin und Michael Richter. Stuttgart 1984.

Irland und die Christenheit. Bibelstudien und Mission. Hrsg. von Próinséas Ní Chatháin und Michael Richter. Stuttgart 1987.

Jenal, Georg: Gregor der Große und die Anfänge der Angelsachsenmission (596–604). In: Angli e sassoni al di qua e al di là del mare. Spoleto 1986. S. 793–849.

Levison, Wilhelm: England and the Continent in the Eighth Century. Oxford 1946. Nachdr. 1966.

Markus, Robert A.: Gregory the Great and his World. Cambridge 1997.

Mayr-Harting, Henry: The Coming of Christianity to Anglo-Saxon England. London 1972. ³1991.

O Cróinin, Dáibhi: Early Medieval Ireland 400–1200. London 1995.

Padberg, Lutz E. v.: Wynfreth-Bonifatius. Wuppertal/Zürich 1989.

– Bonifatius und die Bücher. In: L. E. v. P. / Hans-Walter Stork: Der Ragyndrudis-Codex des Hl. Bonifatius. Teilfaksimile und Kommentar. Paderborn/Fulda 1994. S. 7-75.

– Mission und Christianisierung. Formen und Folgen bei Angelsachsen und Franken im 7. und 8. Jahrhundert. Stuttgart 1995.

Saint Patrick AD 493–1993. Hrsg. von David N. Dumville. Woodbridge 1993.

Sachsen und Angelsachsen. Hrsg. von Claus Ahrens. Hamburg 1978. (Veröffentlichungen des Helms-Museums. 32.)

Schäferdiek, Knut: Fragen der frühen angelsächsischen Festlandmission. In: Frühmittelalterliche Studien 28 (1994) S. 172–195. – Wiederabgedr. in: K. S.: Schwellenzeit. Beiträge zur Geschichte des Christentums in Spätantike und Frühmittelalter. Berlin / New York 1996. S. 487–510.

Schieffer, Theodor: Winfrid-Bonifatius und die christliche Grundlegung Europas. Freiburg i. Br. 1954. Reprogr. Nachdr. mit einem Nachw. Darmstadt 1972.

Schüling, Hermann: Die Handbibliothek des Bonifatius. Ein Beitrag zur Geistesgeschichte der ersten Hälfte des 8. Jahrhunderts. In: Archiv für Geschichte des Buchwesens 4 (1962/63) Sp. 285–348.

Willibrord, zijn wereld en zijn werk. Hrsg. von P. Bange und Anton G. Weiler. Nijmegen 1990.

Wilson, David: Anglo-Saxon Paganism. London / New York 1992.

4 Der Ausbau des christlichen Europa

Quellen

Alcvini sive Albini epistolae. Hrsg. von Ernst Dümmler. (MGH. Epistolae. 4.) Berlin 1895. Reprogr. Nachdr. 1994. S. 1–493, 614–616.
Ü: Alcuin of York, his Life and Letters. Hrsg. von Stephen Allott. York 1974. [Auswahl.]

Capitularia regum Francorum. Hrsg. Alfred Boretius. (MGH. Capitularia regum Francorum. 1.) Hannover 1883. Reprogr. Nachdr. 1984.

Einhardi Vita Karoli Magni. Hrsg. von Oswald Holder-Egger. (MGH. Scriptores rerum Germanicarum in usum scholarum. 25.) Hannover 1911. Reprogr. Nachdr. 1965.
Ü: Einhards Leben Karls des Großen. In: Quellen zur karolingischen Reichsgeschichte. Tl. 1. Hrsg. von Reinhold Rau. (FSGA 5.) Darmstadt 1974. ²1993. S. 157–211.

Heer, Josef Michael: Ein karolingischer Missionskatechismus. Ratio de catechizandis rudibus und die Tauf-Katechesen des Maxentius von Aquileia und eines Anonymus vom Kodex Emmeram. Freiburg i. Br. 1911.

Karolus Magnus et Leo papa. Ein Paderborner Epos vom Jahre 799. Hrsg. von Helmut Beumann [u. a.]. Paderborn 1966. S. 60–97. – Neuausg.: De Karolo rege et Leone papa. Hrsg. von Wilhelm Hentze. Paderborn 1998.

Die Kirche im Karolingerreich. Hrsg. von Gert Haendler. Berlin 1962. (Quellen. Ausgewählte Texte aus der Geschichte der christlichen Kirche. 16,2.)

[Libri Carolini] Opus Caroli regis contra synodum. Hrsg. von Ann Freeman und Paul Meyvaert. (MGH. Concilia. 2. Suppl. 1.) Hannover 1998.

Losek, Fritz: Die Conversio Bagoariorum et Carantanorum und der Brief des Erzbischofs Theotmar von Salzburg. (MGH. Studien und Texte. 15.) Hannover 1997.

Quellen zur karolingischen Reichsgeschichte. 3 Bde. Hrsg. von Reinhold Rau. (FSGA 5–7.) Darmstadt 1955–60. ²1992–1993. [U. a.: Reichsannalen; Nithard; Jahrbücher; Regino; Notker.]

The Reign of Charlemagne. Hrsg. von H.R. Lyon und J. Percival. London 1975.

Szádeczky-Kardoss, Samuel: Ein Versuch zur Sammlung und chronologischen Anordnung der griechischen Quellen der Awarengeschichte nebst einer Auswahl von anderssprachigen Quellen. Szeged 1972.

[Vita Gregorii; Vita Liudgeri] Liudger in seiner Zeit. Altfrid über Liudger. Liudgers Erinnerungen. Hrsg. von Basilius Senger. Münster 1982. [6]1993.

Vita Lebuini antiqua. Hrsg. von Adolf Hofmeister. (MGH. Scriptores. 30,2.) Hannover 1926–34. Reprogr. Nachdr. 1976. S. 789–795.

Ü: Das alte Leben Lebuins. Quellen zur Geschichte des 7. und 8. Jahrhunderts. Hrsg. von Herwig Wolfram und Herbert Haupt. (FSGA 4a.) Darmstadt 1982. [2]1994. S. 383–391.

[Vita Sturmi] Engelbert, Pius: Eigil: Das Leben des Abtes Sturmi. In: Fuldaer Geschichtsblätter 56 (1980) S. 17–49.

Vita Vulframni. Hrsg. Wilhelm Levison. (MGH. Scriptores rerum Merovingicarum. 5.) Hannover 1910. Reprogr. Nachdr. 1997. S. 661–673.

[Vita Willehadi] Das Leben des hl. Willehad. Hrsg. von Andreas Röpcke. Bremen 1982.

Literatur

Angenendt, Arnold: Karl der Große als rex et sacerdos. In: Das Frankfurter Konzil von 794. Kristallisationspunkt karolingischer Kultur. Hrsg. von Rainer Berndt. Mainz 1997. S. 255–278.

Büttner, Heinrich: Mission und Kirchenorganisation des Frankenreiches bis zum Tode Karls des Großen. In: Karl der Große. Lebenswerk und Nachleben. Bd. 1: Persönlichkeit und Geschichte. Hrsg. von Helmut Beumann. Düsseldorf 1965. S. 454–487.

Deér, Josef: Karl der Große und der Untergang des Awarenreiches. In: Karl der Große. Lebenswerk und Nachleben. Bd. 1: Persönlichkeit und Geschichte. Hrsg. von Helmut Beumann. Düsseldorf 1965. S. 719–791.

Dopsch, Heinz: Salzburg und der Südosten. In: Südostdeutsches Archiv 21 (1978) S. 5–35.

Die Eingliederung der Sachsen in das Frankenreich. Hrsg. von Walther Lammers. Darmstadt 1970. (Wege der Forschung. 185.)

Freise, Eckhard: Die Sachsenmission Karls des Großen und die Anfänge des Bistums Minden. In: An Weser und Wiehen. Beiträge zur Geschichte und Kultur einer Landschaft. Festschrift für Wilhelm Brepohl. Minden 1983. S. 57–100.

Geschichte Niedersachsens. Bd. 1: Grundlagen und Frühes Mittelalter. Hrsg. von Hans Patze. Hildesheim 1977.

Hauck, Karl: Die Ausbreitung des Glaubens in Sachsen und die Verteidigung der römischen Kirche als konkurrierende Herrscheraufgaben Karls des Großen. In: Frühmittelalterliche Studien 4 (1970) S. 138–172.

Kahl, Hans-Dietrich: Karl der Große und die Sachsen. Stufen und Motive einer historischen Eskalation. In: Politik, Gesellschaft, Geschichtsschreibung. Gießener Festgabe für František Graus zum 60. Geburtstag. Hrsg. von Herbert Ludat und Rainer Christoph Schwinges. Köln/Wien 1982. S. 49–130.

Kunst und Kultur der Karolingerzeit. Mainz 1999. [Ausstellungskatalog.]

Mayr-Harting, Henry: Charlemagne, the Saxons, and the Imperial Coronation of 800. In: English Historical Review 111 (1996) S. 1113–33.

Padberg, Lutz E. v.: Das Paderborner Treffen von 799 im Kontext der Geschichte Karls des Großen. In: De Karolo rege et Leone papa. Hrsg. von Wilhelm Hentze. Paderborn 1998.

Schieffer, Rudolf: Die Karolinger. Stuttgart [u.a.] 1992. ^{2}1997.

Schmid, Karl / Oexle, Otto Gerhard: Voraussetzungen und Wirkung des Gebetsbundes von Attigny. In: Francia 2 (1974) S. 71–122.

Schmidt, Heinrich: Über Christianisierung und gesellschaftliches Verhalten in Sachsen und Friesland. In: Niedersächsisches Jahrbuch für Landesgeschichte 49 (1977) S. 1–44.

Schneider, Reinhard: Das Frankenreich. (Oldenbourg Grundriß der Geschichte. Bd. 5.) München 1990. ^{3}1995.

Staubach, Nikolaus: ›Cultus divinus‹ und karolingische Reform. In: Frühmittelalterliche Studien 18 (1984) S. 546–581.

Sullivan, Richard E.: Carolingian Missionary Theories. In: Catholic Historical Review 42 (1956) S. 273–295.

Wallace-Hadrill, John Michael: The Frankish Church. Oxford 1983. [2]1985.
Wolfram, Herwig: Salzburg, Bayern, Österreich. Die Conversio Bagoariorum et Carantanorum und die Quellen ihrer Zeit. Wien [u. a.] 1995.

5 Vom Zentrum an die nördlichen Randgebiete Europas

Quellen

Magistri Adam Bremensis Gesta Hammaburgensis ecclesiae pontificum. Hrsg. von Bernhard Schmeidler. (MGH. Scriptores rerum germanicarum in usum scholarum. 2.) Hannover/Leipzig 1917. Reprogr. Nachdr. 1993.
Ü: Adam von Bremen. Bischofsgeschichte der Hamburger Kirche. Quellen des 9. und 11. Jahrhunderts zur Geschichte der Hamburgischen Kirche und des Reiches. Hrsg. von Werner Trillmich. (FSGA 11.) Darmstadt 1961. [2]1990. S. 135–499.
[Islendingabók] The Book of the Icelanders. Hrsg. von E. Hermannsson. Oxford 1930. Reprogr. Nachdr. 1979.
Ü: Aris Isländerbuch. Islands Besiedlung und älteste Geschichte. Hrsg. von Walter Baetke. Jena 1928. Reprogr. Nachdr. 1967. S. 43–57.
Maurer, Konrad: Die Bekehrung des norwegischen Stammes zum Christenthume, in ihrem geschichtlichen Verlaufe quellenmäßig geschildert. 2 Bde. München 1855–56.
Regesta Norvegica. Kronologisk fortegnelse over Dokumenter vedkommende Norge, Nordmænd og den norske Kirkeprovins. Christiania 1898.
Saxo Grammaticus: Gesta Danorum. 2 Bde. Hrsg. von Jørgen Olrik, Hans Ræder und Franz Blatt. Kopenhagen 1931–1957.
Ü: Paul Herrmann: Erläuterungen zu den ersten neun Büchern der Dänischen Geschichte des Saxo Grammaticus. Tl. 1: Übersetzung. Leipzig 1901.
Ü: Saxo Grammaticus. Books X–XVI. Hrsg. von Eric Christian-

sen. Oxford 1980. 1981. (British Archaeological Reports. International Series. 84; 118.)
Scriptores minores Historiae Danicae medii aevi 1. Hrsg. von Martin C. Gertz. Kopenhagen 1917–18.
Snorri Sturluson: Königsbuch (Heimskringla). 3 Bde. Hrsg. von Felix Niedner. Neuausg. Düsseldorf/Köln 1965.
Vita Anskarii auctore Rimberto. Hrsg. von Georg Waitz. (MGH. Scriptores rerum germanicarum in usum scholarum. 55.) Hannover 1884. Reprogr. Nachdr. 1988.
Ü: Rimbert: Leben Ansgars. Quellen des 9. und 11. Jahrhunderts zur Geschichte der Hamburgischen Kirche und des Reiches. Hrsg. von Werner Trillmich. (FSGA 11.) Darmstadt 1961. ²1990. S. 3–133.
Vitae Sanctorum Danorum. Hrsg. von Martin C. Gertz. Kopenhagen 1908–12.

Literatur

Abrams, Lesley: Eleventh-Century Missions and the Early Stages of Ecclesiastical Organisation in Scandinavia. In: Anglo-Norman Studies 17 (1995) S. 21–40.
– The Anglo-Saxons and the Christianization of Scandinavia. In: Anglo-Saxon England 24 (1995) S. 213–249.
The Christianization of Scandinavia. Hrsg. von Birgit und Peter Sawyer und Ian Wood. Alingsås 1987.
Coupland, Simon: From Poachers to Gamekeepers. In: Early Medieval Europe 7 (1998) S. 85–114.
Dörries, Hermann / Kretschmar, Georg: Ansgar. Seine Bedeutung für die Mission. Hamburg 1965.
Gräslund, Anne-Sofie: Tor eller Vite Krist? Några reflektioner med anledning av Lugnås-hammaren. In: Västergötlands Fornminnesförenings Tidskrift (1983/84) S. 229–235.
Hallencreutz, Carl F.: Runenstenarnas teologi: våra första uttryck för inhemsk kristendoms-tolkning. In: Religion och Bibel 41 (1982) S. 47–56.
Hauck, Karl: Die religionsgeographische Zweiteilung des frühmittelalterlichen Europas im Spiegel der Bilder seiner Gottheiten. In: Fornvännen 82 (1987) S. 161–183.
– Der Missionsauftrag Christi und das Kaisertum Ludwigs des

Frommen. In: Charlemagne's Heir. New Perspectives on the Reign of Louis the Pious (814–840). Hrsg. von Peter Godman und Roger Collins. Oxford 1990. S. 275–296.
– Zur Ikonologie der Goldbrakteaten LII: Die bremische Überlieferung zur Götter-Dreiheit Altuppsalas und die bornholmischen Goldfolien aus Sorte Muld. In: Frühmittelalterliche Studien 27 (1993) S. 409–479.
Hoffmann, Erich: Die heiligen Könige bei den Angelsachsen und den skandinavischen Völkern. Königsheiliger und Königshaus. Neumünster 1975.
Johanek, Peter: Die Erzbischöfe von Hamburg-Bremen und ihre Kirche im Reich der Salierzeit. In: Die Salier und das Reich. Bd. 2: Die Reichskirche in der Salierzeit. Hrsg. von Stefan Weinfurter. Sigmaringen 1991. [2]1992. S. 79–112.
Kirche und Gesellschaft im Ostseeraum und im Norden vor der Mitte des 13. Jahrhunderts. Hrsg. von Sven Ekdahl. Göteborg 1967.
Krogh, Knud J. / Voss, O.: Fra hedenskab til kristendom i Hørning. In: Nationalmuseets Arbejdsmark 1961. S. 5–34.
Lammers, Walther: Formen der Mission bei Sachsen, Schweden und Abotriten. In: Blätter für deutsche Landesgeschichte 106 (1970) S. 23–46. – Wiederabgedr. in: W. L.: Vestigia Mediaevalia. Ausgewählte Aufsätze zur mittelalterlichen Historiographie, Landes- und Kirchengeschichte. Wiesbaden 1979. S. 172–197.
Lawson, M.K.: Cnut. The Danes in England in the Early Eleventh Century. London 1993.
Ljungberg, Helge: Die nordische Religion und das Christentum. Studien über den nordischen Religionswechsel zur Wikingerzeit. Übers. von Hilko Wiardo Schomerus. Gütersloh 1940. (Schwed. Orig.-Ausg. Uppsala 1938.)
Nordens Kristnande i europeiskt perspektiv. Hrsg. von P. Beskow und Reinhart Staats. Skara 1994.
Petersohn, Jürgen: Der südliche Ostseeraum im kirchlich-politischen Kräftespiel des Reiches, Polens und Dänemarks vom 10.-13. Jahrhundert. Mission – Kirchenorganisation – Kultpolitik. Köln/Wien 1979.
Sawyer, Peter: Kings and Vikings. Scandinavia and Europe AD 700–1100. London 1982.
Schleswig-Holsteinische Kirchengeschichte. Bd. 1: Anfänge und Ausbau I. Neumünster 1977.

Seegrün, Wolfgang: Das Papsttum und Skandinavien bis zur Vollendung der nordischen Kirchenorganisation (1164). Neumünster 1967.

Steinsland, Gro: The Change of Religion in the Nordic Countries. A Confrontation between two living Religions. In: Collegium Medievale (1990) Nr. 2. S. 123–135.

Strömbäck, Dag: The Conversion of Iceland. London 1975.

Wavra, Brigitte: Salzburg und Hamburg. Erzbistumsgründung und Missionspolitik in karolingischer Zeit. Berlin 1991.

6 Der Vorstoß aus dem Osten

Quellen

Die altrussische Nestorchronik. Povest' vremennych let. Hrsg. von Reinhold Trautmann. Leipzig 1931.

Die Lehrer der Slawen Kyrill und Method. Die Lebensbeschreibungen zweier Missionare. Hrsg. von Joseph Schütz. St. Ottilien 1985.

The Origins of Christianity in Bohemia. Sources and Commentary. Hrsg. von Marvin Kantor. Evanston (Ill.) 1990.

Die Orthodoxe Kirche in Rußland. Dokumente ihrer Geschichte (860-1980). Hrsg. von Peter Hauptmann und Gerd Stricker. Göttingen 1988.

Responsa Nicolai I. papae ad consulta Bulgarorum. Nicolai I. papae epistolae. Hrsg. von Ernst Perels. (MGH. Epistolae. 6.) Berlin 1925. Reprogr. Nachdr. München 1995. S. 257–690, Nr. 99, S. 568–600.

Ü: Lothar Heiser: Die Responsa ad consulta Bulgarorum des Papstes Nikolaus I. (858–867). Ein Zeugnis päpstlicher Hirtensorge und ein Dokument unterschiedlicher Entwicklungen in den Kirchen von Rom und Konstantinopel. Trier 1979.

Zwischen Rom und Byzanz. Leben und Wirken der Slavenapostel Kyrillos und Methodios nach den Pannonischen Legenden und der Klemensvita. Bericht von der Taufe Rußlands nach der Laurentioschronik. Hrsg. von Josef Bujnoch. Graz [u. a.] 1958. ^{2}1972.

Literatur

Das Christentum in Bulgarien und auf der übrigen Balkanhalbinsel in der Spätantike und im frühen Mittelalter. Hrsg. von V. Gjuzelev und R. Pillinger. Wien 1987.

Cyrillo-Methodiana. Zur Frühgeschichte des Christentums bei den Slaven (863-1963). Hrsg. von Manfred Hellmann [u. a.]. Köln/Graz 1964.

Dölger, Franz: Byzanz und die europäische Staatenwelt. Ausgewählte Vorträge und Aufsätze. Darmstadt 1964.

Döpmann, Hans-Dieter: Die Annahme des Christentums bei den Slawen-Völkern Südosteuropas. In: Études Balkaniques 26 (1990) S. 46–53.

– Die Ostkirchen vom Bilderstreit bis zur Kirchenspaltung von 1054. Leipzig 1991.

Dvornik, Francis: Byzantine Missions among the Slavs. SS. Constantine-Cyril and Methodius. New Jersey 1970.

Eggers, Martin: Das ›Großmährische Reich‹. Realität oder Fiktion? Stuttgart 1995.

Franklin, Simon / Shepard, Jonathan: The Emergence of Rus 750–1200. London 1996.

Das heidnische und christliche Slawentum. (Acta II. Congressus internationalis historiae Slavicae Salisburgo-Ratisbonensis 1967.) Wiesbaden 1969.

Heiser, Lothar: Die Responsa ad consulta Bulgarorum des Papstes Nikolaus I. (858-867). Ein Zeugnis päpstlicher Hirtensorge und ein Dokument unterschiedlicher Entwicklungen in den Kirchen von Rom und Konstantinopel. Trier 1979.

Mayr-Harting, Henry: Two Conversions to Christianity: the Bulgarians and the Anglo-Saxons. Reading 1994.

Der heilige Method. Salzburg und die Slawenmission. Hrsg. von T. Piffl-Percevic und A. Stirnemann. Innsbruck/Wien 1987.

Obolensky, Dimitri: The Byzantine Commonwealth. Eastern Europe 500–1453. London 1971.

Ostrogorsky, Georg: Byzanz und die Welt der Slawen. Beiträge zur Geschichte der byzantinisch-slawischen Beziehungen. Darmstadt 1974.

Poulik, J.: Großmähren und die Mission des Kyrill und Method. Prag 1985.

Die Slawen in Deutschland. Hrsg. von Joachim Herrmann. Berlin 1970. [4]1986.

Stökl, Günther: Geschichte der Slavenmission. Göttingen 1961. [2]1976. S. 75-91.

Sullivan, Richard F.: Khan Boris and the Conversion of Bulgaria. A Case Study of the Impact of Christianity on a Barbarian Society. In: Studies in Medieval and Renaissance History. Bd. 3. Lincoln (Nebr.) 1966. S. 53–139.

Vlasto, Alexis P.: The Entry of the Slavs into Christendom. An Introduction to the Medieval History of the Slavs. Cambridge 1970.

Waldmüller, Lothar: Die ersten Begegnungen der Slawen mit dem Christentum und den christlichen Völkern vom VI. bis VIII. Jahrhundert. Die Slawen zwischen Byzanz und dem Abendland. Amsterdam 1976. (Enzyklopädie der Byzantinistik. 51.)

Welt der Slawen. Hrsg. von Joachim Herrmann. Leipzig [u. a.] 1986.

7 Der Vorstoß in den Osten

Quellen

Johannes Canaparius: Vita Sancti Adalberti episcopi. Hrsg. von Jadwiga Karwasinska. Warschau 1962.

Chronica Polonorum. Hrsg. von I. Szlachtowski und Rudolf Koepke. (MGH. Scriptores. 9.) Hannover 1851. Reprogr. Nachdr. Stuttgart 1983. S. 418–478.

Diplomata Hungariae antiquissima. Bd. 1. Hrsg. von Georgius Györffy. Budapest 1992.

Heinrich von Lettland. Livländische Chronik. Hrsg. von Albert Bauer. (FSGA 24.) Darmstadt 1959. [2]1975.

Helmoldi presbyteri Bozoviensis Cronica Slavorum. Hrsg. von Bernhard Schmeidler. (MGH. Scriptores rerum Germanicarum in usum scholarum. 32.) Hannover 1937.
Ü: Helmold von Bosau. Slawenchronik. Hrsg. von Heinz Stoob. (FSGA 19.) Darmstadt 1963. [2]1990.

Peter von Dusburg. Chronik des Preußenlandes. Hrsg. von Klaus Scholz und Dieter Wojtecki. (FSGA 25.) Darmstadt 1984.

Die Prüfeninger Vita des Bischofs Otto von Bamberg. Hrsg. von Adolf Hofmeister. Greifswald 1924. (Denkmäler der Pommerschen Geschichte. 1.) – Hrsg. von J. Wikarjak. Warschau 1966. (Monumenta Poloniae historica. 7,1–3.)
Ü: Das Leben des Bischofs Otto von Bamberg, von einem Prüfeninger Mönch. Übers. und eingel. von Adolf Hofmeister. Leipzig 1928.

Thietmari Merseburgensis episcopi Chronicon. Hrsg. von Robert Holtzmann. (MGH. Scriptores rerum Germanicarum. 9.) München 1935. Reprogr. Nachdr. 1996.
Ü: Thietmar von Merseburg. Chronik. Hrsg. von Werner Trillmich. (FSGA 9.) Darmstadt 1957. ^{2}1992.

Urkunden und erzählende Quellen zur deutschen Ostsiedlung im Mittelalter. 2 Bde. Hrsg. von Herbert Helbig und Lorenz Weinrich. (FSGA 26a/b.) Darmstadt 1968-70. (Bd. 1 ^{2}1975.)

[Vita Norberti] Leben des hl. Norbert, Erzbischofs von Magdeburg. In: Lebensbeschreibungen einiger Bischöfe des 10.-12. Jahrhunderts. Hrsg. von Hatto Kallfelz. (FSGA 22.) Darmstadt 1973. ^{2}1986. S. 443–541.

Widukinds Sachsengeschichte. Quellen zur Geschichte der sächsischen Kaiserzeit. Hrsg. von Albert Bauer und Reinhold Rau. (FSGA 8.) Darmstadt 1971. ^{2}1992. S. 1–183.

Literatur

Adalbert von Prag (956-997). Brückenbauer zwischen dem Westen und dem Osten Europas. Krefeld 1995.

Althoff, Gerd: Otto III. Darmstadt 1996.

Baltische Länder. Hrsg. von Gert von Pistohlkors. Berlin 1994.

Beumann, Helmut: Die Gründung des Bistums Oldenburg und die Missionspolitik Ottos d. Gr. In: Aus Reichsgeschichte und Nordischer Geschichte. Hrsg. von Horst Fuhrmann. Stuttgart 1972. S. 54–69.

Bistum Roskilde und Rügen. Hrsg. von Bertil Wiberg. Roskilde 1987.

Boockmann, Hartmut: Der Deutsche Orden. Zwölf Kapitel aus seiner Geschichte. München 1981.

Boshof, Egon: Das ostfränkische Reich und die Slawenmission im 9. Jahrhundert: die Rolle Passaus. In: Mönchtum – Kirche – Herrschaft 750–1000. Hrsg. von Dieter R. Bauer [u. a.]. Sigmaringen 1998. S. 51–76.

Brüske, Wolfgang: Untersuchungen zur Geschichte des Liutizenbundes. Deutsch-wendische Beziehungen des 10.–12. Jahrhunderts. Münster/Köln 1955. ²1986.

Christiansen, Eric: The Northern Crusades. The Baltic and the Catholic Frontier 1100–1525. London 1980. ²1997.

Claude, Dietrich: Geschichte des Erzbistums Magdeburg bis in das 12. Jahrhundert. 2 Bde. Köln/Wien 1972–75.

Fritze, Wolfgang H.: Der slawische Aufstand von 983 – eine Schicksalswende in der Geschichte Mitteleuropas. In: Festschrift der landesgeschichtlichen Vereinigung für die Mark Brandenburg zu ihrem hundertjährigen Bestehen 1884–1984. Hrsg. von Eckart Henning und Werner Vogel. Berlin 1984. S. 9–55.

Gerwing, Manfred: Dreimal Ostmission: Liudger, Adalbert, Norbert. In: Transit Brügge – Novgorod. Eine Straße durch die europäische Geschichte. Hrsg. von Ferdinand Seibt [u. a.]. Essen 1997. S. 145–154.

Haendler, Gert: Reichskirche und Mission bei Thietmar von Merseburg. In: Evangelische Missionszeitung 24 (1967) S. 203–214. – Wiederabgedr. in: G. H.: Die Rolle des Papsttums in der Kirchengeschichte bis 1200. Göttingen 1993. S. 226–238.

– Zur Missionsreise des Bischofs Otto von Bamberg 1128–1978. In: Theologische Literaturzeitung (1981) Nr. 106. Sp. 305–314. – Wiederabgedr. in: G. H.: Die Rolle des Papsttums in der Kirchengeschichte bis 1200. Göttingen 1993. S. 239–250.

– Bischof Berno von Schwerin – ein Zisterziensermönch in der Kirchenpolitik des 12. Jahrhunderts. In: Jahrbuch des Vereins für niedersächsische Kirchengeschichte 88 (1990) S. 13–25. – Wiederabgedr. in: G. H.: Die Rolle des Papsttums in der Kirchengeschichte bis 1200. Göttingen 1993. S. 251–263.

Heidenmission und Kreuzzugsgedanke in der deutschen Ostpolitik des Mittelalters. Hrsg. von Helmut Beumann. Darmstadt 1963. (Wege der Forschung. 7.)

Herbergen der Christenheit. Jahrbuch für deutsche Kirchengeschichte 1989/90. (Beiträge zur deutschen Kirchengeschichte. 17.) [Themenheft zur Ostmission.]

Kahl, Hans-Dietrich: Bausteine zur Grundlegung einer missionsgeschichtlichen Phänomenologie des Hochmittelalters. In: Miscellanea Historiae Ecclesiasticae. Bd. 1. Löwen 1961. S. 50–90.

Kretschmar, Georg: Der Kaiser tauft. Otto der Große und die Slawenmission. In: Bleibendes im Wandel der Kirchengeschichte. Kirchenhistorische Studien. Hrsg. von Bernd Moeller und Gerhard Ruhbach. Tübingen 1973. S. 101–150.

Landersdorfer, Anton: Die Gründung des Erzbistums Magdeburg durch Kaiser Otto den Großen. In: Münchener Theologische Zeitschrift 46 (1995) S. 3–19.

Ludat, Herbert: An Elbe und Oder um das Jahr 1000. Skizzen zur Politik des Ottonenreiches und der slawischen Mächte in Mitteleuropa. Köln 1971.

Norbert von Xanten. Adliger, Ordensstifter, Kirchenfürst. Hrsg. von Kaspar Elm. Köln 1984.

Padberg, Lutz E. v.: Geschichtsschreibung und kulturelles Gedächtnis. Formen der Vergangenheitswahrnehmung in der hochmittelalterlichen Historiographie am Beispiel von Thietmar von Merseburg, Adam von Bremen und Helmold von Bosau. In: Zeitschrift für Kirchengeschichte 105 (1994) S. 156–177.

Piskorski, Jan M.: Die deutsche Ostsiedlung des Mittelalters in der Entwicklung des östlichen Mitteleuropa. In: Jahrbuch für die Geschichte Mittel- und Ostdeutschlands 40 (1991) S. 27–84.

– Die mittelalterliche Ostsiedlung – ein alter Streit und neue Ergebnisse. In: Transit Brügge – Novgorod. Eine Straße durch die europäische Geschichte. Hrsg. von Ferdinand Seibt [u. a.]. Essen 1997. S. 194–203.

Schlesinger, Walter: Kirchengeschichte Sachsens im Mittelalter. Bd. 1: Von den Anfängen kirchlicher Verkündigung bis zum Ende des Investiturstreites. Köln/Graz 1962.

Seibt, Ferdinand: Deutschland und die Tschechen. Geschichte einer Nachbarschaft in der Mitte Europas. München ^{2}1995.

Studien über die Anfänge der Mission in Livland. Hrsg. von Manfred Hellmann. Sigmaringen 1989.

Abbildungsnachweis

21 Verbreitung des Christentums im Westen Anfang des 4. Jahrhunderts. Aus: Arnold Angenendt: Das Frühmittelalter. Stuttgart [2]1995. S. 57. Nach: Helmut Opitz, Die Alte Kirche. Berlin 1983. S. 162f.

22 Silbermedaillon zum zehnjährigen Regierungsjubiläum Kaiser Konstantins. Staatliche Münzsammlung München. Aus: Die Geschichte des Christentums. Bd. 2. Hrsg. von Charles Pietri und Luce Pietri. Dt. Ausg. bearb. von Thomas Böhm [u. a.]. Freiburg i. Br. 1996. S. 194.

35 Odin als tanzender Krieger auf einer Schnalle aus vergoldeter Bronze. Finglesham Grab 95, Kent (England), frühes 7. Jahrhundert. Privatbesitz. Aus: The Making of England. Hrsg. von Leslie Webster und Janet Backhouse. London 1992. S. 22.

36 Odin als heilender Gott. Goldbrakteat Sjöändan-C, Bohuslän (Schweden), 6. Jahrhundert. Statens Historiska Museum Stockholm. Aus: Karl Hauck [u. a.]: Die Goldbrakteaten der Völkerwanderungszeit. Bd. 1,3. Ikonographischer Katalog. München 1985. S. 205. Nr. 159. – Mit Genehmigung der Wilhelm Fink GmbH & Co. Verlags-KG, München.

39 Gußform aus Speckstein für Thorshammer und Kreuze, Trendgården (Nordjütland, Dänemark), zweite Hälfte des 10. Jahrhunderts. Danmarks Nationalmuseum, Kopenhagen. Aus: Rom und Byzanz im Norden. Hrsg. von der Akademie der Wissenschaften und der Literatur Mainz. Stuttgart 1997. S. 106.

41 Die germanischen Reichsbildungen um 530. Aus: Wolf-Dieter Hauschild: Lehrbuch der Kirchen- und Dogmengeschichte. Bd. 1: Alte Kirche und Mittelalter. Gütersloh 1995. S. 340.

49 Speerwurf mit göttlichem Sieghelfer, Preßblech-Zierscheibe von Pliezhausen bei Tübingen, 7. Jahrhundert. Württembergisches Landesmuseum, Stuttgart. Aus: Arnold Angenendt: Das Frühmittelalter. Stuttgart [2]1995. S. 172.

51 Christus (?) als Gott der Kriegeraristokratie mit Kreuzzeichen auf der Stirn und Waffenausrüstung, Ziegelstück aus Grésin (Dép. Puy-de-Dôme, Frankreich), 7. Jahrhundert. Musée des

Antiquités Nationales, St. Germain-en-Laye. Aus: John McManners: Geschichte des Christentums. Übers. von Wolfdieter Müller. Frankfurt a. M. 1993. S. 97. – Mit Genehmigung des Campus Verlags, Frankfurt a. M.

61 Heidnischer Toter (Vorderseite) und Christusdarstellung (Rückseite) auf dem Grabstein von Niederdollendorf (Stadt Königswinter), 7. Jahrhundert. Aus: Spätantike und frühes Mittelalter. Ausgewählte Denkmäler im Rheinischen Landesmuseum, Bonn. Hrsg. von Josef Engemann und Christoph B. Rüger. Bonn 1991. S. 141, 143.

73 England in der ersten Hälfte des 8. Jahrhunderts. Aus: Hans K. Schulze: Vom Reich der Franken zum Land der Deutschen. Berlin 1987. S. 110. – Mit Genehmigung des Siedler Verlags, Berlin.

76 Löffelpaar mit der Inschrift »Saulos« und »Paulos« aus dem Königsgrab von Sutton Hoo (Ostanglien, England), erstes Viertel des 7. Jahrhunderts. British Museum, London. Aus: The Making of England. Hrsg. von Leslie Webster und Janet Backhouse. London 1992. S. 32.

78 Die Scheide des Königsschwerts mit zwei signierten Goldknöpfen, das Kreuzsignum auf den Knöpfen und das Dioskurenpaar vom Königshelm. Aus dem Königsgrab von Sutton Hoo (Ostanglien, England), erstes Viertel des 7. Jahrhunderts. British Museum, London. Aus: Frühmittelalterliche Studien. Jahrbuch des Instituts für Frühmittelalterforschung der Universität Münster. Bd. 12. Berlin 1978. S. 448 f., 451.

83 Wirkungsgebiet der Missions- und Reformtätigkeit von Willibrord und Bonifatius. Aus: Arnold Angenendt: Das Frühmittelalter. Stuttgart ²1995. S. 271. Verändert nach: Kirchengeschichte als Missionsgeschichte. Bd. 2,1: Die Kirche des früheren Mittelalters. Hrsg. von Knut Schäferdiek. München 1978. S. 194. – Mit Genehmigung des Verlags W. Kohlhammer, Stuttgart.

101 Das karolingische Reich. Aus: Die Geschichte des Christentums. Bd. 4: Bischöfe, Mönche und Kaiser (604–1054). Hrsg. von Gilbert Dayron [u. a.]. Übers. von Christine Boesten-Stengel [u. a.]. Freiburg i. Br. 1994. S. 691. – Mit Genehmigung des Verlags Hermann Herder GmbH & Co. KG, Freiburg i. Br.

104 Petrus überreicht Papst Leo III. das Pallium und König Karl eine Fahnenlanze. Mosaik im Triclinium des Lateranpalastes, Rom, 800 (Nachzeichnung). Biblioteca Apostolica Vaticana, Rom. Aus: Arnold Angenendt: Das Frühmittelalter. Stuttgart ²1995. S. 354.

115 Der Runenstein von Jellinge (Jütland, Dänemark), 10. Jahrhundert. Aus: Rom und Byzanz im Norden. Hrsg. von der Akademie der Wissenschaften und der Literatur Mainz. Stuttgart 1997. S. 234f.

117 Die Kirche von Hørning (Dänemark), mit Rekonstruktion der Holzkirche aus der zweiten Hälfte des 11. Jahrhunderts, errichtet über einem Hügel mit Grab aus der Mitte des 10. Jahrhunderts. Aus: Rom und Byzanz im Norden. Hrsg. von der Akademie der Wissenschaften und der Literatur Mainz. Stuttgart 1997. S. 241. – Mit Genehmigung des Franz Steiner Verlags Wiesbaden GmbH, Stuttgart.

125 Der Gott Thor auf Goldfolien aus Sorte Muld (Bornholm, Dänemark), 6. Jahrhundert. Rønne, Bornholms Museum. Aus: Frühmittelalterliche Studien. Jahrbuch des Instituts für Frühmittelalterforschung der Universität Münster. Bd. 27. Berlin 1993. S. 419.

127 Der Runenstein U 808 von Enberga (Uppland, Schweden). Aus: Rom und Byzanz im Norden. Hrsg. von der Akademie der Wissenschaften und der Literatur Mainz. Stuttgart 1997. S. 326.

128 Vier Thorshammer-Anhänger mit Kreuzsignatur aus Dänemark und Schweden. 10./11. Jahrhundert. Aus: Rom und Byzanz im Norden. Hrsg. von der Akademie der Wissenschaften und der Literatur Mainz. Stuttgart 1997. S. 91. – Mit Genehmigung des Franz Steiner Verlags Wiesbaden GmbH, Stuttgart.

130 Odin (Vorderseite) und Christus (Hinterseite) auf dem Kreuzfragment von Kirk Andreas (Isle of Man). Aus: Rom und Byzanz im Norden. Hrsg. von der Akademie der Wissenschaften und der Literatur Mainz. Stuttgart 1997. S. 107. – Mit Genehmigung des Franz Steiner Verlags Wiesbaden GmbH, Stuttgart.

136 Ausbreitung des Christentums in Skandinavien und Osteuropa, 10.–13. Jahrhundert. Aus: Wolf-Dieter Hauschild: Lehrbuch der Kirchen- und Dogmengeschichte. Bd. 1: Alte Kirche und Mittelalter. Gütersloh 1995. S. 396. – © Gütersloher Verlagshaus, Gütersloh.

158 Die Provinzen Sclavinia, Germania, Gallia und Roma huldigen Kaiser Otto III. Buchmalerei aus einem Evangeliar (276 Pergamentblätter 33,4 × 24,2 cm), Reichenau, Ende des 10. Jahrhunderts. München, Bayerische Staatsbibliothek. – Mit Genehmigung des Archivs für Kunst und Geschichte, Berlin.

167 Bleiplatte vom Grab König Waldemars des Großen in Ringsted (Seeland, Dänemark). Aus: Arnold Muhl / Rainer M. Weiss: Wikinger, Waräger, Normannen. Die Skandinavier und Europa 800 bis 1000. Berlin 1992. S. 40.

168 Der Svantevit-Stein aus der Kirche von Altenkirchen (Rügen). Foto: Dr. Katharina Coblenz, Altenkirchen.

176–178 Das christliche Europa um 1000. Aus: Die Geschichte des Christentums. Bd. 4: Bischöfe, Mönche und Kaiser (604–1054). Hrsg. von Gilbert Dayron [u. a.]. Übers. von Christine Boesten-Stengel [u. a.]. Freiburg i. Br. 1994. S. 816f.

Namens- und Ortsregister

Das Register enthält sämtliche Personennamen. Von den Ortsnamen sind nur die Bistumssitze und jene aufgenommen worden, die mit einem bedeutenden historischen Ereignis verbunden sind. Nicht berücksichtigt wurden die jedem Kapitel vorangestellten chronologischen Übersichten.

Deutsche Geschichte in Quellen und Darstellung

Eine neue, elfbändige Reihe mit den wichtigsten Quellentexten der deutschen Geschichte. Jedes Dokument wird einzeln erläutert und in den historischen Kontext eingeordnet. Auf der Basis des authentischen Materials der Zeit entsteht so eine fortlaufend lesbare Einführung in die jeweilige Epoche.

Bd. 1: Frühes und hohes Mittelalter. 750–1250.
Hrsg. von W. Hartmann. 472 S. UB 17001

Bd. 2: Spätmittelalter. 1250–1495.
Hrsg. von J.-M. Moeglin u. R.A. Müller. (In Vorbereitung)

Bd. 3: Reformationszeit. 1495–1555.
Hrsg. von U. Köpf. (In Vorbereitung)

Bd. 4: Gegenreformation und Dreißigjähriger Krieg. 1555–1648.
Hrsg. von B. Roeck. 437 S. UB 17004

Bd. 5: Zeitalter des Absolutismus. 1648–1789.
Hrsg. von H. Neuhaus. 488 S. UB 17005

Bd. 6: Von der Französischen Revolution bis zum Wiener Kongreß. 1789–1815.
Hrsg. von W. Demel u. U. Puschner. 427 S. UB 17006

Bd. 7: Vom Deutschen Bund zum Kaiserreich. 1815–1871.
Hrsg. von W. Hardtwig u. H. Hinze. 488 S. UB 17007

Bd. 8: Kaiserreich und Erster Weltkrieg. 1871–1918.
Hrsg. von R. v. Bruch. (In Vorbereitung)

Bd. 9: Weimarer Republik und Drittes Reich. 1918–1945.
Hrsg. von H. Hürten. 464 S. UB 17009

Bd. 10: Besatzungszeit, Bundesrepublik und DDR. 1945–1969.
Hrsg. von M. Niehuss. 478 S. UB 17010

Bd. 11: Bundesrepublik und DDR. 1969–1990.
Hrsg. von D. Grosser, St. Bierling u. B. Neuss. 422 S. UB 17011

Philipp Reclam jun. Stuttgart

Geschichte

IN RECLAMS UNIVERSAL-BIBLIOTHEK

Brown, Peter: Autorität und Heiligkeit. Aspekte der Christianisierung des Römischen Reiches. 128 S. UB 9709

Daten zur antiken Chronologie und Geschichte. Hrsg.: M. Deißmann. 213 S. UB 8628

Deutsche Geschichte in Quellen und Darstellung. Hrsg.: R. A. Müller.

- Bd. 1: Frühes und hohes Mittelalter. 750–1250. Hrsg.: W. Hartmann. 472 S. UB 17001
- Bd. 4: Gegenreformation und Dreißigjähriger Krieg. 1555–1648. Hrsg.: B. Roeck. 437 S. UB 17004
- Bd. 5: Zeitalter des Absolutismus. 1648–1789. Hrsg.: H. Neuhaus. 488 S. UB 17005
- Bd. 6: Von der Französischen Revolution bis zum Wiener Kongreß. 1789–1815. Hrsg.: W. Demel, U. Puschner. 427 S. UB 17006
- Bd. 7: Vom Deutschen Bund zum Kaiserreich. 1815–1871. Hrsg.: W. Hardtwig, H. Hinze. 488 S. UB 17007
- Bd. 9: Weimarer Republik und Drittes Reich. 1918–1945. Hrsg.: H. Hürten. 464 S. UB 17009
- Bd. 10: Besatzungszeit, Bundesrepublik und DDR. 1945–1969. Hrsg.: M. Niehuss, U. Lindner. 480 S. UB 17010
- Bd. 11: Bundesrepublik und DDR. 1969–1990. Hrsg.: D. Grosser, St. Bierling, B. Neuss. 422 S. UB 17011

Deutschtum und Judentum. Ein Disput unter Juden aus Deutschland. Hrsg.: Ch. Schulte. 208 S. UB 8899

Einhard: Vita Karoli Magni / Das Leben Karls des Großen. Lat./Dt. Hrsg.: E. Scherabon Firchow. 96 S. UB 1996

Finley, Moses I.: Antike und moderne Demokratie. Mit einem Essay von Arnaldo Momigliano. 146 S. UB 9966

Die Französische Revolution. Ein Lesebuch mit zeitgenössischen Berichten und Dokumenten. Hrsg.: Ch. E. Paschold, A. Gier. 395 S. 22 Abb. 3 Kt. UB 8535

Die Französische Revolution in Deutschland. Zeitgenössische Texte deutscher Autoren. Augenzeugen, Pamphletisten, Publizisten, Dichter und Philosophen. Hrsg.: F. Eberle, Th. Stammen. 500 S. UB 8537

Friedrich der Große: Das Politische Testament von 1752. Übers.: F. von Oppeln – Bronikowski, Nachw.: E. Most. 195 S. UB 9723

Geschichte schreiben in der Postmoderne. Beiträge zur aktuellen Diskussion. Hrsg.: Ch. Conrad, M. Kessel. 372 S. UB 9318

Kleine deutsche Geschichte. Von Ulf Dirlmeier [u. a.]. 480 S. UB 9359

Kleine Geschichte Englands. Von Michael Maurer. 526 S. UB 9616

Kleine Geschichte Frankreichs. Von Heinz-Gerhard Haupt [u. a.]. Hrsg.: E. Hinrichs. 472 S. UB 9333

Kleine Geschichte Irlands. Von Michael Maurer. 336 S. UB 9695

Kleine Geschichte Rußlands. Von Hans-Heinrich Nolte. 536 S. UB 9696

Kleinschmidt, Harald: Geschichte der internationalen Beziehungen. Ein systemgeschichtlicher Abriß. 495 S. UB 17013

König Ingemar: Der römische Staat.
– Teil 1: Die Republik. 262 S. UB 8834
– Teil 2: Die Kaiserzeit. 550 S. UB 9615

Kultur & Geschichte. Neue Einblicke in eine alte Beziehung. Hrsg.: Ch. Conrad, M. Kessel. 392 S. UB 9638

Luther und die Deutschen. Texte zur Geschichte und Wirkung. Hrsg.: J. B. Müller. 235 S. UB 7916

Müntzer, Thomas: Die Fürstenpredigt. Theologisch-politische Schriften. Hrsg.: G. Franz. 160 S. UB 8772

Nipperdey, Thomas: Wie das Bürgertum die Moderne fand. 76 S. UB 17014

Ockham, Wilhelm von: Texte zur politischen Theorie. Exzerpte aus dem »Dialogus«. Lat./Dt. Hrsg.: J. Miethke, 400 S. UB 9412

Padberg, Lutz E. von: Die Christianisierung Europas im Mittelalter. 307 S. 19 Abb. 8 Kt. UB 17015

Paine, Thomas: Common Sense. Übers. u. Hrsg.: L. Meinzer. 123 S. UB 7818

Die Peinliche Gerichtsordnung Kaiser Karls V. von 1532 (Carolina). Hrsg.: G. Radbruch. Hrsg. d. 6., durchges. Aufl. 1991: A. Kaufmann. 160 S. UB 2990

Pufendorf, Samuel: Die Verfassung des deutschen Reiches. Übers. u. Hrsg.: H. Denzer. 224 S. UB 966

Die Revolution von 1848/49. Eine Dokumentation. Hrsg.: W. Grab. 279 S. UB 9699

Der römische Festkalender der Republik. Feste, Organisation und Priesterschaften. Von Angelika u. Ingemar König. 152 S. UB 8693

Sachsenspiegel. Landrecht und Lehnrecht. Hrsg.: F. Ebel. 267 S. UB 3355

Schulze, Hagen: Gibt es überhaupt eine deutsche Geschichte? 77 S. 11 Abb. UB 17016

Tocqueville, Alexis de: Über die Demokratie in Amerika. Ausw. u. hrsg.: J. P. Mayer. 391 S. UB 8077

Die Verfassung des Deutschen Reichs vom 11. August 1919. Hrsg.: H. Mosler. 80 S. UB 6051

Widukind von Corvey: Res gestae Saxonicae / Die Sachsengeschichte. Lat./Dt. Übers. u. Hrsg.: E. Rotter, B. Schneidmüller. 262 S. UB 7699

Philipp Reclam jun. Stuttgart